CAMBRIDGE

现代社会政治理论译丛 | 丛书主编：吴晓明 邹诗鹏

Hegel's Social Philosophy:
The Project of Reconciliation

黑格尔的社会哲学：
和解方案

［美］米歇尔·哈德蒙 著
（Michael O. Hardimon）

陈江进 译

北京师范大学出版集团
BEIJING NORMAL UNIVERSITY PUBLISHING GROUP
北京师范大学出版社

献给玛丽

致　谢

　　每当我们完成一本书的时候，最后都要对那些在写作过程中给予我们帮助的人表达感激之情，这无疑是一件最美好的事。首先，我要感谢我的两个导师，盖斯（Raymond Geuss）和罗尔斯（John Rawls）。他们的批评与评价对于完成本书很有帮助。本书中的许多观念源自于盖斯（Raymond Geuss），他教导我如何去阅读与思考黑格尔。本书经过了一遍又一遍的改动，同时科恩（Josh Cohen）、纽豪泽（Fred Neuhouser）和韦斯特法尔（Ken Westphal）也都不厌其烦地阅读这些书稿。对于他们全面而又细致的评论，我感激不尽。我还要感谢布林克（David Brink）、恩斯特龙（Steve Engstrom）、富尔德（Hans Friedrich Fulda）、霍夫曼（Paul Hoffman）、斯坎龙（Tim Scanlon）和斯特里克（Gisela Striker），他们对本书原稿的不同部分都做出了评论。我要感谢德弗里斯（Bill deVries）和尼科尔斯（Terry Nichols），本书在初次完成后，他们阅读了全部原稿，并提出了批评意见。我要格外感谢尼科尔斯（Terry Nichols），他核对了书中的参考文献，在本书最终定稿的准备过程中，还提供了诸多帮助。卡根（Shelly Kagan）和汤姆森（Judy Thomson）对本书提出了毫不留情的批评，不过，我发现这些批评真的非常有用。我还要感谢布洛斯（George Boolos）、卡里罗（John Carriero）、埃布斯（Gary Ebbs）、埃里克森（Steve Erickson）、古里瑞奇（Victor Gourevitch）、希金布特姆（Jim Higgenbotham）、库恩（Tom Kuhn）、奥托（Marcus Otto）、皮彭（Robert Pippin）、雷伊（Georges Rey）、罗蒂（Amélie Rorty）、桑德尔（Michael Sandel）和斯坦顿（Rob Stainton），他们对本书做了相关评论，并与我进行了交流。我要感谢我的亲兄弟克雷格·哈迪蒙（Craig Hardimon），他为本书的完成提供了技术上的支持。我要感谢德弗罗（Mary Devereaux），她既是我同事，也是我妻子，没有她终日的勉励、持续的交流、无尽的校订，我根本不可能完成本书。1991年的夏天是我写作最困难的时期，我要特别感谢她在这段时间里所给予的支持。那些知道我在写作与修改本书的所有同事及朋友，我也要对你们说声谢谢。最后，我要特别感谢休斯（Winston Hughes）。另外，在本书最终出版的准备过程中，与剑桥大学出版社编辑部的布鲁托（Pamela J. Bruton）、摩尔（Terence Moore）和迪尼兹（Martin Dinitz）的合作令我非常愉快。

　　本书的初稿是在福特基金会为少数民族振兴计划（the Ford Foundation's Postdoctoral Fellowshop for Minorities Program）所提供的博士后奖学金的支持下完成的。我非常感激它所给予的资金支持与道德支持。我同时也要感谢麻省理工学院的语言学与哲学系的慷慨，允许我从教学及其他繁杂事务中脱身出来，并帮助我获得资金资助，这才使得我有可能完成本书。

目　录

导　言

让黑格尔那个时代的人与现代社会世界（modern social world）达成和解，正是黑格尔社会哲学的主要目标。黑格尔力图使 19 世纪的人克服同主要社会制度——家庭、市民社会与国家——的异化，并使他们生活在这些制度之中，也就是生活在"家"之中。我将其称之为"和解方案"。本书的目的就是要解释和解方案到底是什么。

一

黑格尔的和解方案（下文有时简称为"方案"）值得我们详尽考察，至少有以下三个方面原因：首先，它与我们自身的文化关怀相关，我们也同样可以将这种关怀归为"政治的"或"个人的"关怀。我们的社会世界，亦即当前欧洲与北美的社会世界，是一个异化（Entfremdung）的世界。它通常会使人产生一种异化感。许多人感觉到自己与制度之间是"分离的"，这些制度总是将他们视为外在的、分裂的，对他们的需要采取敌视或漠不关心的态度。许多人还感觉到自身也处于分裂状态，一方面要实现自身的

2 个体性，另一方面又要成为社群的成员，这两种目标之间的冲突将他们分裂开来。① 当然，这并不是说所有人都有这种感受，但大多数人都感觉到了。人们所感受到的这种分裂与冲突是我们所处的世界中随处可见的特征。② 异化是我们文化的一个问题，在此意义上，它也就是我们所有人的问题。因此，考察和解方案最主要的原因就在于，它处理的问题事实上是（或应当是）对我们极为重要的问题。

与文化关怀紧密相关的另一个原因是，黑格尔方案澄清了一个我们非常感兴趣的理想：和解的理想。我们一开始并没有认为自己直接关注的就是和解，我们对和解的兴趣很自然地来源于我们对异化的关注。黑格尔所运用的"和解"（Versöhnung）是一个专业词汇，它指的是克服异化的过程。③ 它是克服自我同社会世界的分离与分裂的过程，也是克服随之而来的自我内部的分离与分裂的过程。和解同时也是克服异化的过程中所引起的某种状态，黑格尔将这种状态看成是，在社会世界中就是在家中。在黑格尔看来，对异化的感受直接指向和解的理想，而和解的理想亦包含在对异化的感受中。考察黑格尔的方案有助于我们理解和解到底是什么。他的方案力

---

① 事实上，黑格尔并没有运用 Entfremdung 一词来描述这种分裂形式。而且，这种分裂形式的结构不同于黑格尔在《精神现象学》的"自我异化的精神"（'Der sich entfremdete Geist'；PhG，359—441/294—363）这一部分中所讨论的意识形式的结构。不过，有一点毫无疑问，黑格尔的社会哲学通常被人们理解为对异化问题的一种回应。黑格尔的基本观点是，现代社会生活的主要特征就是割裂与分离，关于这一点，请参见早期的《论费希特与谢林哲学体系的异同》（20—22/89—91）以及后期的《美学讲演录》（1：81/1：55），H. C. Hotho 在关于黑格尔系列演讲的注释中对此做了合乎逻辑的排列。从语言学角度对"异化"一词所做的非常有用的讨论，请参见 Schacht（1971）。

② 我之所以强调人们所感到的异化，因为它为我们思考黑格尔的方案提供了一个很自然的出发点。但是指出如下这一点也是很重要的，即黑格尔认为，异化能在人的情感中得以表现，但它本身并不是一种情感。对于黑格尔来说，决定社会世界中的人是异化了还是处于一种在家状态，这主要取决于他们与主要的社会制度之间的结构性关系（structural relation）。我们将在第三章处理这一问题。

③ 我们在这里必须一开始就指出，英文 reconciliation 一词具有消极性含义（例如，表示顺从），而黑格尔所运用的德文词 Versöhnung 并不具有这种消极性含义，相比而言，它更具有积极性含义，本质上包含了肯定成分。关于"reconciliation"与 Versöhnung 之间的差别，我们将在第一章予以简要讨论，并在第三章给予更详细讨论。

图表明，和解代表了一种内在一贯的、有吸引力的抱负——一种重要的社会理想。我们都潜在地怀有这种抱负，黑格尔的和解方案有助于我们弄清楚它，也能够让我们使和解理想成为众多社会理想中的一员。

　　不过，黑格尔的方案并不是直接针对我们说的。黑格尔试图和解的对象是他那个时代的人，即 19 世纪的人。① 他试图和解的社会世界是 19 世纪的社会世界，与我们今天的社会世界极不相同。正如他所表达的，国家是(立宪)君主制；乡村贵族与农民阶级构成了重要的社会群体；妇女被排除在市民社会与国家之外。我们不能想当然地认为，黑格尔那个时代的人所体会到的异化与我们今天的人所体会到的异化是相同的。我们也不能想当然地认为，黑格尔为他所处的社会世界中的异化问题提供的解答也同样可以解决我们时代的异化问题。不过，促发黑格尔提出方案的异化问题，以及解决这一问题的和解理想，都是我们极为关注的问题，也是我们要考察黑格尔方案的一个理由。进一步说，即使黑格尔力图使人们达成和解的社会世界不同于我们今天的社会世界，它们也并非完全无相似之处。今天的社会世界也包含着原子化的资产阶级家庭、现代市场与现代政治国家。最为重要的是，我们可以通过阅读黑格尔，从而深入洞察我们所处的社会世界的结构。

　　考察黑格尔方案的第二个主要原因是从学术角度上讲的。和解是黑格尔社会哲学的主要目标与核心范畴(PR，¶ 14，§ 360)。就黑格尔的哲学作为一个整体来说，和解也是一个主要的目标与核心范畴(VA，1：81/1：55；VG，78/67；VGP，3：69/3：165)。② 如果我们想要理解黑格尔的社会哲学，我们就必须理解和解在其中所发挥的作用。将黑格尔的社会哲学看成一种和解方案，我们主要是根据黑格尔社会哲学所致力的目标而提出

---

　　①　关于黑格尔所针对的受众，我们将在第一部分第四章进行更明确的说明。

　　②　使人与社会世界达成和解的方案只是使人与世界整体达成和解的方案的一部分，同样，后一个方案又只是使 Geist(心灵、精神)与世界整体以及自身达成和解这一更大方案的一部分。

这种看法的，和解方案为我们思考黑格尔哲学的外形与结构提供了一种颇富启发的思路。着重考察和解也有助于我们理解黑格尔社会哲学的独特之处——将重点放在和解上，这是其最为突出的特色。

　　将黑格尔的社会哲学解释为一种和解方案的进一步优势在于，它有可能避免人们一直坚持的对黑格尔两种非此即彼的理解：他不是进步主义者就是保守主义者，或者不是自由主义者就是社群主义者。同时，这种解释路径有助于我们理解为什么人们总是想要对黑格尔做如此归类。以和解为重点可以将其社会思想中相互对立的趋势——进步与保守、自由主义与社群主义——更清楚地呈现出来。同样，这一任务也可以使我们避免把它解读成左翼黑格尔或右翼黑格尔（即提倡批评与革命或者提倡清静无为与安于现状）。[①] 此外，和解方案也力图调和左翼和右翼黑格尔所持有的彼此冲突的政治取向（批评与清静无为，革命与安于现状）。就此而言，我们可以认为，致力于和解方案，黑格尔并不是什么左翼黑格尔或右翼黑格尔，他只是黑格尔而已。

　　很明显，将黑格尔的社会哲学看作一种和解方案，其实这只是众多可能解释中的一种。例如，人们可以把黑格尔的 *Geist*（心灵、精神）解释为最核心的概念。黑格尔运用 *Geist* 指称人类个体、人类文化、人类社会、上帝。人们也可以根据黑格尔《逻辑学》中的思想规定性（*Denkbestimmungen*）范畴来解释他的社会哲学——他认为，他对思想规定性的解释勾画出了自我与世界的基本结构。人们也可以致力于将黑格尔的自由概念解释为最核心的概念。我们并没有以精神或《逻辑学》中的思想规定性为出发点，而是以和解作为出发点，这样做的优势就在于，我们更容易理解黑格尔的社会思想植根于一系列的关怀之中，即在异化与克服异化的期望中的做法，并使我们这个时代的人也与他一样都怀有这些关怀。黑格尔的哲学运用了许

---

① 关于左翼与右翼黑格尔派的讨论，参见 Stephen D Crites, "Hegelianism." in *The Encyclopedia of Philosophy*, New York, Paul Edwards, 1967.

多概念，这些概念之间形成了一个针扎不进的密闭循环。如果我们以和解而非自由为出发点，则这样做的优势在于，可以使我们从这一密闭循环中解脱出来，让我们更容易找到一个切入点来研究他的思想。

和解是黑格尔社会哲学的核心概念，这种看法在研究领域并不陌生。许多研究者很久以前就认识到，和解是黑格尔的社会哲学与作为总体的哲学中的主要目标。[①] 像研究历史上其他非常重要的哲学家一样，我们在研究黑格尔的时候，并不是要标新立异，相反，而是要深化对其观点的理解。即使有人说，将和解看成黑格尔社会哲学的核心，这一点也并没有新颖之处，我们也无论如何都没有理由对这种说法感到不安。相反，如果以前从来就没有人领会到过和解的重要性，我们倒真要为此感到不安了。抽象地认识到和解是黑格尔社会哲学的目标，这是一回事，但能够给这种观点注入充实的内容，则是另一回事。这种看法并不陌生，并不意味着它已经得到了正确理解。我相信，这种看法依然需要做一些哲学上的澄清工作。我同时也相信，依然需要把黑格尔的社会哲学系统地解释为一种和解方案。[②] 我撰写本书的目的就是要处理好这两种需要。

无论如何，黑格尔的社会哲学可以被严肃地看作一种和解方案，这种看法近些年来引发了不少争论。阿伦·伍德（Allen Wood）在他那本优秀著作《黑格尔的伦理思想》中已经承认，黑格尔社会哲学的目标就是和解。他说："黑格尔通过合理的方式使我们与世界取得和解，领会某种神圣理性，它类似于我们自己的理性，同时又内在于我们的理性之中，从而以此来克服异化。"但是，他紧接着说：

---

　　①　最近的一些评论者包括：Robert Pippin，"Hegel's Political Argument and the Problem of Verwirklichung." *Political Theory* 9，1981（4），pp. 509－532；Charles Taylor，*Hegel*. Cambridge，Cambridge University Press，1975. Allen W Wood，*Hegel's Ethical Thought*，Cambridge，Cambridge University Press，1990.
　　②　Raymond Plant，*Hegel*，Bloomington，Indiana University Press，1973。强调黑格尔社会思想中的和解观念，但是我力图以更为分析的、系统的方式来处理这一主题。

当前黑格尔的读者之中，很少有人能够坦然接受理性神正论（rational theodicy）与他们的文化困境之间存在着根本关联。因此，相比黑格尔，他们更愿意认为，黑格尔关于现代人的使命，以及在实践意义上于现代国家之中实现这种使命的观念，只能看成是理性伦理学中的一种方案。我们必须承认，以这种方式解读黑格尔，与黑格尔的自我理解有一定程度上的对立；然而，如果我们足够坦诚的话，这是我们大多数人能够严谨地解读他的唯一方式。①

无疑，我认为伍德的这一看法是错误的。但是，伍德也曾清楚地认为，黑格尔的社会哲学可以看成是某种和解方案，这一点是值得我们予以发展的。拙著的主要目标就是要清楚地表明，我们能够做到这一点，以及
6 如何做到这一点。

考察黑格尔方案的第三个原因是从哲学上讲的。和解本身就代表了一种重要的哲学主题。其中的一个哲学上的原因就是，考察黑格尔的方案能够为思考这一主题提供启发。当然，和解通常并不会被分析哲学家看成一个重要的哲学研究领域。事实上，在分析传统中，和解通常也不会被看成一个哲学问题。这也就表明了考察黑格尔的方案有某种不同的原因：考察这一方案可以使我们清楚地认识到，和解事实上是一个重要的哲学主题。

我们必须弄明白，为什么人们想要使和解成为哲学反思的对象。和解是文化、政治与个人所要关怀的重要对象，对它们予以思考是哲学的一个传统目标。黑格尔的著作之所以具有永久的魅力，原因就在于他总是力图以哲学的方式来处理文化、政治与个人所关心的一些重要问题。

这同时也有助于我们指出，并不像人们一开始想当然地所认为的那

---

① Allen W. Wood, *Hegel's Ethical Thought*, Cambridge, Cambridge University Press, 1990.

样，主流的分析哲学著作完全不关注和解问题。例如，罗尔斯认为，政治哲学作为文化的一部分，它有众多功能，其中的一个功能就是"和解"——他指出的这一功能正是黑格尔所强调的。"政治哲学可以向我们表明，只要从哲学的视角进行恰当理解的话，我们所处的社会世界中的那些制度都是合理的，从而据此可以抚慰我们面对社会世界而产生的挫败感与愤怒。"[①]而且，我们可以认为，和解构成了现代政治哲学传统中的一个重要关注点，而分析哲学家们也都承认这一传统。如果从更广的意义上来理解，卢梭、康德与马克思也均提供了有关和解的洞见。

但是，为了更好地解释和解主题属于真正的哲学这一论点，我们仅仅罗列出一些传统名词或观点远远不够，而应该具体阐述它。最好的方式就是对和解概念做一些哲学上的工作。而要做到这一点，取决于对黑格尔所进行的研究。黑格尔是第一个明确提出和解是契合政治哲学的命题的现代思想家。迄今为止，在对这一问题的各种哲学处理中，黑格尔做得最深刻、最系统。如果理解黑格尔为考察和解方案提供了某种历史理由，那么理解这种和解何以能够成为哲学命题就构成了考察黑格尔的某种哲学理由。

考察黑格尔方案的另一个紧密相关的哲学理由是，这一方案提出了一个重要的哲学问题。休谟问：何谓因果性？维特根斯坦问：何谓遵守规则？黑格尔所要问的哲学问题是：我能与社会世界能取得和解吗？

黑格尔的问题与休谟和维特根斯坦的问题存在着一个很明显的差别。与他们所提出的问题不同，黑格尔的问题并不属于公认的哲学问题。当然，我们转向历史哲学，其中的一个基本动机很明显就是要扩展对到底什么是哲学问题的理解。人们之所以在历史哲学领域开展一些严肃的工作，是因为过去的哲学家们能够在这一问题上为我们提供帮助。在我看来，我们能够从黑格尔社会哲学中得到的最重要的哲学教诲就是，我是否能与社

---

① John Rawls, *A Theory of Justice*, Cambridge, Harvard University Press, Belknap Press, 1971.

会世界取得和解是一个重要的哲学问题。拙著的另一个目标就是要表明对这一问题的哲学兴趣，以及这一问题的重要性。

为了达到这一目标，我需要通过阐释黑格尔为此所提供的非常有意思的哲学回答。就此而言，我对黑格尔社会哲学的研究路径与人们惯常的思维是相反的，我重在研究黑格尔何以提出这一问题，而不是他为此所提供的答案。我力图表明他的问题具有哲学意义与重要性，而非确证他提供的答案正确与否。事实上，我的一个主要目标就是要表明，哪怕我们最终不接受黑格尔所提供的答案，依然可以认为这一问题在哲学上是非常重要的。然而，这并不意味着，我们就可以简单地忽略黑格尔的答案。我能否与社会世界取得和解？初看上去，这一问题是极为抽象与概括的。我们一开始并不清楚这一问题到底问的是什么，也不清楚能够为此提供何种可能的解答，更不清楚这一没有确定答案的问题是如何提出来的。为了理解黑格尔问题的哲学力量，我们必须深入研究他的具体观点。

8

二

接下来，我将对黑格尔的方案进行哲学重构。如果我们把黑格尔对这一问题的解答看成一种哲学回应，我们就能够理解这一点。在理解他的答案之前，我们必须进行一番重构。黑格尔的专业词汇太过模糊，如不加以澄清，确实难以运用，而且这些词汇对于我们这些在分析传统中接受学术训练的人来说亦很陌生，难以为我所用。我遵循的主导原则就是，避免使用黑格尔的专业词汇，尽可能少地依赖他的形而上学，以我们能够理解的术语来表达他的观点。这样做需要承担一个后果，即我的陈述所使用的语言和结构与黑格尔本人相比会大相径庭。有所得必有所失，表达上虽然能够清楚明白，但与黑格尔文本的关联上会有所缺憾，但我希望前者能够抵消后者。为了把黑格尔的观点表达得清楚易懂，我不得不放弃加注核心讨论部分。拙著所提供的解释立足于对文本的精细解读，因此，许多文本讨论一旦加以扩展，可能又使得我们重新落入黑格尔那种无聊乏味的文风之中，而这一点恰恰是我们的重构工作所要避免的。

除了重构黑格尔所讨论的一些术语之外，拙著也将重构它的结构。尽管和解观念在黑格尔思想中占据着绝对的核心地位，但是他的相关阐述却总是模糊了它所发挥的核心作用。拙著所提供的重构使大家能一目了然地看到这一观念的核心地位。和解观念在黑格尔社会哲学中的核心作用也将是显而易见的。这也就意味着，我们有可能把黑格尔的社会哲学看成一种和解方案。

我的解释是一种重构，这其中有一个关键而又根本的着眼点，它将人与社会世界达成和解的方案从另外两个更大的方案中抽象出来，其中前一个方案是后两个方案的一部分。这两个方案分别是：人与作为总体的世界达成和解的方案，以及精神与世界及其自身达成和解的方案。我所关注的焦点是人与现代社会世界的关系。

我必须指出，在本书的大多数地方，我都非常谨慎地避免让自己卷入一些学术上的争论中。我这样做并不代表我对前人的黑格尔研究的成果没有感激之情、漠不关心或敌视，相反，我只是想把黑格尔的观点重构得尽可能清楚并有条理。拙著力图对黑格尔学术研究有所贡献，但这种贡献本身谈不上什么学问精深。我只是想特别清楚又颇富创见地解释黑格尔的和解方案，从而对黑格尔的学术研究有所贡献。和解是黑格尔社会哲学的主要目标与核心范畴，我将把这一大家都熟悉的看法表达得清楚明白且结构合理，我希望我的重构工作能让学者们尽可能以一种全新且不同的方式看待黑格尔的社会哲学。

我在整本书中都力图遵循通俗易懂与忠实原著的原则。通俗易懂的原则要求我们以清楚且易理解的方式表达黑格尔的思想；忠实原著的原则要求我们要忠实于黑格尔思想的典型特征。我所做的基本的解释工作就是协调这两种原则之间的张力。我的目标就是要把黑格尔表达得既通俗易懂又不失去黑格尔的味道。

把我所做的工作说成是一种"哲学重构"可能有一定误导性，因为我的哲学重构与人们通常所实践的"哲学重构"至少在两个方面是不同的。第一，我并不尝试把黑格尔变成我们这个时代的人。我所"重构"的黑格尔依然是他那个时代的人，他的哲学观点和方法与我们的极为不同。我的重构工作是希望让我们与黑格尔思想中的那些"不同的东西"更易取得沟通，而不是消除它们。就像研究柏拉图、阿奎那或笛卡尔一样，研究黑格尔就让我们进入了一个不同的哲学世界，我的重构力图尊重这一事实。第二，本书对黑格尔哲学的重构并不是要为当代哲学家们通常所认为的那些哲学问题提供答案。相反，我们想要知道黑格尔所理解的哲学问题是什么，并努力以我们能理解的形式重构黑格尔所提供的答案。

还有另一点，我们也必须在一开始就讲明。我撰写本书的目标是要重构黑格尔社会哲学的一个核心层面：他力图使人们与现代社会世界达成和解。本书并不是要对黑格尔的思想提供一种全面解释，也不是要以一种大而全的方式来讨论黑格尔的社会与政治哲学，相反，它只想对黑格尔思想的某一部分做深入挖掘，并希望以此把黑格尔的思想阐释为一个整体。[1]

就文本来说，我的相关讨论主要集中在黑格尔的法哲学，以及他在《法哲学原理或自然法与国家学大纲》（1821 年）[2]、《哲学全书纲要》（初写于1817 年，1827 年与 1830 年修订）第一卷的"客观精神"部分、从 1817 年至

10

---

[1] Charles Taylor, *Hegel*, Cambridge, Cambridge University Press, 1975. 可能为黑格尔哲学提供了最佳的综合讨论。Raymond Plant, *Hegel*, Bloomington, Indiana University Press, 1973. 为黑格尔的政治哲学提供了非常出色的综合讨论。Allen W Wood, *Hegel's Ethical Thought*, Cambridge, Cambridge University Press, 1990. 则为黑格尔的伦理理论提供了最佳的综合解释。

[2] 关于《法哲学原理》的出版时间存有争论，有一种观点认为它的出版日期实际上是 1820年，参见 Adriaan T Peperzack, *Philosophy and Politics：A Commentary on the Preface to Hegel's Philosophy of Right*. Dordrecht：Martinus Nijhoff Publishers, 1987, p. 2.

1831 年在海德堡与柏林所做的系列演讲中所表达的社会哲学。我决定只集中于黑格尔全集中的这些部分，因为黑格尔在这些地方所表达的社会哲学思想最为成熟且系统，而且这也有助于我以清晰且系统的方式重构黑格尔的社会思想。无论如何，法哲学内容非常丰富与有趣，足以作为一本书的研究对象。①

三

本书分为两大部分。第一部分是"走进黑格尔的和解方案"，它将为读者理解黑格尔的方案提供一些必要的指导。其中第一章为"黑格尔和解方案的一些问题"，它一开始就处理了一些在理解黑格尔方案时要面对的困难，并以这些困难作为进入方案的门径。

第二章"精神与对偶格言"将通过解释黑格尔哲学观点中的两个核心概念来表达他哲学思想的意义，即 *Geist*（心灵、精神）与 *Dopplesatz*（对偶格言）。对偶格言是黑格尔说过的一句非常著名的话，即凡是合理的就是现实的，凡是现实的就是合理的。

第三章"和解的概念"将对黑格尔方案的基本概念和解提供一种初步说明。我们在这里解释了"和解"（黑格尔所用的德语词是 *Versöhnung*）一词的日常用法，并对黑格尔为这一词汇赋予的专业意义提供某种重构。我们会对和解与顺从（resignation）和安慰（consolation）进行比较，同时讨论和解与幸福之间的关系。

第二部分"和解方案"将具体阐述黑格尔的方案。其中，第四章"剖析和解方案"将结合前面几章的内容以一种清楚且有条理的方式说明黑格尔

---

①　如果有读者想对黑格尔的思想做进一步的了解，他们可以参阅 Hans Friedrich Fulda，"Georg Wilhelm Friedrich Hegel." In *Klassiker der Philosophie II：Von Immanuel Kant bis Jean-Paul Sartre*，Otfried Höffe，Munich：C. H. Beck. 和 Raymond Plant，*Hegel*，Bloomington，Indiana University Press，1973. 必将大有收获。

方案的基本要素。我们将详述黑格尔方案的目标，谁想要和解，他们又与谁达成和解。我们也将解释为什么这一方案是必要的，它是如何展开的，它又是如何可能的。本章的最后部分将表明，我们何以认为这一方案包含一个自我转型的过程。

第五章"个体性与社会成员身份"将对黑格尔的个体性与社会成员身份概念提供一种重构。本章将会表明，根据黑格尔的看法，一个人何以可能既是"成熟的"个体又是"成熟的"社会成员，并且现代个体性与社会成员身份是相互交织、不可分离的。更具体地讲，本章还将表明，对于黑格尔来说，现代社会成员身份何以可能造就现代个体性，现代社会成员身份何以在根本上包含了一种个体性维度。

第六章"家庭、市民社会与国家"表达了黑格尔对现代社会世界的一些关键的社会制度的说明，即家庭、市民社会与国家，并力图表明为什么黑格尔认为值得与这些制度达成和解。

最后一章"离婚、战争与贫穷"考察了这些问题给黑格尔方案所造成的困难，并解释为什么黑格尔认为，它们并不能从根本有损于现代社会世界成为我们的"家"。

最后，我将对我写作本书的策略简单地说几句。在思考我们理解黑格尔方案可能会碰到的一些困难之后，我回到黑格尔的观点那里，以一种相对公正的、历史的方式来表达他的观点。黑格尔的观点非常复杂，我们一开始不要急于评价，而更应该弄明白他的观点到底是什么。只要我们对他的观点有一个基本的把握，才有可能展开一些批评，不过，我在本书中更关心的是理解而不是评价。当然，不要拘泥于黑格尔方案的某一具体方面，而是去尝试表达我们对这一方案的看法，也是非常重要的。这正是我在结论部分所要做的。我还要指出，本书是一个整体，它的整个讨论是从抽象到具体的过程，后面的章节为前面章节所表达的思想提供了具体内容。只有当读者看完了整本书的时候，才能更好地理解本书的各个部分。

第一部分

走进黑格尔的和解方案

第一章

黑格尔和解方案的一些问题

当我们思考黑格尔方案的时候，会出现一系列问题。例如，这一方案
看起来是令人感到陌生的、有危险性的或有误导性的。如果这些问题得不
到清晰的表达，它们就会给人们造成一种信念，即这一方案实在不值得认
真对待。这些问题的存在构成了我们理解黑格尔方案的障碍。[①] 然而，如
果我们能够很好地理解这些问题，我们可能就不会轻率地否定黑格尔的方
案。当然，对于我们最终如何看待黑格尔的方案，依然还会存在一些问
题，但我们至少一开始应当认真对待这一方案。然后我们需要做的就是思
考一下，是否根本就不存在一种能够处理这些困难的方法，从而可能使我
们能够严谨地理解黑格尔的方案。思考这些问题同时也将具有更深入、更
可取的效果，即引领我们走进黑格尔的方案。首先，我将考察黑格尔方案
所引起的五种困难。

---

① 参见 Allen W. Wood，*Hegel's Ethical Thought*，Cambridge，Cambridge University
Press，1990.

第一节 观念陌生的问题

第一个困难是，黑格尔方案对我们来说显得很陌生。我们之所以说它看起来令人觉得陌生，至少有以下三个原因：

黑格尔方案之所以看起来令人陌生，首先是因为他的"社会世界"观念对我们来说是很陌生的。[①] 当我们谈论社会世界的时候，我们所谈的到底指的是什么呢？[②] 我们可以说，它指的是社会或某种类型的社会。更具体一点，我们可以说，它指的是核心制度的框架，以及社会或某种类型的社会的社会生活实践与政治生活实践。因此，社会世界的观念与罗尔斯的"基本结构"观念是紧密相关的，罗尔斯讲的就是社会的基本结构，它包含了由社会中主要的社会与政治制度所形成的体制，或者这些制度彼此连接的方式。[③]

我在运用"社会世界"这一表达的时候，指的并不是社会的亚领域或亚文化——例如，分别由朋克音乐爱好者、艺术家、工人和律师所组成的"世界"，相反，它指的是整体意义上的社会或社会类型，然而，这并不意味着社会的制度与实践必须形成某种具有高度内在关联性的整体；从逻辑上讲，社会世界并不需要形成一个"系统"或"全体"。这一点是值得强调的，因为黑格尔认为现代社会世界形成了一个系统或全体。我赞成"社会世界"的这种用法，据此，我们既有可能提出既定的社会世界是否形成了

---

① "社会世界"这一表达是我的重构。据我所知，黑格尔本人并没有运用到与此相关的德文词 *die soziale Welt*；他肯定没有以任何系统的方式使用过它。对于我所讲的社会世界，黑格尔一般运用的语词是 *die sittliche Welt*（伦理世界）。我之所以不使用这一术语，是因为它所表达的是一个哲学理论——社会世界是一个伦理世界——而我对此更愿意保持沉默。

② 我有时会只用"世界"一词，它是对"社会世界"一词的简略表达，很明显，这并不是说我改变了讨论主题，从讨论社会世界转到了讨论一般意义上的世界。

③ John. Rawls, *A Theory of Justice*, Cambridge, Mass, Harvard University Press, Belknap Press, 1971.

一个内在关联的整体的问题，又有可能否定某个具体的社会世界（或者就
此而言，所有的社会世界）已经形成了一个系统或全体，而这并没有什么
逻辑上不一致的地方。我们必须指出，"社会世界"也指人在主要社会制度
中所具有的特定角色。因此，黑格尔认为，现代社会世界包含了家庭成
员、市民社会成员（*Bürger*，"burgher"）与公民的角色。

　　"社会世界"的表达与"社会"大致是同义的。那么，为什么偏要讲社会
世界呢？这个词一定表达出了与"社会"不相同的东西，特别是，它表达了
一个观念，即社会形成了一个"世界"——人们生于斯、长于斯、死于斯的
社会制度与实践所构成的世界。黑格尔认为，现代社会世界是一种特定的
现代类型的社会，它或多或少是由 19 世纪早期的欧洲国家（如英国、法国
与普鲁士）所实现的。我们将在第六、第七章更详尽地阐述黑格尔的现代
社会世界概念，但必须指出的一点是，社会世界的观念可以适用于任何特
定的历史时期。例如，我们可以有意义地谈论古代与中世纪的社会世界，
而不仅仅是现代社会世界。

　　我们也有必要指出，按照上面所赞成的方式谈论社会世界观念，并不
意味着我们就必须接受黑格尔的如下观念，即在任何特定的历史时期，都
存在着一个主导性的社会与政治制度结构（VG，155－157/129－131）。这
也不意味着我们要接受黑格尔的另一个观念，即现代社会世界的主要社会
制度包含了家庭、市民社会与国家（PR，§157）；仅就社会世界这一观念
来说（或者说，仅就现代社会世界这一观念来说），它并不包含这些承诺。

　　关于"社会世界"观念，我还有最后一点要讲。这一表达也可以用来指
称某一特写人群所生活的特定社会世界。例如，我们可以把我们的社会世
界说成是社会世界，我们也可以把黑格尔的社会世界说成是社会世界。但
是，这种用法并不意味着要把某个特定的社会与整体意义上的社会合并起
来。相反，它提供了一种有用的方式，我们可以以此进行表达，对于生活
在特定社会世界中的人来说，它可以代表一般意义上的社会世界。可以

说，对他们来讲，这就是社会世界，是他们生于斯、葬于斯的社会世界。

和解方案看起来令人陌生的第二个原因是，与社会世界达成和解只是对社会世界采取某种特定的看法，或者以某种特定的方式与社会世界发生关联——这些观念看起来令人感到陌生。[①] 因此，有人可能会说："我对社会世界并没有什么看法。我只对我的父亲、老板、美国总统有某种看法，但并不是对社会世界有什么看法。"关键的问题是，当一个人说自己与社会世界的关联时，他讲的则是他与自己的社会世界之间的关联，即他生活于其中的社会世界，我们重提这一点是非常重要的。人们可以否认他对自己的社会世界有什么看法。对此，我们的回应是，人们对于自己的社会世界并不需要有那种明确直白的看法。人们对社会世界的看法可能是潜在的，并以人们与社会的主要制度和实践发生关联的方式得以表达。"与某种制度发生关联"是指某人以特定方式与制度打交道时，处于某一特定的心境之中。例如，出于公民义务感履行法律义务，出于义愤履行法律义务，拒绝履行所有法律义务，都表达了与法律系统发生"关联"的不同方式。

一般来说，认为人们对自己的社会世界具有某种看法（或者一系列的看法），似乎是合理的。他们的看法（或许多看法）可能是潜在的、初步的或零碎的。他们甚至并没有明确的社会世界概念。但是，人们大概对社会中的那些主要制度有某种看法，哪怕是漠不关心，也毕竟是一种看法。人们在社会中总是会有一些活动，如结婚、找工作与选举，如果对某人来说，这些活动并没有引发特定的私人问题或政治问题，那么他对社会世界就持有一种看法；如果对另一个人来说，这些活动引发了尖锐的私人问题与政治问题，那么他对社会世界就持有另一种看法。一般而言，一个人与世界的关联存在的问题越多，他就越有可能对社会世界持有某种看法。但是，即使某人与社会世界的基本关联根本就没有什么问题，他也依然对社

---

　　① 我所讲的与（社会世界）"发生关联"与"采取某种看法"，从广义上讲，是与黑格尔所运用的 *Gesninung*（倾向或视角）一词相对应的。

会世界持有某种看法（或某些看法），这也有可能是真实的。例如，这种人可能未经反思地认为，它的制度是完全可以接受的。很明显，那些自觉地接受社会世界的基本制度安排的人，如那些认为社会世界非常棒的人会对此社会世界持有某种看法。

人们以明确或自觉的方式思考他们与社会世界的特定领域（如政治秩序）的关联，这也就表明了他们以同样的方式与社会世界本身所发生的关联。我们可以想象一下生活在纳粹德国会是什么样子。政治环境会迫使人们对政治秩序采取某种明确的看法。人们可能会面临着一系列问题：如果我是具有这种体制的国家的一个公民，对我将意味着什么？我如何与之发生关联？我应当拒绝参与其中吗？还是顺从？抑或尽我所能地离开这个国家？我如何才能保护自己免受其害？我如何才能不让自己助纣为虐？对于像纳粹德国的这种体制，我们到底会采取什么看法，这个问题是我们大家都能理解的。

只要我们自觉地掌握了同政治秩序发生关联的观念，我们就能将这种观念扩展到与社会中其他主要制度之间的关联。思考一下那些鄙视家庭制度的妇女会面临的问题。她会称自己的父母为"爸爸"和"妈妈"吗？她会认为父母所扮演的角色是固定不变的吗？当然，她会承认他们承担了这些角色。但是，她是否认为这些角色只是他们身份"认同"的一部分？她是否认为这些角色（她自身作为女儿的角色）只是建构了他们彼此之间的关系？如果她的父母总是以父亲或母亲的身份与她发生关联，那么她将如何与父母相处？如果出于某种实际的理由，例如她结婚了，那么她将如何看待自身与配偶的角色？她会把他看成是自己的"丈夫"吗？或把自身看成是"妻子"吗？当人们只是把她当成某人的"妻子"来看待，如人们称她为某某夫人时，她应当做出什么样的反应？当她的丈夫乐于将她作为"妻子"看待时，她又应当如何反应？当社会的一些客观状况（例如，女人的工资远远低于男人）迫使妇女只能扮演恪守传统的"妻子"角色，她又当如何处理这些客观状况？① 这些问题都是我们非常熟悉的。

　　然而，即使人们掌握了以明确或自觉的方式与社会世界发生关联的观念，与社会世界取得和解的观念依然看起来令人感到陌生。在我们与社会世界的关联中，我们一开始很少采用和解这一范畴。我们一般是在人与人发生关联的时候才使用和解概念，如思考有无可能与同工厂的工人、同事、朋友或家庭成员达成和解。或者在涉及集体或团体时，我们也会运用这一概念。例如，我们会问美国白人与黑人、以色列与巴勒斯坦达成和解的可能性。但是和解这一概念——像异化概念一样——可以扩展到社会世界。正如某人可以讲与社会世界的异化，也可以讲与社会世界的和解。

　　和解方案看起来令人陌生的另一原因在于，它是一种社会神正论（social theodicy）（参见 VG，48/42）——这一观念在我们看来很陌生。"社会神正论"是对传统神学概念进行社会化与政治化的转变后形成的一种观念。② 在传统意义上，神正论力图为上帝对待人的方式辩护；社会神正论则力图为社会对待其成员的方式辩护。传统神正论认为，世界从根本上讲是善的，从而寻求人与上帝的和解；社会神正论认为社会世界从根本上讲是善的，从而寻求人与社会世界的和解。我们可以把黑格尔的社会神正论看成是对如下两个问题的回应：异化问题与社会之恶的问题。因此，我们可以认为，分别回应这两个问题正是他的社会神正论的作用。

　　我们之所以强调这一点，因为人们通常忽略了这两项子任务之间的区别。正如黑格尔所理解的，异化问题指的是，他同时代的人（还有许多知识分子），在当时的社会世界中，却并非"在家"之中。③ 他们认为，主要的社会制度都是异化的、分裂的，对他们的需要采取敌视或漠不关心的态

----

　　① 这个例子所要表达的一点是，人们与制度发生关联的一种主要方式就是同这些制度所包含的角色发生关联。

　　② "社会神正论"这一术语也是我的重构。黑格尔所运用的是术语是"神正论"（*Theodizee*）。

　　③ 黑格尔所认为的异化的普遍性问题我们将在第四章予以处理。

度。黑格尔的社会哲学既然作为一种社会神正论而发挥作用，那么，首先它就要表明，与这种表象不同，他们的社会世界事实上恰好是"家"。它表明社会的主要制度并不是异化的、分裂的，并不是敌视的或不关心人们的需要的，人们所建立的现代社会世界正是他们真正的家。只要黑格尔所面向的听众真正理解了社会世界就是家，他们也就能在这里找到家并能达成和解。

正如黑格尔所理解的，社会之恶的问题之所以存在，那是因为社会世界包含了一些有问题的特征，使之直观上看起来是恶的，如离婚（PR，§176）和战争（PR，§324）；还有另一个主要的特点，即贫穷（PR，§§244－245），也是一种真正的恶。而且，黑格尔认识到，特定的家庭、特定形态的市民社会、特定的国家总是不可避免地暴露出缺点与不足，而且有些还相当严重。

黑格尔的社会哲学还有另一种方式体现社会神正论，它可以表明：首先，通过肯定离婚与战争来表明它们也含有某种合理因素；其次，贫穷之恶并没有损害社会世界的基本善；最后，从根本上讲，具体的社会制度总是表现出缺点与不足，这一普遍事实是可以接受的，因为人类生活与行动的领域总是有限的，社会制度要想在这些领域中得以全面实现的话，缺点与不足就是其不可避免的代价（我们将在第七章较为具体地处理由离婚、贫穷与战争所引发的问题，在第二章较为概括地处理具体制度的不完善性问题）。另外，我们可能还要提及一点，如果我们把社会之恶问题看成是异化问题的一个可能来源，那么社会之恶问题可以隶属于异化问题。那么，这也就表明了，在黑格尔的两项子任务中，从广义上来理解，回应异化问题的任务是更为根本的。

现在，我们能清楚地看到社会神正论的令人陌生之处了。我们一般并不认为社会神正论是属于社会哲学的任务。然而，将传统的神正论观念扩展到社会世界，无论在黑格尔那个时代的人看来是多么自然，这种观念对

于我们今天大多数人来说，并不是自然的，也不是一目了然的。不过，它
也并不是完全令人陌生的。社会神正论代表了对如下问题的一种回应，即
我如何与社会世界发生关联，并认真地对待它。这也是我们将认真对待的
问题，也是今天许多人在日常生活中所面对的问题。而且，社会神正论所
处理的两个问题，我们都认为是真实的：异化问题与忍受社会世界必定展
现出缺点与不足的问题。只要我们把社会神正论看成是对这些问题的回
应，那么它就是可以理解的。

　　我们不需要假定，社会神正论之所以令人关注是因为它成功的解释
力。事实上，哪怕它并不成功，也是值得关注的。既使我们发现社会世界
不容许任何成功的社会神正论，那么这也将是一个重要的发现，因为我们
可以与容许某种成功的社会神正论（如果真有的话）的社会世界发生关联、
也可以与不容许某种成功的社会神正论的社会世界发生关联。但这两种发
生关联的方式可能是极为不同的。如果某种社会世界容许存在一种成功的
社会神正论，那么我们就会接受、支持并赞同它，这也是我们与它发生关
联的方式。如果社会世界不容许存在某种成功的社会神正论，那么退却、
抵制与革命就是我们可能采取的反应。

²² 第二节　乐观主义的问题

　　黑格尔和解方案的第二个困难在于它看起来过于乐观。正如我们所
见，黑格尔认为，他所处的社会世界真的是"家"，哪怕事实上它表现出异
化、分裂，并对成员的需要敌视且不关心。在他看来，人们并没有逐步明
白到这里是家，这并不是社会世界本身的问题，而是他们的理解方式存在
问题，他们对社会世界的理解以及对自身的理解都存在问题。他们之所以
感到异化，真正原因在于他们没能理解到，现代社会世界就是可以作为家
的地方，他们作为主体，生活在社会世界中也就是生活在家中。

很明显，黑格尔的社会世界概念在某些方面表现得非常乐观。如果我们不赞同黑格尔的这种看法，那么我们自然会以某种怀疑主义的眼光看待他的方案。但是现在的问题不在于我们是否接受黑格尔的结论，而在于，黑格尔方案透露的乐观主义是否会阻碍我们认真对待这一方案。我已经考察了第一种回应方式。为了认真对待黑格尔的方案，我们无需假定他的社会神正论是成功的。另外，至少从历史的视角来看，我们也无需赞成他的乐观主义。这里可能值得提醒一下的是，恰当地研究历史哲学，本质上包含了一种意愿，即严肃对待某人并不持有某种看法的意愿。

无论如何，黑格尔的乐观主义远没有它看起来那么极端。黑格尔并不认为现代社会世界在所有方面都是完美无缺的。他并不是社会世界的过分乐观者。我们已经看到，黑格尔认为，社会世界的一些基本特征，如离婚与战争，都是有问题的，贫穷是一种恶。他还认识到，特定的家庭、市民社会与国家都难免在不同方面存在缺陷。那么，黑格尔很明显并不持有如下看法，即由于他相信一切都是完善的，因此和解是可能的。相反，他认为，和解之所以可能，因为现代社会世界的主要制度（家庭、市民社会、国家）的基本方面均是可以接受的，因为这些结构均能在一定程度上得以实现（这一点我将在第二章予以阐述）。

无论如何值得指出的是，实际上远没有像人们所认为的那样，黑格尔的乐观主义已从常识中被消除掉了。有一种大家都熟悉的、温和的立场在今天非常流行，它在许多方面与这种乐观主义相似。美国的社会、政治与经济系统，或者更一般地说，带有市场经济与福利制度的代议民主制，许多人认为它们基本上是可以接受的。尽管他们认为这些具体制度结构在某些方面存在着缺陷，但他们还是赞同这些基本结构，而且仍认为这些结构事实上能够得以充分实现。由此观之，黑格尔的观点并不是极端的乐观主义。我们最好把它看成是这种常识观点的一种有趣的激进表达。

当然，我们可能对我们所处的社会世界远没有这么乐观。有人倾向于怀疑它的基本结构能否真的可以被接受，哪怕只是原则上的（我必须承认自己就持有这种怀疑）。如果确实如此，那么还有另一种理由可以解释黑格尔的观点为什么有趣。黑格尔的乐观主义只是非常清晰、一语中的、较为激进地表达了我们自己的看法——依据这种观点，人们可以澄清自己的立场。实际上，黑格尔哲学的一个显著特征是它呼吁对社会的激进批评。而且，如果有人搞不清楚自己对社会世界的基本态度时，黑格尔也能以某种方式发挥作用。黑格尔的社会哲学可以加深我们对评估社会世界的不同方式的理解，也能加深理解在做出这些评估时所基于的各种思考。这能使我们处于一种较佳的位置，以决定我们如何与社会世界发生关联。

第三节　悲观主义的问题

　　看起来与前一个困难相矛盾的是，黑格尔方案所引起的第三个困难是它似乎令人悲观与消沉。我们之所以有这种印象，其中一个原因是由于所用的语词。我运用英文词"reconciliation"来表达黑格尔所用的德文词 *Versöhnung*。"reconciliation"的一个基本特征是它具有"顺从"(resignation)的意思。这可能表明，黑格尔的方案的真实目标是顺从，这听起来令人悲观与消沉。"顺从"与 *Versöhnung* 之间的差异是第三章所要讨论的主题，但我们在这里需要指出，*Versöhnung* 并不意味着顺从。

24　*Versöhnung* 所传达的态度是积极的。*Versöhnung* 本质上包含了一种肯定性。黑格尔和解方案的目标并不是要从异化状态转变到向社会世界顺从的状态。它所追求的最终状态是人们能够理性地赞同与肯定社会世界。

　　然而，黑格尔的方案给人一种悲观的印象并非全然源于 *Versöhnung* 一词的英文翻译问题，也并不是说它只对不讲德语的读者才造成这种印象。哪怕人们认识到黑格尔的社会哲学并不是要成为一种顺从哲学，人们依然会疑惑，他的和解方案难道不会最终沦落为一种顺从方案吗？黑格尔社会世界所展现的问题的严重性可能会使人们倾向于认为它会如此。正如我们所见，他的世界（像我们的世界一样）不仅包含了离婚与战争，也包含了贫穷。黑格尔认为，与现代世界达成和解也就意味着我们要接受这样的世界，哪怕它包含了这些问题。人们可能会问，这种接受是否最终并没有发展成顺从。但是，这并不是我们一开始就能解决的问题。实际上，在我们能够思考和解方案是否最终会沦落为顺从方案之前，我们必须将它作为一个整体来思考。

第四节　保守主义、意识形态与压制个体性的危险性

黑格尔方案所引起的第四个问题似乎有一定危险性。它为什么会这样，我将考察以下一些原因。

一、它似乎看起来很保守，这是第一个原因。

其表现如下：

（一）仅仅因为是现状，所以就赞同它

（二）排斥改革

（三）要求放弃批评与反对

下面让我分别考察这三个有内在关联的特征。

黑格尔的方案为什么似乎总是赞同现状，这是很容易搞明白的。我们从黑格尔的 *Doppelsatz*（对偶格言）开始，这是他在《法哲学原理》导言中的一句最有名的话：凡是现实的就是合理的，凡是合理的就是现实的。（PR，¶12）

如果从表面意思来看，这句话讲的是，一切存在的东西都是合理的，它之所以合理，仅仅因为它是客观存在的。[①] 这种解读也似乎得到了黑格

25

---

① 　参见 Rudolf Haym，*Hegel und seine Zeit*，Berlin，Rudolf Gaertner，1857.

尔另一句话的佐证，即"存在就是理性（*what is is reason*）"（PR，¶13）。而且，黑格尔社会哲学的目标并不是要让人们与改革后的或革命后的未来社会世界达成和解，而是要让人们与"现实的"社会世界（即他们生活于其中的社会世界）达成和解。为了准确表达这一点，黑格尔引用了一句谚语："这里是罗陀斯，就在这里跳吧"（PR，¶13）。人们不需要到遥远的时空去寻求和解，就如同罗陀斯，吹嘘者说他在这里跳得很远，甚至都没有一个奥林匹克选手能超过他。人们要在此时此地、在他所生活的城市中达成和解。"这里是罗陀斯"的意思是说，这个社会世界就是人们要寻求和解的世界。"就在这里跳吧"的意思是说，任务就是在这个时间、这个地点达成和解。黑格尔否定如下看法，即为了值得达成和解，社会世界必须经历革命性转型或得以改革；他认为，现实的世界本身就值得达成和解。

因此，黑格尔认为，把"这里是罗陀斯，就在这里跳吧"这句谚语"稍做改变"，就可以解释为"这里有蔷薇，就在这里跳舞吧"（PR，¶14）。"这里有蔷薇"（拉丁词 Rhodus 是一个双关词，它有"罗陀斯"和"蔷薇"两重意思）是说，那种能给人们提供满足感的社会生活形式可以在此时此地的社会世界中找到。"就在这里跳舞吧"（拉丁词 salta 也是一个双关词，它有"跳"和"跳舞"两重意思）是说，人们要想找到这种满足感，他们就需要参与到现代社会世界的主要制度安排中去。

人们之所以认为黑格尔的方案赞同现状，还有最后一个原因，即这种赞同本身就是和解的一个重要组成部分。只有当人们赞同他们所栖身的社会世界，他们才能获得和解。也只有和解了的个体才会赞同他们的社会世界。

尽管如此，黑格尔并没有像那样赞同现状。与表面意思相反，黑格尔的对偶格言并不是说现存的一切都是合理的。它的意思也不是说，有些东西之所以合理仅仅因为它们是现存的。实际上，黑格尔明确否认现存的东西是合理的（EL，§6）。我们将在第三章中看到，黑格尔是在一种技术化的意义上使用"现实的"（*wirklich*）一词的。根据他的用法，"现实的"恰恰与"现存的"（它表达的只是 *Dasein* 或 *Existenz*）形成了对照。黑格尔所理解的"现实性"（*Wirklichkeit*）是本质（*Wesen*）与现存（*Existenz*）的统一体（EL，§142）。任何东西，只有当它们实现了自己的本质及内在的理性结构，它们才能说是"现实的"。当黑格尔说"存在就是理性"时，他所讲的"存在"（what is）指的并不是现存的东西，而是那种"真正"存在的东西、具有现实性的东西。

当然，黑格尔赞同家庭、市民社会与国家。但是他之所以赞同它们，并不是因为它们是现存的，而是因为他相信，这些东西具有某种内在的理性结构，这种结构很大程度上能在现代社会世界中得以实现（所谓"内在的理性结构"，黑格尔指的是一种哲学上可理解的结构，它是可通过理性把握的、合理的或善的）。大致而言，黑格尔认为，只有当具体的家庭、市民社会与国家能够实现它们的内在理性结构时，它们才是值得肯定的。

尽管赞同本身是和解的一个重要组成部分，这并不意味着，为了达成和解，我们需要赞同社会世界的每一个方面。只有当具体的家庭、市民社会与国家实现了自己的内在理性结构的时候，人们才需要（也应当）赞同它们。已达成和解的个体会赞同他们的社会世界，但这并不是因为社会世界是现存的，所以才赞同它。他们赞同它，是因为它是现实的与合理的。黑格尔在《法哲学原理》中的目标就是要表明现代社会世界的理性结构，使读者们能够理解社会世界的真正现实性，并根据社会世界的合理性去肯定它。

（二）排斥改革

为什么人们会认为黑格尔的方案会排斥改革，其实我们已经触及了其中的一个理由。黑格尔认为，原封不动的现代社会世界就是值得和解的。黑格尔并不认为，它需要做某些改革之后才值得和解。请容我们稍做解释。社会世界不需要经过改革之后才值得和解，但这并不意味着社会世界不需要进行改革。黑格尔认为，在他所处的社会中，社会世界既是值得和解的，也是需要改革的。大致而言，他认为，社会世界现有的一些特征还是足够合理的，因而可以确保得到和解，但又不是完全合理的，因而需要改革。例如，他提倡在普鲁士建立某种立宪君主制（PR，§279，R；VPRHO，679）、双议院代表制（PR，§§298－320）、公开刑事审判（PR，§224）与陪审团审讯制度（PR，§227R）。我们必须承认，这些提议以今天的眼光来看都算不上特别激进，哪怕是以黑格尔那个时代的标准来衡量，也算不上激进。不过，黑格尔所建议的改革使人们将他划入到当时温和的、自由的进步主义者阵营。人们过去一直认为黑格尔是普鲁士王政复辟的支持者，实际上，我们今天都普遍认识到事实并非如此。[①]

　　黑格尔既认为现代社会世界值得和解，又认为它需要改革，这两种看法之间存在着内在紧张，这种紧张是不同寻常的，而且是复杂的，它使得黑格尔必须在两种极端观点之间做出非此即彼的选择：一种极端观点认为，由于社会世界是值得和解的，因此不需要任何改革；另一种极端观点认为，由于社会世界需要改革，因此它是不值得和解的。第一种观点是右翼黑格尔派的基本思想来源；第二种观点是左翼黑格尔派的基本思想来源。[②] 但是，对黑格尔来说，关键的事实是他想同时反对左右翼黑格尔派，当然，按照历史顺序来说，左右翼黑格尔派是黑格尔之后的事，我们这里只是讲这两派所反映的观点。黑格尔的目标是"维持某种综合"，他认为社会世界尽管不完美，但还是值得和解的，这种综合方案有可能将以下两种

---

　　① 对于认为黑格尔赞成普鲁士王政复辟这一观点的批评，例如，可参见 Franz Rosenzweig, *Hegel und der Staat*. Reprint（2 vols. in 1），Aalen：Scientia Verlag，1982；Eric Weil, *Hegel et l'état*，Paris，College Philosophique，1950；Joachim Ritter, *Hegel und die französische Revolution*，Frankfurt，Suhrkamp Verlag，1965. Shlomo Avineri, *Hegel's Theory of the Modern State*，Cambridge，Cam-bridge University Press，1972；Allen W Wood, *Hegel's Ethical Thought*，Cambridge，Cambridge University Press，1990. 对这一观点的经典表达，参见 Rudolf Haym, *Hegel und seine Zeit*，Berlin，Rudolf Gaertner，1857.

　　② 参见导言，注释 6。

倾向结合起来，它既基本接受这个社会世界，同时也提倡对其进行自由化的改革。

（三）要求放弃批评与反对

最后，人们可能会认为，黑格尔的方案是保守的，因为它总是表现为排斥批评与反对的观点。他在《法哲学原理》导言中所说的一些话是给人们造成这种印象的一个主要原因。他在这本书中提道："本书作为一本哲学著作，它必须尽可能地使自己远离如下责任，即创建某种应然意义上的国家；创建的目标并不是要根据国家应当是什么样子来进行，相反，它重在表明国家作为一种伦理世界应当如何得以认识。"（PR，¶13）黑格尔接着说："妄想哲学能够超越它的时代，正如同妄想个人可以越过他的时代、跳出罗陀斯岛一样，都是极为愚蠢的。"（PR，¶13）

毫无疑问，就这一段话的语气来说，它是极为保守的。这种语气也表明了，面对社会世界，我们恰当的立场并不是要以任何方式来改进它。但是，如果人们更仔细地考察黑格尔实际所说的话，很明显，他的立场是非常谨慎的。他并没有处理对国家展开理性批评是否可能这个一般性的问题，相反，刚才我们所引的大段文字谈得更多的是一个更为狭小的问题，即这种批评是否属于哲学的任务。黑格尔的答案是否定的。按照他的理解，哲学的主要活动是要抓住"现实"。他称这种活动为"思辨"（*Spekulation*）（EL，§82，Z）。因此，他说："理解存在是哲学的任务，因为存在就是理性。"（PR，¶13）

只要社会世界是合理的，它就会是哲学研究的恰当对象。有些特定的社会制度不能实现它们内在的理性结构，就此而言，它们就不属于哲学的范围。然而，特定的社会制度在某种程度上肯定难以实现它们内在的理性结构，哲学当然必须为这种普遍事实提供解释。但是，黑格尔的观点是，这种批评特定社会制度的活动并不是哲学的任务。

当黑格尔说哲学不能"超越它的时代"时，他的意思并不是说，哲学必

28

须仅限于为现存社会制度的客观特征做出全面的描述。正如我们所探讨的，黑格尔认为，哲学能够抓住现代社会世界内在的理性结构。他认为，他的法哲学事实上就抓住了这一结构。

我们还必须指出，原则上，法哲学所提供的解释具有如下作用，即可以作为对现存制度展开理性批评的基础。现存社会制度如果不能与它们内在的理性结构相匹配，那么它们就应当受到批评。任何理论，假如它有可能接受现代社会世界，如《法哲学原理》中所提供的对家庭、市民社会与国家的解释，那么它也就提供了系列标准，我们据此可以批评那些存有缺陷的社会制度。① 在黑格尔看来，社会批评可能不是哲学活动，但是，他的社会哲学提供了一些工具，使我们能够对社会世界展开更丰富的哲学批评。

在黑格尔所提供的哲学框架内，我们有可能与社会世界取得和解，从而努力克服它的缺陷。也有可能努力克服它的缺陷，从而与它取得和解。人们相信社会世界的基本制度安排（如《法哲学原理》中所描述的家庭、市民社会与国家背后的结构）是合理的，这些结构在很大程度上能够得以实现，从而与社会世界取得和解。同时，人们可能会认识到，社会中一些现存的制度安排不能在多种层面上与《法哲学原理》中描述的结构相适应。人们可能力图改变这些制度，使之与内在的理性结构相一致。人们的这些努力并不是要表达对社会世界最基本的制度安排的反对，相反是对这些制度安排的深层肯定，因为人们在努力使现存的社会世界与其背后的精神相一致。

然而，我们必须承认，黑格尔本人并没有强调他的思想所具有的批评性。如果说有的话，那也只是轻描淡写。相反，他在许多地方都给人如下

---

① 参见 Vittori Hösle, "Eine unsittliche Sittlichkeit: Hegels Kritik an der indischen Kultur." In *Moralität und Sittlichkeit: Das Problem Hegels und die Diskursethik*, Frankfurt, Suhrkamp Verlag.

印象，他的社会哲学是无为的、易妥协的。黑格尔之所以给人传达这种印象，其部分动机是出于谨慎的。① 他计划于 1819 年出版《法哲学原理》，正是那一年，普鲁士改革——始于斯坦因(Karl Freiherr von Stein)总理治下的 1807 年，且在哈登堡(Karl August von Hardenberg)总理统治期间得以延续——由于右翼戏剧家科策布(August von Kotzebue)被暗杀戛然而止，他是被一位名叫桑德(Karl Ludwig Sand)的激进学生杀害的。随后便迎来了一段政治高压时期，其中的标志性事件是卡尔司巴德敕令(Carlsbad Decrees)的颁布。这些法令限制学术自由，而且那些含有政治内容的出版物都要接受严格的政府审查。同时，政府迫害所谓的煽动家，并对那些激发学生民族主义的教授进行政治迫害。当时，具有进步思想的教育部长阿尔滕斯坦(Karl von Altenstein)在柏林已为黑格尔授予了教授一职，而且黑格尔本人总体上支持斯坦因和哈登堡的改革，所以黑格尔撤回了《法哲学原理》一书的手稿，并对之加以修正，以符合政治审查。相比全书的其他内容，导言部分的修正是最明显的。黑格尔之所以这么做，意图在于给人造成一种错误的印象，即他的社会哲学强调要无批判地接受普鲁士国家。

　　黑格尔为什么拒绝强调其思想的批判性方面，可能还有另一个原因，虽然这一原因相比前者来说，并不是黑格尔刻意为之的。黑格尔相信，他所处的时代有一个特征，那就是大家都倾向于采取肤浅的批判形式，我们通过考察《世界历史哲学讲演录》中的如下一段话就可以获得这种看法：

　　　相比理解个体、国家与世界事件进程的真正意义来说，认识它们

---

　　① 我对黑格尔的政治学的处理，主要遵从的是 Karl-Heinz Ilting, "Einleitung: Die Rechtsphilosophie von 1820 und Hegels Vorlesungenüber Rechtsphilosophie." In *Vorlesungen über Rechtsphilosophie*，1818—1831，vol. 1，Stuttgart: Klett-Cotta Verlag. 25－94；Allen W Wood, *Hegel's Ethical Thought*，Cambridge，Cambridge University Press，1990，pp. 11－14，257－258.

的缺点要容易得多。如果只是为了得出消极性的判断，人们只需要以一种优越的、傲慢的视角俯视身边的事情就行了，根本不需要全面深入事情的内部去理解它的真实本质，例如，它的积极意义。相比探究真实本质来说，发现缺点要容易很多（如在艺术作品中），而且这种肤浅的批评能得到很好的辩护。人们只要一发现尚有东西可供他们进行正当批评，就认为自己大功告成了；当然，从某种层面上讲，他们是对的；但是他们也是错误的，因为他们没有认识到积极的因素（*das Affirmative an der Sache*）。只看到所有事物坏的一面，而忽视它积极的、有价值的一面，是极为肤浅的。一般来讲，年长者都持有一种相对温和的观点，而年轻人通常对此大为不满；这是因为，年长者总是会有成熟的判断，这不是说他们随着年岁增长，对一切了然无趣，所以能够容忍坏的方面，而是他们学会了从严酷的生活中去寻找真实的东西、具有永恒价值的东西。（VG，76—77，66）

黑格尔并不认为，与他同时代的那些知识分子也需要勇于参与这种批评。在他看来，事实上他们已经在这么做了。社会世界表现出各种缺点，这一事实也无须过于强调。这些缺点已经足够明显。我们应当强调的事实则是，现代社会世界的缺点并没有损害它基本的价值与合理性。根据黑格尔的看法，最为重要的是要抓住并理解社会世界的基本价值。但是就此而言，他同时代的人确实需要指导。因此，他的重点就在于抓住肯定性的方面。黑格尔社会哲学的目标是，为人们提供一些哲学工具，人们据此有可能看到社会世界的"真实本质"，并最终培养人们具有一种基本自信与信任的视角。因此，尽管黑格尔并没有提倡毫无批判地接受现实，但他认为，与抓住现代社会世界的"积极的与有价值的性质"相比，发现它的缺点要重要得多。因此，黑格尔的著作所表达的那种保守语气反映了他真正持有的看法。

二、黑格尔的方案表现出意识形态性，因此它看起来也具有危险性。

我们讲某个方案是"意识形态的"，也就是说，它事实上就是某种形式的"错误意识"，或者它会触发某种形式的"错误意识"（对社会世界、其中的成员或者他们彼此的关系做出错误的解释，这种错误解释为压迫提供了辩护或者加剧了压迫）。马克思就认为黑格尔的方案是意识形态化的，并提供了一种非常一般化的理由。黑格尔认为，现代社会世界就是家，这本是一个客观事实，但是如果没有理论的帮助，我们根本看不到这一点。然而，马克思则论证说，除非社会世界是家这一事实是显而易见的，即根本不需要理论的帮助，我们就能理解这一点，我们才会认为社会世界就是家。在马克思看来，如果一个人需要理论的帮助才能使社会世界成为家，那么他所生活的社会世界就根本不是家。社会世界需要社会神正论的帮助，这一事实恰恰就表明了，我们对这个世界的看法存有错误。但是正如我们将在第三章看到的，黑格尔表达了一种观念，社会世界要成为家，那么一方面它能够真正成为家，另一方面它也需要理论的帮助。他认为，历史变化使得现代社会世界成为家——这些历史变化包括市民社会与现代国家的出现——同时也使现代社会世界变得异化，从而产生了对社会理论的需求。从更抽象的角度来讲，他也论证了，现代性的方方面面（这其中包括现代社会世界的范围与复杂性、现代人要求对社会制度安排有"理性洞察"这一客观事实）使得社会理论不可或缺。

如果黑格尔对历史状况的理解是正确的——如果现代社会世界就是家——那么他的整个方案就并不具有什么意识形态性。但是，如果他对历史状况的理解是错误的——如果现代社会世界根本就不是家——那么他的方案就会是意识形态的。然而，这个方案之所以是意识形态的，原因就在于，它力图使人们与一个不是家的社会世界达成和解，而并非像马克思所认为的，仅仅是因为这个方案是哲学化的。我们反对马克思的地方在于，哲学化的和解方案并非本质上就是意识形态性的。我们赞同马克思或有马克思主义倾向的人的地方在于，这一方案确实有固有的意识形态化风险。

32   我们之所以认为黑格尔的和解方案是意识形态性的，还有第二个更具体的理由，这一理由与黑格尔对现代社会世界中的贫穷的理解是相关的。黑格尔认为，尽管现代社会世界包含着贫穷，但它依然是家。在他看来，贫穷并不是现代社会的偶然特征，相反，它具有系统性的、结构性的特征：现代社会中的人总是落入贫穷，形成下层阶级，这是正常的经济运作所造就的结果(PR，§241)。即使黑格尔敏锐地意识到了贫穷的可怕，他依旧认为，现代社会世界是家。因此，我们自然会想，他的和解方案是否不会变成某种意识形态。黑格尔努力为包含有贫穷以及产生社会底层的社会世界予以辩护，这种努力何以发展成其他某种东西？这一问题具有某种马克思主义的味道，这并非偶然：由黑格尔对贫穷的解释所提出的问题很明显构成了马克思主义的一个来源。

三、黑格尔的方案看起来具有危险性，因为它似乎要求压制或抛弃个体性。

和解观念本身似乎就施加了这种要求。和解本身就是克服人们与社会世界的分离。和解的观念就是与社会世界结为一体的观念。与社会世界取得和解包含了如下意思，即在某种较强的意义上视自己为社会世界的一员。那么问题自然就会出现：和解过程是否并不要求压制或抛弃个体性；如果不压制并且抛弃人们的个体性，仅从单纯外在的层面去要求人们视自己为社会世界的一员，这何以可能？

黑格尔乡愁式地谈及一些古代社会生活的形式，古代人生活在社会世界中，也就是生活在家中，因为他们缺乏个体性，黑格尔在许多段落中都谈及了这一点，它们也正好加强了我们的如上担忧。[1] 例如，在《基督宗教的积极性》中，黑格尔谈到了希腊城邦与罗马共和国，他写道：

> 作为自由人，希腊人与罗马人遵守他们自身制定的法律，遵守他们自身授予职权的那些人，参与他们自身决定的战争，付出他们的财产，耗尽他们的激情，为了他们自身的目的牺牲成千上万的生命。他们既没有学习也没有教导别人（某种道德体系），而只是通过自身的行动来表现他们认为属于自己的道德准则。在公共生活中，正如在私人生活与家庭生活中一样，每个人都是自由人，他们依据自己的法则而生活。祖国或国家的理念是看不见摸不着的，是他们所要追求的更高实在，这种更高实在也迫使他们不断努力；这是他私人世界的最终目的，或者，在他看来，也是整个世界的最终目的。他发现，这一目的清楚地表现在他日常生活的现实中，或者他本人通过与他人合作可以实现这一目的。面对这种观念，他自身的个体性消失了；他只要求这种观念的维持、存活与继续，只有在它们之中，他才能找到实在。他们从不祈求自身个体性的续存或不朽。只有在他们懒散或没精打采的时候，他们才感受到某种纯粹关注自身的渴望，并且这种渴望的强度逐步增长。当加图认为，他的世界、他的共和国，也就是他所认为的事物的最高秩序受到摧毁的时候，他才开始求教于柏拉图的《斐多篇》；只有在这里，他才依然可以飞向一个更高的秩序。（PCR，204—205/154—155）

---

[1] 黑格尔关于古代世界的概念是极其理想化的，并且颇具争议。我在这里所关心的，并不是要对此进行辩护，而是要说明它在黑格尔思想中的作用。我所提供的重构一点儿也不依赖于历史精确性。我将在第五章第一、第二、第三节为黑格尔关于古希腊的态度提供一个更完整的讨论，同时也将更全面地处理对黑格尔来说"个体性"到底是什么意思，并指出没有个体性的状态会是一个什么样子。

33

尽管这段话的基本意思很清楚，但还有一点需要澄清。黑格尔讲，希腊人与罗马人面对国家或民族观念的时候，他们的个体性就"消失"（*verschward*）了，但他的意思并不是说，希腊人或罗马人以某种方式不再是一个独立的、特殊的人。相反，黑格尔的意思是说，希腊人或罗马人不再认为自己是一个个体——如认为某人的个体利益本身就很重要——因此，在每个人都认为自己的利益很重要的层面上，他们不再认为自己是一个个体。

在《精神现象学》中，我们发现如下一段话，黑格尔在这段话中对古代世界的伦理生活（*Sittlichkeit*）也有乡愁式的描绘，尽管非常抽象与模糊："这种伦理实体，就其抽象的普遍性来说，只是以思想的形式呈现出来的法则；但它依旧直接就是现实的自我意识，或者习俗。相反，只要这种现存的整体意识到，普遍意识本身也是作为某种个体性而存在的，那么单一的个体意识也就是普遍的习俗。"（PhG，264/212）大体而言，这里的意思是说，具有这种伦理实体的个体成员能够将其所分享的整个共同体的文化视角（他的"伦理实体"的"普遍意识"）界定为自己的"本质"。事实上，黑格尔认为，具有这种伦理实体的个体默默地相信，只要他认为自己等同于这种伦理实体的普遍意识，亦即只要他以所分享的整个共同体的文化视角来界定自身，那么他就是真正的自己（"现存的整体"）。黑格尔接着说：

> 理性作为流动不居的普遍实体出现在这里，也作为不变的、简单的物出现在这里，然而，它也会突然分裂成许多完全独立的存在，正如光可以突然散发成许多数不清的、自己发光的小星星一样。就其绝对的自我本质来说，这些独立的存在不仅分解为简单的、独立的实体，同时很明显也是作为自身而存在的。它们正是通过牺牲自己的特殊性，并将这种普遍实体作为自己的灵魂与本质，从而意识到自己是这些分散的、独立的存在。同样，这种普遍性又是这些特殊个体所造

就的，或者说是他们所创造出来的结果。（PhG，265/212—213）

正是通过牺牲他们的特殊性，也就是不再把自身设想为脱离文化认同的个体，以及使自己的特殊利益隶属于共同体的公共利益之下，伦理实体的成员才真正看清了自己的本质：每个人都体现了公共的共同体精神，正是通过"伦理实体"，这些"星星"才光芒四射。

我们引用这些段落是想要说明，黑格尔认为古代伦理世界的成员将自身与他们所处的具体共同体完全等同。他们享受着共同体带来的满足感，丝毫没有异化感。黑格尔将这种关系描述为一种"幸福状态"（Glück）（PhG，266/214），并且认为，在这种幸福中，根本就没有共同体成员与共同体之间的分离与分裂。这种幸福是"伦理实体成员"的幸福，也就是"整体"的幸福。

黑格尔很明显被这种社会生活形式所吸引。他发现，这种社会生活形式与现代社会生活中的分离与断裂形成了强烈对比。他关于古代伦理世界的著作透露出了一种失落感，甚至渴望回到这种与社会世界的更简单、更和谐的关系中去。然而，同样明显的是——其实人们也普遍认识到了——黑格尔反对回到古代伦理世界或仅凭直觉而行动的观念。黑格尔认为，这一步既不可能也不可取。之所以说它是不可能的，是因为人们已经获得了"特殊性原则"（即他们认识到了私人利益的重要性，以及发展与追逐这些利益的权利）（PR，§124R）和"个人自由的原则"（即他们认识到了个体良心的重要性与人们基于良心而行动的权利）（PR，§185R），黑格尔认为，这一结果是不可逆转的。[①] 之所以说它是不可取的，是因为这些原则的获得代表人类历史发展的一个根本进步。因此，黑格尔在《法哲学原理》中指出：

---

①　黑格尔似乎认为，这两个原则从根本上讲是一样的（参见 PR，§124R）。他也把这一原则描述为"自足的、内在无限的个体人格原则"（它认识到内在无限的个体人格的存在、价值与权利）（PR，§185R），或者更简洁地表达为"个体性原则"（VGP，2：249/2：202）。

个体有以自己的方式寻求满足的权利，或者换种方式说，个人自由的权利，这恰恰是古代与现代之间的关键性差异。将历史放长来看，这种权利在基督教中就有所表现，它现在已经成了新世界的普遍的、现实的原则。它的具体形态包括爱、浪漫和个体永恒拯救这一最终目的，等等；如果按照其他形式，它也包括道德与良心，其中有些已经成为市民社会的原则以及政治制度的关键，而另一些也出现在整个历史之中，特别是艺术史、科学史与哲学史。(PR，§124R)

在黑格尔看来，古代伦理世界作为一个不可分割的整体，虽然没有异化且充满快乐，但它终究是原始的。之所以说它是原始的，因为它根本没有为特殊性、主观性或个体性提供空间。

那么，黑格尔的目标并不是要重建和谐的古代伦理世界，而是要找到一种理解现代社会生活的方法，从而将现代性的丰富内涵——特殊性原则与个人自由原则——与共同体成员身份结合起来。当黑格尔说出下面这段话时，他心里就是这么想的，"在现实世界中保持……个人自由，同时，并不只是在特殊的、偶然的境遇中才坚持……个人自由，而总要为了个人自由而珍惜个人自由"(PR，¶14)。

因此，按照黑格尔的理解，和解观念并不包含抛弃或压制个体性。在黑格尔看来，现代人已经获得了"个体性原则"，这是一个关键性的事实(VGP，2：249/2：202)。为了使社会世界成为家——现代人的家，他们在这个家中，既要能实现自己作为共同体的一员，同时又不会抛弃或压制他们的个体性。这也正是黑格尔所说的"在现实世界中保持……个人自由"的核心意思。我们应当说，只有当和解过程确保了它力图达成和解的那些人的个体性时，它才是真正的和解过程。如果人们为了与他们的社会世界结合成为一个整体，从而要求他们放弃自己的个人利益或私人良心，那对他们来说真不亚于一场噩梦，这场梦里根本就没有什么和解。和解观念虽然包含了与社会世界所结为的整体，但是，和解观念所包含的这种整体与黑格尔所探讨的古代伦理世界中人们积极参与和享受的整体是完全不同的。这种整体要求保持差异。黑格尔力图表明，个体性与社会成员身份可以在现代社会世界的制度安排中取得调和，从而将现代个体与现代社会世界调和起来。

四、黑格尔的方案看起来具有危险性，还有最后一个原因，即它似乎总是易妥协，对恶持赞成或肯定态度。

这种看法的理由是很清楚的。在某种意义上（或者在多重意义上），黑格尔的方案力图说服人们去接受离婚、贫穷与战争。

我们必须指出的第一点是，很明显，有一点可以表明黑格尔的方案是易妥协的。他的方案作为一种社会神正论，总是力图容纳离婚、贫穷与战争，以某种方式使人们有可能接受它们的存在。客观地讲，我们都知道，包容恶本就是神正论的工作。但我们不能据此就说，妥协性的方案就要赞成或肯定恶，这很容易招来不满。至少根据黑格尔的理解，事实上，对于某个成功的神正论来说，存在一个约束条件，即它有可能接受那些直观上恶的东西，如离婚、贫穷与战争，但无须赞成或肯定恶本身。

这也就意味着，黑格尔的方案是否就是那种容易引发人们不满的妥协方案，这个问题可以成为另一个类似的问题，即他的社会神正论是否是成功的。我们已经看到，我们可以严肃地对待这一问题，但不需要假定它就是成功的。尽管我们认为，黑格尔的方案最终会沦为那种引发人们不满的妥协方案，但我们不能因为这一点而拒绝对它进行探讨。

第五节　误导性的担忧

黑格尔的方案所引起的第五个问题，也是最后一个问题，就是从根本上讲，它似乎是误导性的。我将考虑这种担忧的两种形式。

一、第一种形式

这种担忧的第一种形式源于实证主义，它认为黑格尔的方案具有误导性，因为这一方案力图为社会世界提供（理性的、哲学的）指导。我们可以区分出两个理由。第一个也是最明显的一个理由是，从实证主义者的立场来看，黑格尔力图为社会世界提供指导，实际上只是错误地尝试为什么是有价值的、人们应当做什么、人们应当如何生活等问题提供哲学上的指导。实证主义者认为这种做法具有误导性，因为在他们看来，规范性与评价性的论断根本就不属于理性讨论与评价的领域。对他们来说，这些论断"在认知上完全是无意义的"，缺乏"认知内容"。它们既不是分析的（仅通过句子组成部分的意义就能确定为真），也不能做对与错的判断。它们根本就不是那种如果为真就可以成为知识的论断。

今天很少有人会认为这种看法是有说服力的。意义概念可以为论断提供基础，论断要（在认知上）具有意义，当且仅当它们在分析的或者经验上是可证实的，这种看法已经声名狼藉了，对于评价性与规范性的论断可以进行理性讨论的说法现在可能已经为人们广为接受了。

但是实证主义者提供的第二个理由在许多人看来依然很有说服力。根据实证主义的观点，态度（attitudes）不属于理性讨论与评价的范围。实证主义者认为态度只是一系列纯粹的主观情感或意愿状态。卡尔纳普追寻形而上学的根源，最后将其归结为人们表达对生活态度的需要，他明确认为，这种态度缺乏"理论内容"。[①] 他把"一个人在生活中的态度"（*Lebensgefühl*）解释为"他对环境、社会、他所致力的任务、他所遭遇的不幸所做出的情感与意愿反应[②]。"如果人们认可对于态度的这种看法，那么

38

[①] Rudolf Carnap, *"Ueberwindung der Metaphysic durch logische Analyse der Sprache."* Glencoe, Free Press, 1959, *Erkenntnis* 2: 218—241.

[②] Rudolf Carnap, *"Ueberwindung der Metaphysic durch logische Analyse der Sprache."*, Glencoe, Free Press, 1932, p. 238. Rudolf Carnap, "The Elimination of Metaphysics through Logical Analysis of Language." Translated by Arthur Pap. Glencoe, Free Press, 1959, p. 78.

想要为态度提供指导的看法就是完全错误的。

　　但是，实证主义者这样刻画人们面对社会世界的态度是特别不恰当的。这些态度不能被看成只是一系列的主观情感与意愿，因为它们也包含了对社会世界的信念，只要通过理性地评价制度，它们同样可以具有许多知识内容。人们所具有的对社会世界的态度比实证主义者所认为的要丰富得多、复杂得多。

　　现在，如果我们拒绝实证主义者的观点，即态度只是一系列情感与意愿，那么针对社会世界的态度而不能予以理性讨论或评价的观点就不再具有什么吸引力。事实上，我们可以以某种理性的方式讨论我们对社会世界的态度，这种看法还是非常合理的。黑格尔的社会哲学之所以具有吸引力，其中的一点就是它提供了一种哲学框架，我们有可能在其中参与这种讨论。

　　可能还有必要指出的一点是，认为哲学的任务就是提供指导的观念绝非只是黑格尔的特点。这种观念的现代根源可以上溯到康德那里，他认为理性是一种指导能力。[①] 当卡尔纳普说，"形而上学……源于人们在生活中表达（Ausdruck）态度的需要"，[②] 他差不多就接近真理了。哲学与人们对生活的一般态度之间存在着重要的关联性，但是卡尔纳普误解了这种关系。不应认为哲学源于人们表达"生活中的态度"的需要，最好把哲学理解为源于给人们形成生活中的态度提供指导的需要，即需要确定什么样的态度是真正合适的。

　　实证主义的一个不幸的遗产就在于，它认为哲学既没有必要提供普遍指导，也不能为具体的态度提供指导。但正如黑格尔所认为的，人们没有

---

　　① Immanuel Kant，"Was heißt: Sich im Denken orientieren?"，In *Schriften zur Metaphysik und Logik* 1，*Immanuel Kant Werkausgabe*，vol. 5，ed. Wilhelem Weischedel，Frankfurt: Suhrkamp Verlag，1786；Zmmanuel Kout，"What Is Orientation in Thinking?"Chicago，University of Chicago Press，1949.

　　② Rudolf Carnap，"*Ueberwindung der Metaphysic durch logische Analyse der Sprache.*"，Glencoe，Free Press，1932，p239；"The Elimination of Metaphysics through Logical Analysis of Language."Translated by Arthur Pap，ed. A. J. Ayer. Glencoe，Free Press，1959，p79.

必要假定，仅为了把提供指导作为哲学的一个合法目标，就偏要认为哲学能够提供那种系统的、全面的并且绝对的指导。

二、第二种形式

这种担忧的第二种形式源于后现代主义。[①] 黑格尔的哲学首先假定了分裂、冲突与对立所代表的、应当予以克服的"恶"或"否定形式"。它的目标就是全体、和谐与统一。事实上，它所追求的统一性可以称为"绝对统一性"。和解方案力图使自我与社会世界结成和谐统一体，从而确立自我所组成的全体。

如福柯、利奥塔和德里达这些后现代主义者，他们都否认全体、统一与和谐是值得追求的理念。在他们看来，分裂、对立与冲突并不是应当予以克服的"恶"或"否定形式"，相反，它们是对应当予以承认、鼓励与肯定的"异在"(otherness)(与自我是不同的)的表达。他们认为，黑格尔想要克服分裂与异在的目标是无用的、不真实的，甚至是有害的。他们之所以认为这是无用的，是因为他们相信，促发黑格尔提供方案的分裂永远都不可能完全克服。我们永远要面对异在。我们所处的基本环境就是分裂与不和谐。我们事实上是无家可归的人。他们相信黑格尔的方案是不真实的，因为他们认为这个方案背后的推动力就是要否认这些基本事实。他们之所以认为这个方案是有害的，是因为他们声称，建立全体、和谐与统一的努力不可避免会造成呆板化、边缘化、同质化以及对他人的贬抑(如形成某个人或属于其他种族、阶级、文化或性别的群体)等后果。后现代主义者认为，困难的真正根源不是分裂、冲突与对立，反倒是那种力图克服所有的分裂与异在形式的疯狂想法。我们如何理解这种批评呢？

我们首先必须承认，后现代主义者清楚地表明，全体、和谐与统一性
40 是否真的是值得追求的理念确实是一个问题。不像有些人总是天真地认

---

① 我对后现代主义的处理深受 Stephen K. White, *Political Theory and Postomdernisms* Cambridge, Cambridge University Press，1991 的影响。

为，全体、和谐与统一性是毋庸置疑的价值。但是，我们很难说，后现代主义者已经理解了黑格尔的统一性概念。正如黑格尔所理解的，"具体的统一性"并不是没有差异，而是差异中的统一。黑格尔的具体统一性概念可以明确地界定为不排除分裂、冲突或异在的统一性。黑格尔否定如下观点，即分裂、冲突与对立仅仅只是应当克服的恶或否定形式。相反，黑格尔认为，它们是人类精神得以表达、展开与发展的核心要素。事实上，他论证了，任何那种力图排除或消解冲突与异在的统一性概念都注定是不充足的。他认为对这种片面的、抽象的统一性形式展开批评是哲学的一个基本任务。黑格尔说了如下一段很典型的话："只要哲学表明了消解对立何以是真理，哲学就能够对对立的本质做出反思性的洞察，当然这并不是说，像人们通常所假定的那样，对立的双方压根是不存在的，而是说它们在和解中存在"。（VA，1：82/1：55）黑格尔称这种统一性是具体的，意味着它是一种"更高的统一性"，它能够保存与接受分裂、冲突与异在。

我们之所以做出这些探讨，目的就是要表明，相比后现代主义者的认识，黑格尔的统一体概念更加复杂和微妙，更能包容异在。他们似乎并没有认识到，黑格尔与他们持有相同的看法，即完全消除冲突、分裂与异在是一个很坏的目标。他们似乎也没有体会到，黑格尔认为保留冲突、分裂与异在是有意义的。更进一步说，他们对统一性的批评是否可以适用于黑格尔作为其目标的特定类型的统一性，还远不清楚。因此，后现代主义者是否成功地表明了应该废弃统一、和谐与全体这些理念，也是不清楚的。无疑，他们会论证说，黑格尔力图将异在整合进一种更高的统一性，最终也只不过代表了以一种狡猾的、复杂的方式消除异在。但是这一点需要予以具体阐明。阐明这一点的唯一方式就是批评黑格尔的统一性概念，这一概念力图保留异在，导致他们对此反应强烈。无论如何，我并不是要说黑格尔的方案是成功的，而仅仅想说，我们并不能认为后现代主义已使黑格尔的方案完全不可相信。

41　　　　我们有必要指出，一方面坚持认为其他人与文化的异在是应当被接受的异在形式，另一方面又坚持认为社会世界的基本制度安排中的异化是应当被拒绝的异在形式，这两种看法彼此之间是内在一致的。如果说，我们必须提醒黑格尔，有些形式的异在是良性的，那么我们也有必要提醒作为反对者的后现代主义者，并非所有的异在形式都是良性的。在本章的结尾处，我很乐意指出，在将黑格尔的统一性概念运用于社会世界的时候，它并非是我们应完全予以拒绝的概念，我们甚至可以说，它最终将会成为我们期待接受的概念。

第二章

精神与对偶格言

如果我们想要理解黑格尔的和解方案，那么，我们必须熟悉它所预设 42 的哲学观。我将通过考察两个核心观念来表达他的哲学观：Geist（精神、心灵）与 Doppelsatz（对偶格言）。

黑格尔运用精神这一术语来指称个体的人、人类文化、社会和上帝。它构成了黑格尔的哲学人类学（他关于人类本质的哲学观念）的基础，我们将会看到，黑格尔的哲学人类学与哲学社会学以及历史和神学理论是紧密相关的。对偶格言概述了黑格尔关于理性、真实性（reality）以及二者关系的基本概念。它也概述了黑格尔社会哲学的基本方法论与规范观（norma-tive outlook）。

我必须指出，我阐述这些观念的目的并不是要为它们辩护，主要是为了让那些不熟悉黑格尔哲学的读者理解它们。我必须强调，在重构的过程中，我要尽可能不依赖黑格尔的形而上学。本章的目的就是要为理解黑格尔的社会哲学提供一些必要的指导。

这一章分为两部分。第一部分我会讨论黑格尔的精神概念；第二部分我会讨论他的对偶格言。

第一节　精神

43　　　　*Geist* 是黑格尔哲学的基本概念。*Geist* 可以翻译为"心灵"(mind)或"精神"(spirit)。正如黑格尔所设想的，*Geist* 可以理解为精神，因为他用这个词既指称自我意识，也指称自我意识的主体。并且出于下面将要考察的一些理由，我们通常认为，"精神"已经是对黑格尔运用的 *Geist* 一词的标准翻译了。

　　我对 *Geist* 的讨论可分为三个部分。我首先会对 *Geist* 概念做一个初步考察，并分析以"精神"来翻译它的好处与坏处。其次，我会考察一个重要但又模糊不清的观念，即 *Geist* 是"自我解释的"。最后，我将要考察黑格尔认为人本质上对 *Geist* 这一看法的多重维度。这最后一部分还包括了对绝对精神(黑格尔的上帝概念)与人的关系的讨论。我必须指出，我的目的并不是要对黑格尔的 *Geist* 概念提供一种全面的解释，而只是要让我们思考这一概念是如何在他的社会哲学中出现的。

(一)*Geist* 概念的考察

　　以"精神"来翻译 *Geist* 的一个最基本的好处是，黑格尔认为社会制度(如家庭与国家)和文化(如艺术、宗教与哲学)是对 Geist 的标准表达——而这两者被认为是精神的形式而非心灵的形式，可能更符合语言习惯。另一方面，以"精神"来翻译 *Geist* 的一个不利之处在于，它表明的是非物质性或无形性。正如查尔斯·泰勒所强调的，对黑格尔来说，*Geist* 本质上包含了两重意义。第一，*Geist* 在具体的、活生生的主体中占据着位置，如在理性的动物或人中。第二，*Geist* 必须在外在的中介(如语言、习俗与制度)中得以表达。泰勒称这种要求是"必然具体化的原则"[①]。*Geist* 只有具体化

---

① Charles Taylor, *Hegel*, Cambridge, Cambridge University Press, 1985a.

之后，才会是现实的（*wirklich*）。*Geist* 通过自身的运动变得具体化，变成现实。*Geist* 是自我现实化的（VG，74/64）。*Geist* 在客观的（具有时空的）中介中表达对自我的认识从而使自身现实化。因此，根据黑格尔的观点，精神性的并不等于"内在的"或"向内的"。相反，*Geist* 是自我客体化的（EG，§387R）、自我呈现的（EG，§383）、自我现实化的（EG，§381R）实体。对黑格尔来说，自我意识可理解为一种内在化与占有化（appropriation）的过程。他认为，*Geist* 首先通过它的行动从而表达、体现它的自我理解，并使之客观化，然后通过意识到且占有这些客观表达的自我理解去获得自我意识。

　　"精神"一词还有另一不利之处在于，它把"精神的"与"世俗的"相对立。然而，黑格尔认为，一些世俗的制度，如市场、政府，真正是精神的，且本质上也是精神的——是对人类（及更根本的神）自我理解的表达。黑格尔思想的关键一点在于，*Geist* 是在世界之中表达、客观化、呈现以及实现自身，只有这样 Geist 才能变为完全现实的。因此，黑格尔的"精神"概念明显是世俗的。

　　黑格尔是在原则的意义上用 *Geist* 来解释"精神"，它完全可以抵消"精神"一词所具有的这些不利之处。在黑格尔看来，民族精神（*Volksgeist*）存在于能表达它的自我观念的原则（一系列的观念与价值）之中。黑格尔认为，每个人都具有其独特的民族精神（VG，64/55），这种民族精神表现在它的习俗、法律、艺术、宗教、司法及商业模式之中。正如黑格尔本人所承认的，这种意义上的精神很明显源于孟德斯鸠（VG，121/102）。正是在这种意义上，孟德斯鸠在《论法的精神》一书中运用了精神（esprit）一词。黑格尔进一步认为，存在一个表达人类自我认识的单一原则（即世界精神，*weltgeist*），并在世界历史进程中得以表达、发展与现实化。第二个能够抵消不利之处的因素在于，黑格尔是在能够激发力量的意义上以 *Geist* 表达"精神"之意的。例如，他认为，人类社会体现了一种最基本的驱动力，即

44

发展与表达它们关于人的概念(VG，122/102)，而且人类历史也可以根据如下这种基本的驱动力而得以理解，即人类力图获得对自身的全面充分的理解，并形成与这种理解相一致的社会世界。黑格尔认为 Geist 是一种具有驱动力的原则，从而将作为原则的 Geist 概念与作为力量的 Geist 概念结合起来。因此，民族精神就是那个民族的驱动原则，世界精神就是世界历史的驱动原则。

(二) Geist 是"自我解释的"①

我们需要澄清这种说法到底是什么意思。首先，它的意思是说，Geist 能够解释自身，能解释它本质上所是的那种实体，也能解释它本质上所具有的需要、目的与目标。因此，这一说法是对 Geist 是自我意识的这一基本观念的一种表达。自我解释是 Geist 的一种本质活动，是因为 Geist 的每一个活动都是对其自我解释的(或明或暗)表达(EG，§377Z)，同时也因为 Geist 的基本目标就是认识自身。因此，黑格尔写道："精神唯一致力的方向就是要认识到其自身包含了什么以及到底为了什么，揭示其最真实的形式。它力图创造一个与其自身概念相符合的精神世界，也实现自身的真实本质，通过符合自身概念、成为真正的自己或者变成自身的观念等方式来创造宗教与国家"。(VG，61/53)黑格尔声称，Geist 通过不断发展对自身更充分的解释来获得关于自我的知识，即通过一系列越来越融贯的解释去说明其不断扩大的活动领域。

其次，Geist 是自我解释的这一命题也意味着，Geist 可以(至少在一定程度上)根据它的自我解释来予以"界定"或"构造"。这一观念是非常模糊不清的，我们可以通过考察如下这点来理解它，即对黑格尔来说，由于精神现象(如社会实践与文化实践)表达了人类的自我理解，从而可以被界定为精神现象。它们根据其所表达的具体的自我理解而构成了具体的精神现

45

---

① "自我解释"这一术语源于 Charles Taylor，*Hegel*，Cambridge，Cambridge University Press，1985a.

象。例如，（古）希腊世界就是由具体的希腊人的自我理解而构成的。为了抓住某种精神现象的精神性质，我们必须将其视为某种自我解释的模式与表达。我们只能在某一具体精神现象所表达的自我理解之中才能抓住这一具体精神现象的"精神"。

Geist 根据它的自我解释来界定与构造，对于这一观念，我们不能将其理解为 Geist 是由精神性的东西（如笛卡尔的精神实体）而非物理性的东西所构成的。正如我们所见，Geist 只有当它得以表达以及现实化的时候，它才是现实的。黑格尔也坚持认为，Geist 的表达必须（在形而上学的意义上）具有某种物理根基（人们的活动——物理世界中的物理性的存在者——及其产物）。Geist（在其现实化的意义上）是由人所"构成"的，这些人都是那些参与社区的社会、政治与文化实践的人。

另外，Geist 根据它的自我解释来界定与构造，这一观念还包含了另一个层面的意思，即 Geist 是在大量的历史阶段与形式（Gestalten）之中将自身现实化的。根据黑格尔的观点，世界历史的不同阶段（如希腊阶段与罗马阶段）代表了 Geist 发展的不同阶段。在黑格尔看来，Geist 也以不同的态度或文化结构而呈现不同的形式，例如他在《精神现象学》中所描述的"不高兴的意识"（PhG，163－177/126－138）。其中的核心观点如下：Geist 将自身现实化的每一种形式或阶段都表达了对 Geist 本质的明确理解，其实也可界定为 Geist 的形式或阶段，这些形式与阶段我们可以具体地理解为是 Geist 所表达出来的。

但是，黑格尔在提出 Geist 是根据它的自我解释来界定或构造的时候，他的意思并不是说，Geist 是它随机所表现出来的东西。黑格尔认为，Geist 具有某种真正的本质（VA，1：129/1：93）——Begriff（概念）——在某种重要的层面上，它是完全独立于 Geist 呈现的东西的。因此，Geist 的自我理解可以是单面的并且不充分的。如果它的自我解释与其概念相符合的程度越不紧密，这些自我解释也就越不充分。相反，如果它的解释与它的

46

真实概念越相符合，它们也就越充分。

然而，我们必须指出，黑格尔并不认为 *Geist* 具有那种从一开始就能够充分表达的固定本质。相反，他认为，*Geist* 的真正概念有一个不断发展的过程。（在这一方面，黑格尔的本质观与传统观点不同，传统观点认为本质在各个方面都是固定的、不变的。）只有通过 *Geist* 不断地表达自身，以及使自身现实化，Geist 的概念才能慢慢变得具有彻底的确定性。[①] 因此，*Geist* 的发展过程，既是它的概念的澄清与现实化的过程，又是它的概念本身得以发展的过程。*Geist* 的"真实概念"是一种理想的发展过程所产生的概念形式。这种概念只有在 *Geist* 发展过程的最后时刻才能获得自己真实的、最终的形式。

这一思想产生的最后的必然推论就是，*Geist* 从一开始就力图将自身现实化为实体，这种实体只有在 *Geist* 发展的最后阶段才能完全具体化（参见 PhG，24/11）。只有当 *Geist* 完成了它所有的发展过程，它才能理解它做的到底是什么。只有当 *Geist* 达到了它的目标，它才能理解它到底要往哪里发展。正因为如此，黑格尔认为 *Geist* 的自我理解天生就是反溯性的（retrospective）。

（三）绝对精神与人的关系

黑格尔声称，在两种不同的层面上，人本质上都是 *Geist*。第一，对于在人本质上均是精神性的存在来说，它本质上是 *Geist*；第二，对于在人本质上是 *Geist* 的载体来说，它本质上是 *Geist*。接下来让我们分别考察这两种观念。

第一，当黑格尔说人本质上是精神性的存在时，便是在对某种形而上做出了论断。他只是在说，他们都是具体种类的存在，这种特定类的具体

---

　　① 它具体的意思是说，一方面，*Geist* 有一种真实的本质；另一方面，这种本质隶属于一种发展过程。对于黑格尔的 *Geist* 概念，有许多需要予以解释的基本问题，黑格尔如何能够使这两种说法融贯一致，就是其中之一。

化就是他们本真的样子。但是这一论断到底是什么意思呢？

当我们说人本质上是精神性的存在，首先我们是说他们本质上是自我解释的。根据黑格尔的观点，人具有某种（精神性的）能力能够形成对他们所是的那种存在(the kind of beings they are)的解释，同时，人还具有某种（精神性的）目标，即理解他们所是的那种存在，并在他们所处的社会安排与文化中将这种自我理解客体化。这种自我解释的活动正是他们所是的那种存在的特征，自我知识的目标也正是他们所具有的目标，因为他们是其所是的那种存在。而且，作为精神性的存在，他们是根据他们的自我理解而得以界定或构造的。他们的"精神实在"(*geistige Wirklichkeit*)构成了在他们的生活形式中得以表达的自我理解。

当我们说人本质上是精神性的存在，其实我们也是在说人本质上是社会性的与文化性的。黑格尔认为，人只有在人类共同体中得到养护与社会化，并且积极参与共同体的活动，他们才能够将自己现实化为精神性的存在。正是在这种意义上，我们才说，人本质上是社会性的、文化性的。因此，黑格尔说，"人将其全部的存在归功于国家（例如，政治组织共同体），仅仅处于国家之中，人就具有了自己的本质。无论他具有什么样的价值与精神实在，最终所依凭的都只是国家"(VG，111/94，翻译有所修正)。如果单纯从自然或生物存在的角度来看，人还不是精神性的。一个正常的人类婴儿只有在人类共同体中才会变成一个精神性的存在，除非人得以社会化，除非人要经受 *Bildungsprozeβ*（一种教育与文化同化的过程），否则他不会将自身现实化为一种精神性的存在。这也正是黑格尔说如下这段话时所表达的部分意思："人只有通过教育与训导才能实现自身；他当下的存在只是包含了自我实现的可能性（如变成理性的与自由的），也只是给自己施加了一种使命与责任，即他必须实现自身。"(VG，58/50)

人作为社会与文化存在的观念与他们是自我解释的这一观念是紧密相关的。根据黑格尔的观点，人获得了非常关键的自我理解，这是他们在

48

(民族)共同体的社会与文化实践中成长的结果。"个体不会发明他的内容（如对他来说是非常关键的自我理解），而只是已经存在于他之中的（并且源于共同体的）具体内容被激活了而已"。(VG，95/81)

在黑格尔看来，说人本质上是社会性的与文化性的，还指向另一个层面，即他们最深层的、最重要的需要与目标是以社会的与文化的方式形成的。黑格尔并不认为人是那种虽具有意动性的，但整个心灵是白板一块的存在者，似乎他的需要完全只是社会化的结果。他认识到，人在进入社会与文化世界的时候，已经具有一些与生俱来的欲望、需要与冲动。但是，他认为，这些冲动、需要与欲望又会受到文化与社会制度的塑造与调整，这些经过文化塑造与调整了的冲动、需要与欲望反映出在这些制度中得以体现的自我理解。黑格尔也认为，人所具有的最深层的需要与目标也存在于参与特定形式的社会与文化生活之中；在现代世界中，社会生活的相关形式可以在家庭、市民社会与国家中找到，文化生活的相关形式可以在艺术、宗教与哲学中找到。

黑格尔也相信，从文化与历史的角度来看，随着在不同的民族共同体的安排中得以表达的自我理解不断变化，人类的需要与目标也会不断变化。"在任何特定的时刻，每个人总会发现自己有义务去追求某种根本利益；他存在于某种特定的国家中，信仰某种特定的宗教，对于何谓正当的、何谓伦理上可接受的具有一系列特定的知识与态度。他所能做的就是，选择他希望自己能够成为的东西。"(VG，52—53/46)黑格尔说了一句很有名的话："每个人都是……时代的产物"。(PR，¶13)因此，黑格尔关于人的概念极具文化性与历史性。

然而，这又不是历史主义。黑格尔认为，人具有一系列的需要与目标——这一系列的需要与目标可以用来界定人类的善。人类所能获得的这一系列需要与目标，是他们在社会世界中得以成长的结果，这种社会世界已经获得了对人类的最终且正确的理解。

第二，黑格尔认为，由于人本质上是精神的载体，所以人本质上是精神的，这种看法还可以理解为以下两个相关的观点：其一，人本质上是有限精神（finite *Geist*）的载体；其二，人本质上是绝对精神（absolute *Geist*）的载体。

其一，黑格尔说人本质上是有限精神的载体，意思是说，他们本质上是其作为构成部分的民族共同体的载体。首先，黑格尔认为，民族共同体是精神，因为它们展现了自我意识。正如我们所见，黑格尔认为每一个民族共同体都有一个民族原则——民族精神——它们在其制度与实践中得以实现，并表达了民族共同体的自我认识，即自我意识。其次，黑格尔认为，民族共同体之所以是精神，因为他认为每个共同体都是一个集合主体，它不可还原为个体的总和。

黑格尔认为民族共同体是精神，还有第三个原因，这是我们目前尚未探讨的黑格尔精神概念的另一个层面。黑格尔基本的精神概念（在第一部分讨论过）实际上有两个关键要素。正如我们所见，第一个是主体性，第二个是实体性。实际上，黑格尔认为，只有当我们把精神既当作主体又当作实体来把握时，我们才真正把握了精神。他认为精神即主体，又是实体（参见 PhG，22－23/14）。大致而言，黑格尔所讲的实体（Substanz），是指通过自身而存在的实体，它的存在只依赖于自身而非他物。因此，精神是自我实体化的主体。那么，黑格尔认为民族共同体是精神的第三个原因就是，他认为它们是实体性的。他认为，它们之所以是实体性的，就在于民族共同体会培养其成员，使这些成员能够规范和理解自身，从而重新繁殖出共同体的制度安排，据此，民族共同体也就维持与繁殖了自身。

黑格尔说，人既是民族共同体的一部分，同时也是民族共同体的"载体"，他的意思也就是说，正是通过人，民族共同体才维持与繁殖自身。我们可以通过思考一个更小的群体（即家庭）来理解这一基本观念。在黑格尔看来，家庭通过教养它的成员，使其具有一系列复杂的动机，从而能够结婚并组成家庭，家庭就能够维持且繁殖自身。这些结婚并组成家庭的个体的人就是家庭的载体，因为正是通过他们，家庭才能够繁殖自身。黑格尔也认为，人是他们的民族共同体的载体，因为民族共同体是通过他们的活动而意识到自身的。

黑格尔还提出了所谓的"个体意识的不可或缺性原则"。尽管他认为存在着集体主体，但他否认存在一种不受约束的社会主体，他的意识并不植根于其成员的主体性。他认为，集体要获得自我意识的唯一方式就是通过其成员的意识。黑格尔声称，当某个民族共同体的成员逐渐赞成它的制度与实践，将民族原则看成他们自我理解的表达，将民族精神看成他们的精神的组成部分，那么这个民族共同体就获得了自我意识（并因此变成一个主体）。

黑格尔认为，在两个很关键的层面上，人本质上是其民族共同体的载体。首先，只有当他们作为其民族共同体的载体而行动——即只有当他们维持民族共同体的安排，赞成这些安排所表达的自我理解——他们才能够将自身现实化为精神性的存在，也就是说，将他们自身现实化为他们所是的东西。其次，人作为民族共同体的载体才构成了他们作为精神性存在的使命的基本要素。

其二，黑格尔说人本质上是绝对精神的载体，这到底是什么意思，在理解这一点之前，我们必须理解绝对精神这一观念是什么意思。黑格尔把绝对精神界定为精神的一种形式，它是完全自我显现的、完全自足的。它不依赖于任何东西、不需要任何东西，不为任何东西所束缚。绝对精神能够在这个世界中完全自我现实化。正是这种形式的精神完美地表达了真正的精神概念（*Begriff of Geist*）并使之客观化。而且，在绝对精神之中，主体与客体之间的分裂完全可以克服（EG，§381）。绝对精神是那种知道自己将会成为实在整体——"绝对"（the absolute）——的主体。通过绝对精神，"绝对"能够认识到自身就是精神。

如果某种形式的精神不是完全自我显现的或完全自足的，那么它就是有限的。那种在人类社会与历史中实现的精神——"客观精神"（objektiver Geist）——在认识论上是有限的，因为它不能将自身把握为实在整体，在本体论上也是有限的，因为它依赖于自然。

黑格尔把绝对精神看成（犹太教与基督教的）上帝（EG，§§564—571）。因此，除了上帝之外，绝对精神的属性不可能得以体现，那些能够体现绝对精神所有属性的东西也只能被合理地理解为上帝，对此我们不应感到任何费解。而且，黑格尔的绝对精神概念很明显派生于犹太教与基督教的上帝，当他谈及绝对精神的时候，他明确地认为自己所指的就是这个上帝。但是黑格尔的绝对精神概念在许多方面与犹太教和基督教的上帝概念不同，黑格尔所认为的是，只要我们能够进行恰当理解，犹太教与基督教的上帝是绝对精神，这样表达才可能更精确。

考虑到黑格尔的绝对精神概念与犹太教和基督教的上帝概念之间的差别，便能加深我们对黑格尔绝对精神概念的理解。在犹太教和基督教传统中，上帝是一个无限的、超验的主体，他的存在不依赖于人与自然。黑格尔认为，就上帝是不同于人与自然的主体来说，这一传统是对的；但认为他是一个超验的主体，其存在不依赖于人与自然，这一传统又是不对的。绝对精神并不是在这个时空世界之外存在着。他的存在依赖于人与自然，因为（在现实化的层面上）他是由人与自然构成的。根据黑格尔的观点，上帝（绝对精神）只有在自然中得以现实化的时候，才能存在，也只有通过人的意识，才能变成自我意识。另一方面，绝对精神在本体论上不能还原为人与自然。人是有限的精神，自然根本就不是精神（或者，更准确地说，它是那种不能意识到自身的精神）。

黑格尔认为，在认为上帝是无限的（本体上无限与不受限制）这一点上，犹太教与基督教的解释是正确的，但是根据超验性来解释上帝的无限性，就是错误的。上帝的无限性最好通过他天生存在于这个作为整体的世

52

界之中而进行解释。最恰当的理解是，自然与人就是上帝的表现。上帝完全表现在自然之中，并且通过人得以表现。上帝表现在自然之中，并通过人得以表现，由此而形成的复杂结构（即绝对精神）等同于以下两者：能够表现上帝的作为整体的世界，以及得以表现或实现的上帝。那么，上帝（绝对精神）是无限的，因为所存在的一切无非都是其存在的表现。除了上帝自己之外，没有任何东西能够限制或约束他（参见 WL，1：149－166/137－150）。除了它自身之外，绝对精神不依赖于任何东西，不需要任何东西，也不为任何东西所约束。

那么，人是绝对精神的载体，因为正是通过他们，绝对精神才将自身现实化，并获得自我意识。使绝对精神现实化构成人的最高使命，在此意义上讲，人本质就是绝对精神的载体。

第二节　对偶格言

Doppelsatz（或者说对偶格言）——"凡是现实的就是合理的；凡是合理的就是现实的"（PR，¶ 12）——是黑格尔最著名的、最含混的，也是讨论得最多的一句哲学口号。① 这两句简短的话揭示出黑格尔哲学观的三个关

---

① 例如，参见 Rudolf Haym, *Hegel und seine Zeit*, Berlin, Rudolf Gaertner, pp. 365－369；Franz Rosenzweig, *Hegel und der Staat*. Reprint (2 vols. in 1). Aalen：Scientia Verlag，2：77－80；Emil L Fackenheim, "On the Actuality of the Rational and the Rationality of the Actual." *Review of Metaphysics* 23，1969－1970，pp. 690－698，691－698；Karl Löwith, *Von Hegel Zu Nietzsche：Der Revolution im Denken des* 19，*Jahrhundert*e，Hamburg，Felix Meiner Verlag，1964，pp. 153－162；Dieter Henrich，"Einleitung des Herausgebers：Vernunft in Verwirklichung." In *Hegel：Philosophie des Rechts：Die Vorlesung von* 1819－1820 *in einer Nachschrift*，*Frankfurt*，*Suhrkamp Verlag*，*pp.* 13－17；*Allen W. Wood*，Hegel's Ethical Thought，*Cambridge*，*Cambridge University Press*，1990，*pp.* 10－11. *Doppelsatz* 这一术语来源于 *Dieter Henrich*，"*Einleitung des Herausgebers：Vernunft in Verwirklichung.*" *In* Hegel：Philosophie des Rechts：Die Vorlesung von 1819－1820 in einer Nachschrift，*ed. Dieter Henrich. Frankfurt，Suhrkamp Verlag*，1983.

键层面中极其含混、显著且凝练的构想。它们包含了黑格尔的理性概念、真实性概念及其相互关系，方法论，规范观。因此，这一对偶格言就成了考察黑格尔思想的一个极佳的工具。当然，毫无疑问，这一格言也给我们施加了许多解释上的困难。黑格尔以专门的术语来写作，它非常抽象且浓缩，极为含混，而且它还有许多不同的表达。然而，这些困难也可以转变成优势，因为通过对它们的考察可以使我们进入黑格尔的思想。我的讨论将主要围绕上面所提到的黑格尔哲学观的三个方面自由展开。

（一）理性概念、真实性概念及其相互关系

在转向三个方面中的第一点（黑格尔的理性概念、真实性概念及其相互关系）之前，我想对对偶格言中的两个主要语词做些评论，即"合理的"（*vernünftig*）和"现实的"（*wirklich*）。

黑格尔所使用的"合理的"一词既具有认识论的，又具有规范性的指向；大致而言，它意味着，不仅在理性上是可理解的，而且是合理的或好的。① 在日常语言中，"现实的"与"现存的"（*existierend*）通常互换使用，从而给人产生（错误的）印象，即对偶格言认为，现存的一切——特别是包括每一个现存的国家——是合理的或好的。如果按照这种方式解读，对偶格言表达的就是一种非常可怕的保守主义的学说，人们不可能对现存的全部社会制度与实践予以批评。但是，根据黑格尔的专门术语，"现存的"与"现实的"不能互换使用。事实上，黑格尔在二者之间做出了清楚的区分。他把"*Wirklichkeit*"（"现实的"、"现实"）定义为"本质（*Wesen*）与现存（*Existenz*）的统一体"（EL，§142）。大致而言，物（things）（这里的"物"是最广意义上的）的本质是存在于它们更内在的或深层的合理结构。（一般来说，黑格尔认为，物都具有某种更内在的或深层的合理结构，这也正好从某个方面表达了其观点的唯心主义性质）。只有当物表现、呈现、实现了它们

---

① 参见 Michael J. Inwood，*Hegel*，London，Routledge & Kegan Paul，1983，p. 497.

的内在本质，或与内在本质相一致的时候，物才是现实的。物之所以成为现实的，并不是因为它们是现存的，而是因为它不仅存在着，同时还表现了它的内在本质。因此，根据黑格尔的术语，并非所有现存的东西都是现实的。如果物不能实现它们的本质，那么它们就只能属于"单纯的表象"（*bloße Erscheinung*）与"幻象"（*Schein*）。

尽管黑格尔认识到，他在"现存"与"现实"之间所做的哲学区分非常技术化，但这也并非空穴来风，那些受过教育的人都知道这一点。黑格尔认为，人们不会将真实的（*wirklich*）诗人或真实的政治家这种称号，赋予那些根本就不做有价值的或理性的事情的诗人或政治家（EL，§142Z）。黑格尔也认为，"现实"一词所具有的专门意义与它作为日常用词所具有的"加强语气的意义"是相一致的。这也反映了黑格尔的一般观点，即哲学能够抓住日常语言的"思辨内容"。无论如何，只要我们进行恰当理解，对偶格言都不能肯定现存的一切的合理性。这一格言做出的是非常严格的断言，即凡是现实的就是合理的。黑格尔非常明确地说："任何东西，只要不是合理的，那么它也就根本不可能是现实的。"（EL，§142Z，翻译有所修正）因此，对偶格言并不意味着，现存的政治国家仅仅由于其存在就是合理的。非常值得指出的一点是，黑格尔提供了区分那些现实的现代国家特征与非现实的现代国家特征的标准。① 它主要存在于《法哲学原理》所提供的关于现代社会世界的内在理性结构的说明中。只有那些符合在《法哲学原理》中所描述的社会制度安排的才是现实的。如果它们不能符合这一点，就不是现实的。

现在，正如我们所看到的，德文 *Wirklichkeit* 可以翻译成"现实"或"真实"，*wirklich* 可翻译为"现实的"或"真实的"。就像黑格尔所使用的那样，"现实"已经成了 *Wirklichkeit* 的标准翻译，"现实的"则成了 *wirklich* 的标

---

① 至于不同的观点，请参见 Michael J. Inwood, *Hegel*, London, Routledge & Kegan Paul, 1983, p. 502.

准翻译。其中一个原因是，"现实的"保留了与潜在相比照的意味，而现实与潜在之间的对照对于黑格尔的 *Wirklichkeit* 概念是非常关键的。将 *wirklich* 翻译成"现实的"，另一个原因就是，黑格尔通常用 *Realität* 来表达与 *Wirklichkeit* 不同的某种东西（例如，与"否定"或"理想性"相对照）。如果人们要选择一个词来表达 *Wirklichkeit*，那么应该选择"现实"。

　　但是事情并不是这么简单。毕竟，黑格尔通常将"去实现"（*realisieren*）和"实现"（*Realisation*）同"将……现实化"（*verwirklichen*）和"现实化"（*Verwirklichung*）交互使用。他清楚地认识到，完全有可能使用 *Realität* 和 *real*，这两个词事实上与他的使用的 *Wirklichkeit* 和 *wirklich* 是相同的（EL，§91Z）。而且，*Wirklichkeit* 是一个非常普通的德语词，就像"真实性"（reality）在英语中是一个非常普通的词一样。但英语中的"现实"（actuality）一词是非常专门化的，要通过学习才能理解。我们说某人是一个真实的（real）政治家，而非一个现实的（actual）政治家，更加符合语言习惯。我们可能会关心物是否是现实的，也可能不关心，但是我们直观上会关心它们是否是真实的。相比"真实"来说，"现实"缺乏直观上的力量。

　　然而，对 *Wirklichkeit* 的标准翻译的最重要的限制是它模糊了如下这一关键事实，即当黑格尔在谈 *Wirklichkeit* 的时候，他的意思是说他在谈论的只是我们称为真实的东西。我在这里的意思并不是说，黑格尔的 *Wirklichkeit* 概念抓住了我们常识化的真实概念，相反，他认为 *Wirklichkeit* 这一哲学概念提供了对常识化的真实概念的哲学解释。对偶格言提出的一点是，合理的就是真实的，真实的就是合理的——如果没有把 *wirklich* 解释为"真实的"，我们就不能简单地做出如上表达。尽管我一般会按照通常的做法，将 *Wirklichkeit* 翻译为"现实"，将 *wirklich* 翻译为"现实的"，但我有时候也会分别翻译为"真实"和"真实的"。这有可能使我们明白，真实也是对偶格言所表达的一个思想。

　　有人可能会对此表示怀疑，他会认为，对偶格言其实只涉及语词的运

55

用，并不涉及其他任何东西。真实的就是合理的这句话完全可以解读成黑格尔对"真实的"（*wirklich*）这一语词的用法的具体说明——因此它是分析性的。[①] 毕竟，黑格尔对 *Wirklichkeit* 的定义在何谓真实的与何谓合理的之间建立了定义上的关联。在黑格尔专业术语范围内，根据定义，只有那些实现了其本质的物才是真实的。某物的本质可以定义为它的内在理性结构。那么，在黑格尔对"真实"与"本质"的定义中，我们很快就可以知道，正因为物是真实的，所以它们才是合理的。因此，黑格尔所讲的真实的（或现实的）就是合理的，这句话通常被认为是空洞的同语反复。由此类推，有人可能会说，谈论真实而不是现实，并不能获得任何东西：由于黑格尔明确规定"真实的"这一语词应当像他所说的那样运用，那么我们也就没有做出任何含有具体内容的论断。毕竟对偶格言对于真实并没有任何言说。我们在这里所讨论的只是语词。

但是，这样来解读对偶格言是错误的。尽管黑格尔确实通过在何谓真实的与何谓合理的之间建立定义上的关联，来界定真实性（reality），但是他对真实性的定义在哲学意义上从属于真实的哲学概念。真正的哲学著作是通过概念得以完成的（黑格尔在《逻辑学》与整个体系中都在为这种观念辩护），而非定义。黑格尔界定"真实性"这一语词，他的目的只是想用一个方便的词汇来表达他的哲学概念。对偶格言并不是要在"真实的"和"现实的"这两个语词间建立一种定义上的关联，而是认为真实性与理性之间有一种形而上学上的关联。因此，黑格尔关于真实的就是合理的这一论断并不是空洞的。相反，它为黑格尔有关真实性的哲学概念提供了一种概括性的说明，并且做出一个有实质内容的论断——关于真实性的本质的论断，正如我们将要看到的，这一本质具有重要的规范性含义。

现在，我们转向黑格尔的真实性概念。这里的一个关键事实就是，这

[①]　参见 Rudolf Haym, *Hegel und seine Zeit*, Berlin, Rudolf Gaertner, 1857, p. 368.

一概念为真实性赋予了一个具有内在规范性或目的性的概念。根据黑格尔的观点，某些物之所以是真实的，就是因为它们达到了其内在的规范或目的——它们的本质或概念。这种真实性概念与常识观点是不同的，根据常识，有些物哪怕是有缺陷的或不完美的，依然可以是完全真实的。黑格尔认为，那些与其本质不相符合的物都缺乏真实性，他更具体地指出，如果现存的政治国家不能符合国家的本质，那么按照真实性的含义，它也不是一个真实的国家。而且，在他看来，现存政治国家的缺陷与不完美正缺乏真实性。它们存在着，并导致苦难，但是它们是不真实的。到底是什么造就了真实性——就某些物是真实的来说——关键取决于它们不仅存在，而且与它们的本质相符合。那么，这种真实性概念正是黑格尔的定义所要表达的。

黑格尔的真实性概念既反映了对柏拉图主义的靠近，也反映了对柏拉图主义的疏离，如果我们这样来看待黑格尔的这一概念，也是很有帮助的。黑格尔否认将真实的等同于"明显的与立即可感知的"（EL，§142Z，翻译有所修正），并且认为经验中的大多数东西都只是"短暂的存在、外在的偶然性、意见、没有本质的表象、非真理、欺骗等"（PR，§1R），就此而言，黑格尔向柏拉图主义迈进了（明显的）一步。黑格尔对仅仅是存在的东西有时所表现出来的鄙视确实具有一种柏拉图的感觉。但是，黑格尔坚持认为真实的东西必须得到外在的实现，就此而言，又（不那么明显地）偏离了柏拉图主义。任何事物只有具有了外在的、时空性的存在，它们才会是真实的。

因此，黑格尔的真实性概念具有双重面孔：一面朝向理念；另一面朝向现存的东西。人们通常认为，黑格尔持有如下观点，即现存的就是合理的，并就此对黑格尔提出批评。为反驳此观点，黑格尔强调了他的真实性概念朝向理念的这一面。但是，很重要的一点是，我们绝不能忽视另一面，即朝向现存的东西这一面。黑格尔的真实性概念的全部要点就在于，

57

它要填补理念与现存之间的鸿沟。正如黑格尔所理解的，真实性既不等同于脱离了事物的现存性而考虑的本质，也不等同于脱离事物的本质而考虑的现存性。国家的真实性只存在于在现存国家中得以实现的国家的本质，同时，国家的真实性也只存在于那些实现了国家本质的现存国家之中。对于黑格尔来说，真实性是本质与现存的统一。它同时也是"内在"（内在的合理结构）与"外在"（这种结构的外部体现）的统一（EL，§142）。

因此，对黑格尔来说，真实性内在于现象界中。现象界不等于真实性，因为它包含的许多东西是不真实的。现象界的很大一部分都是单纯的表象：这些表象并没有达到它们的本质，以及它们也没有本质。但是真实性也不像柏拉图的理念一样，是本体论上"完全脱离了世界的存在"。它并不是理念的王国，这些理念并不在这个世界中得以实现。真实性也不像康德所说的那样，在认识论上"完全是不可把握的"：物自身完全超出了人类认知的范围。真实性能在现象界中体现外化的存在物，同时也是人类认识能够理解的。通过理解事物现存的特征如何表现与体现它们的本质，以及它们的本质又是如何在这些现存特征中得以表现与体现等问题，人们就会抓住事物的真实性。

黑格尔认为，理解真实性的最根本的、正确的方式就是把它理解为他所讲的"观念"（die Idee）（EL，§236）。在黑格尔的专业术语中，"观念"是由概念（单数）——作为整体的世界的内在理性结构——及概念在自然、历史与社会世界中的现实化（Verwirklichung）所构成的。根据他的观点，"观念"是真实的，事实上是完全真实的，也是唯一真正真实的。所有这一切都表明一个大家都熟悉的观点，即黑格尔关于真实性的基本概念是唯心主义的。我们并不能说它否定物质的存在，或者认为世界只不过是个体心灵的预设，从而说它是唯心主义的。说它是唯心主义的，主要表现在三个方面：其一，它给真实性赋予了一种内在规范性的或目的性的维度；其二，它认为，只有当事物实现了它们真正的真实性时，它们才是真实的；其三，它认为，"观念"才是唯一真正的真实性。正是这种唯心主义式的真实性概念才有可能使黑格尔说："真正的理念（das wahrhafte Ideal，例如'观念'）……，才是真实的（wirklich），也是唯一真实的。"（VGP，2：110/2：95）

　　从大家都熟悉的哲学常识的立场来看，黑格尔在《法哲学原理》中所提供的对现代社会世界的哲学解释，似乎再现了黑格尔所熟悉的制度与实践的一种理想化特征，实际上它所包含的许多特征在具体情境中是不存在的。例如，普鲁士缺乏立宪君主制、两院代表制以及公开的司法审判。但是从我们已经提供的关于黑格尔真实性概念的解释中可以清楚地看到，黑格尔并不是这样来看《法哲学原理》的。说一种解释是理想化的，也就是说它是一种抽象，在某些重要的层面上，它是从真实性中抽象出来的。尽管黑格尔认识到，《法哲学原理》是从现代社会世界的各种现存的特征中抽象出来的，但他着力否认它是从它的真实性（Wirklichkeit）中抽象出来的。他坚持认为，他对社会世界的哲学解释与具体现存制度之间的不一致性并不能代表他的解释不能抓住真实性，相反，只能说明这些制度没能实现它们的本质。将黑格尔对现代社会世界的解释看成是一种理想化，这代表了以一种削足适履的方式来重构他的方法——它可以使我们严肃地对待他的考察过程，同时又忽略他的真实性的哲学概念。但是，除非我们能够理解如下非常明显的事实，即黑格尔确实认为他对现代社会世界的哲学解释是完全现实主义的，否则我们不能理解他在《法哲学原理》中到底在做什么。

　　黑格尔的理性概念有两个紧密相关的要素：关于规范有效性（normative validity）的条件的一种解释；理性是一种积极主动的推动力或力量的观点。黑格尔的规范有效性概念反映了他基本上承诺了内在批评原则，这种原则所表达的观念是，任何批评都要诉诸原则或实践，而这些原则与实践是它们所涉及的主体已经承诺了的。他认为，当且仅当它们植根于它们所适用的事物的本质之中，规则（"应当"、理念、原则）才是有效的。当我们说一个规则植根于某物的本质之中，也就是说它在该物"自身的合理性"中有一个立足点，因为说它植根于事物的本质之中，也就是它植根于事物的合理结构之中。大致而言，如果某个规则在对事物的类的描绘中发挥了重要作用，同时又在解释事物的规范运作（即事物据以实现其本质的那些活动）中发挥了重要的解释功能，那么我们就可以说这个规则"植根"于事物的本质之中。因此，我们讲，提供彼此相爱、理解与支持的理念植根于家庭的本质之中——这也是黑格尔所持有的观点——这同样是说，拥有这个目标是家庭的一部分，通过实现这一目标，家庭也就实现了自身。家庭具有提供彼此相爱的目的，因此，它也就围绕这个目的而进行"组织"。如果这一目标展现了家庭的内在结构，即如果它能得以理想化地实现的话，家庭也就实现了这一目标，只有在这种意义上，我们才说家庭是围绕着这一目的来组织的。根据黑格尔的观点，如果规则只适用于那些纯粹的应当或理念，它们就没有植根于事物的本质。如果规则异化于它们所适用的事物的本质，那么它们也就在合理性上难以把握或者没有任何力量。

我们必须指出的是，规则只有植根于本质才是有效的，黑格尔的这种观点只是意味着，规则为了成为有效的，就必须植根于现实性之中。黑格尔所讲的"本质"一词意思是实现了的（或现实化了的）本质：他更一般化的观点是，本质必须在含有这些本质的事物的现存特征中得以现实化。但是，事物已实现了的本质构成了它们的现实性。因此，对黑格尔来说，现实性（或真实性）是有效规则的来源。那么，合理的就是现实的，其中的一个意思就是说，有效的规则植根于真实性之中。

黑格尔在"想象的理念"（*Ideale der Phantasie*）与"理性的理念"（*Ideale der Vernunft*）之间所做的区分，也表达了他的规范有效性概念（VG，75/65）。理性的理念植根于事物的真实性之中。它们植根于真实性（现存的理性实践）中，并且是真实的，"在很大程度上受真实性约束"（VG，76/65）。想象的理念只立足于个体的想象与幻想。黑格尔认为，想象的理念是一些单纯的理念——这些理念并不提出必须满足的要求，没有实现它们也不构成某种客观错误。相反，理性的理念是真实的或真正的理念。它们提出了"必须予以满足的真实要求"，如果没有实现它们就会导致"客观错误"（VG，76/66）。这种区分使黑格尔认识到，有一组理念并不植根于真实性之中（这一事实的存在导致了如下印象：何谓理念与何谓真实之间有根本的分裂），而另一组理念存在于真实性之中（这一事实表明，理念与真实之间并没有根本的分裂）。

当黑格尔认为有效的规则植根于事物的本质或真实性之中，他就已经把理性看成是一种推动力或力量。为了使相互关爱、理解与支持的理念植根于家庭的本质之中，现存的家庭至少在某种程度上必须实现这一目的。要想成为家庭，它们就必须围绕这一目的来进行组织；要想围绕这一目的来进行组织，它们就要在这一程度上成功地实现这一目的。如果说某个家庭根本就没有实现这一目的，那么我们根本就不能说它是个家庭。因此，根据黑格尔的观点，有效的规则并不是软弱无力的。那些使其有效的条件能够保证以下这一点，即它们所适用的事物至少能够表现出实现它们的趋势。我们说合理的就是现实的，还有另一层意思，即有效的规则至少能在某种程度上得以实现。我们并不是说，规则的有效性可以确保它能够得到理想化的满足——它所适用的事物能够以一种完满且彻底的方式实现规则。即使如相互友爱等理念植根于家庭之中，也没有一个现存的家庭能够完满地实现这一理念，许多现存的家庭与这种理念相去甚远。卡拉马佐夫一家（Karamazov）代表了一种真实的可能性，但是沃尔顿一家（Waltons）与考斯比一家（Huxtables）都只是电视剧构想出来的。

现在，非常明显的是，有效规则将在某种程度上得以实现，这种观点非常模糊且软弱无力。某个家庭到底要如何较好地将家庭理念现实化，我们才说它"在某种程度"上实现这一理念呢？一种可能的答案是：好到可以合适地称其为家庭。那么某个家庭能够将家庭的理念实现得足够好，我们才可以合适地称之为家庭，这完全是一个判断的问题。但是，在许多时候，有些家庭功能极为失调，我们根本就不清楚这个家庭是否真的是个家庭。但是，我们可以假定，大多数家庭都能较好地将家庭理念现实化，它们可以被合适称为家庭。那么，虽然在某种程度上实现规则这一观念非常模糊，但通过这一假定，它可能就并不像一开始那样具有威胁性。

对软弱无力性的担忧也是非常严重的。无论我们讲的这种最低层次的成功实现到底是什么，它都可能是非常低的，例如我们可以假定，它甚至只是卡拉马佐夫一家所能满足的层次。因此，有许多功能极度失调的家庭依然是家庭。随之而来的担忧就是，最低层次的成功实现乃是非常低的，导致它所提供的标准是空洞的，或者消解了这一标准的所有价值。如果说，这种最低层次的成功实现是连卡拉马佐夫一家都能满足的标准，人们就能够合理地质疑，这种标准是否还值得认真对待。

我们在这里必须指出的是，黑格尔还认为，事物一般能够在极大的程度上实现植根于它们本质之中的这些规则。这种观念很明显是模糊的，但是我们可以通过理解这一观念所适用的情境的具体范围，从而有可能挖掘出该观念所包含的力量。如果一个家庭要成为家庭，只要求它在最低程度上实现相互友爱、理解与支持的理念，那么这个家庭也就并非在极大程度上实现这一理念。卡拉马佐夫一家就为这种家庭提供了一个具体的例子。但是，我们也可以说某个家庭在很大程度上实现了这一理念，但并不是完满且彻底地实现了它。如果我们说一个家庭只是在很大程度上实现了这一理念，其实这就不必要求它像沃尔顿一家或考斯比一家一样。一个家庭不必完全实现这一理念。但是，一个正常的家庭——可以恰当地称之为正常的家庭——会在很大程度上实现这一理念。尽管它会展现出一些严重的问题与困难，但它以一种真实的方式体现了相互友爱、理解与支持的理念。

无论如何，事物一般能够在很大程度上实现那些植根于它们的本质之中的规则，这种观念派生于黑格尔的规范有效性的概念之中。黑格尔认为，有两种意义的"正常"（normal），一种是在"符合规则"的意义上的，一种是在"一般必会发生"的意义上的，这两种意义上的"正常"具有必然的关联性。黑格尔认为，为了使某个规则处于恰当的位置——成为有效的——这个规则所规定的行为模式一般（但并不是普遍）就必然能发生。我们说，某种行为模式构成了某物的"正常运作"，这表达的部分意思就是，这种行为模式是这种事物一般都会展现出来的模式。因此，如果家庭一般不能在很大程度上实现相互友爱、理解与支持的理念，那么这种理念也就不会成为植根于家庭本质之中的规则。因此，合理的就是现实的，这句话的另一层意思就是说，有效的规则能在很大程度上能够得以实现。

62

从黑格尔的理性概念转回到他的现实性概念上，我们有必要指出的一点的是，黑格尔认为，现存的事物展现出了实现有效规则的趋势。他的现实性概念包含如下意思：只要事物是现实的，它们就能够实现——或者倾向于实现——那些植根于它们本质之中的规则。黑格尔把本质看成合理的趋势：实现合理结构的趋势，正是根据这些结构，事物才在理性上是可理解的、合理的与善的。因此，我们说规则必须植根于它们所适用的事物的本质之中，也就是说，它们必须植根于能够展现具有实现它们的趋势的那些事物之中。黑格尔认为，真实性能够表现出实现有效规则的这一固有趋势，正是在这种意义上，我们才说真实性本质上是合理性。

为了理解这种观点，关键一点就是，我们要认识到，黑格尔提供了两种不同的论证路线。一条路线源于他的规范有效性概念：

> 为了使合理性成为合理的（例如，为了使规则成为有效的），现实性就必须是合理的；它必须为有效的规则提供基础，并且能在某种程度上，或者说实际上在很大程度上能实现这些规则的。

另一条路线源于他的现实性概念：

　　由于本质是实现合理结构的趋势，正是根据这些结构，事物才是可理解的、合理的与善的，现实性将必然展现出一种趋势，使自身成为可理解的、合理的与善的。

　　尽管第一条路线意味着，如果我们不依靠事物的真实性，也就不能确定有效规则的内容；除了确定有效规则的内容这一问题之外，第二条路线认为，只要事物是真实的，我们就可以说，它们之所以如此构造就是为了实现这些有效规则。因此，对偶格言既可以对认识论做出解读，也可以对形而上学做出解读。根据认识论的解读，对偶格言认为，现实的就是合理的，因为合理的就是现实的：要满足规范有效性的条件，这一事实也就为现实的就是合理的这一点提供了认识论上的保证。根据形而上学的解读，对偶格言认为，合理的就是现实的，因为现实的就是合理的：现实性的本质为现实的就是合理的这一点提供了形而上学上的保证。

63　　到目前为止，我们已经考察了黑格尔的理性概念与真实性概念，现在我们要考察对偶格言的不同表达式。在 1817—1818 年海德堡系列演讲中，黑格尔声称：

　　合理的就是必然会发生的，宪法总体上只是合理性发展的结果。（VPRW，157）

　　随后，在次年所做的海德堡演讲中，黑格尔又确切地说：

　　合理的会变成现实的，现实的也会变成合理的。（VPRHN，51）[1]

---

　　[1] Allen W. Wood, *Hegel's Ethical Thought*, Cambridge, Cambridge University Press, 1990.

从表面上来看，这两种表达（我所指的是上面的两种表达，分别称为第一种表达与第二种表达，这两种表达非常不简练）看上去与我们到目前为止一直在考察的（我所称的）"权威"表达是非常不同的。

首先，"现实的"这个词在第一种表达中完全找不到，它可能仅仅只用来指称现存的东西。因此，人们可能会认为，第一种表达赤裸裸地宣称，现存的宪法（Verfassung）——事实上的一些国家安排——是合理性的发展。但是这种解读是不合理的。它会将那种根据任何理性的标准来看都是荒谬的观点施加在黑格尔身上，除此之外，这很明显也与黑格尔思想的基本理路相反。黑格尔在现存与现实性之间所做区分毕竟是 1812—1813 年《逻辑学》一书的主要特征（WL，2：186－217/541－553）。但不管怎样，第一种表达并没有对现存的东西做出全面的肯定。它并没有说，宪法本身就是合理性发展的结果。它说的是，宪法在总体上（*überhaupt*）是合理性发展的结果。这一限定是非常关键的，因为它反映了黑格尔在现存与现实之间所做的区分。宪法中那些没有代表合理性发展方向的东西就只是现存的。代表了合理性发展方向的那些东西才是现实的。宪法中那些具有现实性的东西才能被看成是合理性的发展。黑格尔可能并没有在第一种表达中用到"现实的"这一术语，但他的现实性概念在所有地方都是一个意思。只要这一点依旧有效，对偶格言的第一种表达与权威表达之间就并没有根本的差别。

像权威表达一样，对偶格言第二种表达运用了"现实的"这一术语。但是与权威表达不同，它对这一术语的运用可能表明，它将现实与现存这两个哲学范畴等同起来。毕竟，当黑格尔说"合理的变成现实的"这句话时，很明显，他的部分思想是说，合理的会逐步变成现存的；当他说"现实的变成合理的"这句话时，他的部分意思是说，现存的会成为合理的。不过，我们不能据此就得出结论，认为第二种表达是以一种严谨的方式将现存与现实等同起来。黑格尔刻意地以一种不严谨的方式说出他的格言，使他的

思想一方面非常含糊，另一方面又非常具有冲击力。他用"现实的"来表达
"现存的"意思，尽管这一点违背了他本人一直所恪守的语言运用的严谨性
的要求，但他并不是要把现存与现实等同起来。他对语词的这种随意运
用，能够使他的第二种表达被赋予很大的力量：即在变成现存的过程中，
合理性（事物内在的合理趋势）变成现实性，也正是在变成现实的过程中，
现存的变成了合理的。在第二种表达中，问题有些复杂，因为黑格尔所讲
的"现实的"意思也正是（他专业术语意义上的）"现实的"。当他说合理的变
成现实的，部分意思是说，正是从能够更充分地在现存事物中得以实现的
意义上，合理的变得更为现实。当他说现实的变成合理的，部分意思是
说，正是在能以一种更充分的方式实现其本质的意义上，现实的才变得更
为合理。

　　这使我们认识到了这两种不同的表达与权威表达之间所存在的巨大差
异。前两种不同的表达说的是必然发生的东西、必然发展成的东西与必然
变成的东西，而权威表达说的是事物本应所是的东西。这种比较的修辞效
果是非常大的。这种比较也可以看成在哲学上较为基本的。权威表达可以
轻易地解读为直截了当地断言了当下的合理性，与之不同，后两种表达似
乎暗示了未来——不是当下——才是合理性的真正所在地。权威表达似乎
65　把现实的合理性表达成了一种静止的状态，与之不同，后两种表达清楚地
把现实的合理性看成一个过程。而且，从黑格尔当时所处的政治环境来
看，后两种表达都可以被解读为黑格尔对普鲁士改革时期的乐观主义。同
样，权威解释就可以被解读为拥护普鲁士的王朝复辟。而且，后两种表达
可以直接地被解读为对政治改革主义的集中表达——在一般意义上表达了
社会变革是必然的且合理的——而权威表达可以直接被解读为对政治保守
主义的集中表达——在一般意义上表达现状是非常不错的。

虽然这些差异非常醒目，但是我认为，它们的哲学意义很容易被夸大。[1] 权威表达并不意味着要否认从过程的角度来理解合理性或现实性。权威表达假定了，社会制度的现实性与合理性都能通过过程得以实现，也正是根据这些过程，社会制度才能维持与繁殖自身。例如，家庭通过抚养其成员从而维持并繁殖自身，使社会成员能够按照维持且繁殖家庭的方式（完成作为家庭成员的义务）采取行为。黑格尔相信，正是因为发生着这些社会繁殖过程，合理的才是现实的，现实的才是合理的。尽管权威表达并没有强调这一点，但是它预设了这一点。其他两种表达是向前看的，而权威表达并不如此，但是这两种表达并没有直接否认当下的合理性。当下是不合理的，而未来会变成合理的，这种观点从根本上讲并不属于黑格尔。黑格尔极为反对如下看法，即合理性（或理念，或神）只能在当下之外的地方——在某种超越之境中——才能找到。这两种表达确实表达了对未来的某种乐观，但是这种乐观必须通过植根于当下的基本真理之中才能得以理解。这里给人的印象并不是马克思主义式的，即当下的时代包含了令其毁灭的种子（像资本主义），而是说当下包含了它自我发展的种子。整个视角是改革主义的，而非革命主义的。尽管权威表达的语言是静态的，但与其背后所潜藏的理性概念相比，在其他两种表达中出现的理性概念并不缺少活力。

事实上，在关于对偶格言的这三种表达中，发生作用的基本理性概念是一样的。除了其他东西以外，理性也表现了社会世界要变得更为合理的基本趋势。根据黑格尔的看法，社会世界要变得更加合理，关键的一点就是社会安排要慢慢能反映出那种更为充分的人类精神概念。

66

---

① 参见 Dieter Henrich，"Einleitung des Herausgebers：Vernunft in Verwirklichung."In *Hegel：Philosophie des Rechts：Die Vorlesung von* 1819—1820 *in einer Nachschrift*，ed. Dieter Henrich，Frankfurt，Suhrkamp Verlag，1983，pp. 13 — 17；Allen W. Wood，*Hegel's Ethical Thought*，Cambridge，Cambridge University Press，1990，pp. 11—14.

　　黑格尔认为，这种转变是通过历史发展的过程而发生的，即他所讲的"世界历史"（*Weltgeschichte*）。世界历史的第一个阶段都由某个确定的民族原则（*Volksgeist*）所代表的，既可以表现在具体形式的家庭、经济与政府中，也可以表现在具体形式的艺术、宗教与哲学中，这种民族原则与当时人类所能达到的最高层次的自我理解是相一致的（VG，74－75/64）。任何民族，只要它的民族原则与当时人类所能达到的最高层次的自我理解相一致，那么它就会在历史上占据统治地位（参见 VG，59/51－52）。它的世界历史的任务就在于发展它的民族原则（VG，67/58）；在发展这一原则的时候，它要推进人类精神的自我理解。只要历史上占统治地位的民族完全发展了它的民族原则，它就会进入一个衰落期，发展一种更充分的人类精神概念的任务就会转到另一个民族那里（VG，69/60）。世界历史阶段之间的连续性与不断变得更为充分的人类精神概念的连续性是相一致的，这种人类精神概念是通过不断相续的、在历史上占统治地位的民族进行发展的。那么，社会世界变得更为合理的这一基本趋势，就在于它倾向于能够发展出一些与不断变得更为充分的人类精神概念相一致的社会安排。当黑格尔把理性描述为一种"无限的力量"时，他心中所想的正是这种趋势（VG，28/27）。根据黑格尔的观点，合理的就是现实的有许多层意思，其中的一个意思就是，通过世界历史的过程，以缓慢的、更为充分的方式将自身现实化的趋势。

　　对偶格言的这两种表达或多或少都在表面上表达了这种理性概念。黑格尔在第一种表达中说，合理的必然会发生，他的意思是说，合理的在世界历史的过程中必然发生。他讲的理性的发展，是在世界历史中出现的发展。同样，当黑格尔在第二种表达中说，合理的变成现实的，现实的变成合理的，他只是认为历史世界正是发生这些转变的领域。尽管对偶格言的权威表达并没有明确涉及理性能够具有动力的这一面，所以表面上表现为静态的，但是黑格尔很明显在这一表达中也把理性看成一种发展动力。他清楚地相信，在权威表达所描述的当下环境中，合理的就是现实的，现实的就是合理的，这正是历史发展过程的结果。通过这一过程，合理的变成现实的，现实的变成合理的，这一过程就是世界历史过程。从历史的角度来说，合理的就是现实的（社会世界展现了变得更为合理的趋势），这一事实正好解释了为什么现实的（当下）就是合理的。尽管与其他两种表达相比，权威表达并没有强调理性具有发展性的特征，但这只是着重点上的差别，而非理论上的不同。我们所讲的一切，目的就是为了指出，对偶格言的这三种表达并没有对理性、真实及其相互关系的基本性质提出相冲突的解释。相反，它们表达了一种共同的基本概念，只是它们恰巧强调的是这一共同的基本概念的不同层面。考察这些不同的表达，真正的价值在于，这样做可以使我们看清楚这些不同层面到底是什么，我们也能够更好地理解黑格尔思想的丰富性。

在我们转到对对偶格言的方法论意义进行考察之前，我们希望接着再进一步考察黑格尔关于社会世界会变得更为合理的这一观点的另一层面。根据黑格尔的观点，社会世界要变得更加合理，最终的方式就是，相比古代社会世界的制度来说，现代社会世界的现存制度能在更大程度上实现它们的本质。在黑格尔看来，世界历史的显著特征就是要消解理想与现存之间的鸿沟。事实上，黑格尔的世界历史概念可以被理解为一种发展过程，正是通过这一过程，这一鸿沟变得越来越小。

黑格尔在一个极具启发性的文本中处理了这一问题，即他在《法哲学原理》导言中关于柏拉图《理想国》的地位与局限性进行了讨论，我希望据此展开考察。在这一导言中，黑格尔做出了一个著名且引人注目的论断，《理想国》的基本特征与《法哲学原理》是一样的：它们都是"用思想来理解自己的时代"（PR，¶13）。《理想国》根本不是像人们通常理解的那样，是一个"空洞的理念"，它"本质上体现的正是希腊伦理生活的本质"（PR，¶12，翻译有所修正）。我们可以理解，评论者们一般都难以严肃地接受这一论断①，主要有两个原因：第一，这种解释与柏拉图自己的理解是极不相符的。柏拉图通常认为《理想国》代表了对当时城邦的一种否定。第二，柏拉图在《理想国》中所描绘的社会世界与在他那个时代里现存的希腊城邦极不相同。例如，这是一个没有婚姻的社会世界，在这个世界里，社会的两个高层阶级没有私人财产，没有人能够享有职业选择的自由。那么，自然会出现的问题是：黑格尔何以能够那么严肃地认为《理想国》是用思想来理解当时的那个时代呢？我们可以假定，使黑格尔的解释有问题的那些困难实在太明显，黑格尔根本不可能忽视它们。那么，如果黑格尔认识到了他的解释所面临的这些困难，他又如何能严肃地认为《理想国》是"用思想来理解自己的时代"呢？

黑格尔本人并没有明确地回答这一问题，但是我相信，我们可以构造出某种他有可能会给出的回应。黑格尔可能会承认，他对《理想国》真正主旨的解释与柏拉图的自我理解是极不相符的，但是他会论证，他对柏拉图《理想国》的目的的理解比柏拉图本人要更好。黑格尔在这里会追随康德，认为我们有可能在理解某个哲学家的时候比那个哲学家对自身的理解更好，他会指出，当哲学达到了对其历史本质的全面理解时，他（即黑格尔）就会在哲学创作上占据优势。尽管对黑格尔来说，哲学总是历史性的——哲学都是在思想中反映了它的时代——但是，只是在当前（黑格尔那个时代），哲学的历史特征才被人们认识到。黑格尔也将承认，柏拉图在《理想国》所呈现出来的社会世界的安排与柏拉图时代现存的制度是极不相同的。事实上，这里我们讲"承认"，可能有些用词不当，因为这只是黑格尔想要去坚持的观点。无论如何，黑格尔将会论证——事实上他也是这么做的——这种不一致性最初反映的是《理想国》的缺陷，但是到了最后，它反

---

① 例如，参见 Michael J. Inwood Hegel. London, Routledge & Kegan Paul. 1984. "Hegel, Plato and Greek 'Sittlichkeit'." In *The State and Civil Society: Studies in Hegel's Political Philosophy*, ed. Z. A. Pelczynski, Cambridge, Cambridge University Press, pp. 53—54.

映的恰恰是柏拉图时代希腊社会世界的缺陷。这种观点值得详细考察。

　　有一种常识的看法认为，《理想国》之所以与现存社会安排极不相同，原因就在于，《理想国》中所描绘的社会安排对于当时的世界来说实在是太好了，我们就从黑格尔对这一常识看法的否定来开始我们的考察。在《哲学史讲演录》中，黑格尔认为，《理想国》之所以是一个幻想，"不是因为它所描绘的东西太过美好，它是人类所缺乏的，而是因为它所描绘的这种美好达不到人的要求"（VGP，2：110/2：95）。只要我们知道黑格尔对合理的就是现实的这一点理解，那么对于黑格尔会认为柏拉图的理念是有缺陷的这一点我们也不感到奇怪。事实上，他对这种理念的批评正源于他关于合理的就是现实的这一概念。黑格尔认为，"真正的理念并不是那种仅仅只是应当具有真实性的东西，而是那种本来就具有真实性的东西，而且是唯一真实的东西；如果某种理念被认为太过美好而不能存在，那么这种理念自身可能就存在某种错误，因为真实性太美好了"（VGP，2：110/2：95，翻译有所修正）。但是，黑格尔何以能够同时持有如下两种观点呢？一种观点是说《理想国》中所提供的理念是有缺陷的，因为它不能得以实现；另一种观点是说，《理想国》正好反映了希腊伦理生活的本质。

　　如果我们回想一下，黑格尔认为，古希腊的社会安排没有为人的主体性或个体性留下空间，那么我们就能够领会如下观点，即《理想国》是对希腊伦理生活本质的反映。事实上，黑格尔认为，从希腊伦理生活的角度来看，"在（柏拉图所处的）那个时代，独立自存的个体性原则已经骤然压倒了希腊伦理生活"（PR，§185R），它是"仅仅作为一种毁灭性的力量"而出现的（PR，¶12）。黑格尔认为，《理想国》代表了柏拉图对出现这种"更深层的原则"所做出的一种反映。黑格尔告诉我们，柏拉图"要从他的城邦中绝对排除（这一原则），哪怕是私人财产方面所出现的一些苗头……也要从家庭中排除这一原则，家庭到了更为成熟的形式，易形成主观意志、选择社会地位等"（同上）。

现在，黑格尔认为，这种反应基本是以柏拉图所生活的社会世界的特点为条件的。因为从希腊伦理生活的角度来看，独立自存的个体性原则只能作为一种毁灭性的力量出现，柏拉图视之为一种威胁。正因为柏拉图视之为一种威胁，他才感到有必要将它排除掉。而且，根据黑格尔的看法，希腊世界背后的理念是建立一个"纯粹真实的国家"（例如，没有为主体性与个体性提供空间的国家），柏拉图在《理想国》中所抓住的正是这种理念。实际上，黑格尔认为，正是《理想国》成功地抓住了这一理念，这种理念也正好说明了一个"深层的、真实的真理"。

以上的讨论将我们引到关键的一点上。黑格尔认为，《理想国》所抓住的理念——这一理念事实上嵌入在古希腊生活之中——是一种有缺陷的理念。它之所以有缺陷，正是因为它没有为个体性原则提供空间。因此，在黑格尔看来，柏拉图的理念之所以有缺陷，深层的原因在于它反映了他所处的社会世界的现实性——这种世界的安排没有为人的主体性或个体性提供空间。在黑格尔看来，柏拉图的《理想国》所具有魅力与弱点反映了他所生活的社会世界的魅力与弱点。《理想国》中所描绘的国家所具有的魅力正是纯粹真实的国家所具有的魅力，而《理想国》中所描绘的国家所具有的弱点也正是纯粹真实的国家所具有的弱点。因此，柏拉图的现实国家时代正是在思想中所反映出来的他自己所处的时代。

我们再回过头来看。尽管黑格尔认为，《理想国》与《法哲学原理》都抓住了它们所描绘的社会世界的精神，就这一点来说，它们是相似的，但是如下方面又是不同的：《法哲学原理》中描绘的社会安排与黑格尔时代存在的那些制度之间存在着鸿沟，同样，《理想国》中描绘的社会安排与柏拉图时代存在的那些制度之间也存在着鸿沟，但是前一个鸿沟比后一个鸿沟要窄得多。《理想国》中所讲的世界与现存社会世界之间的鸿沟是非常巨大的；而《法哲学原理》中所讲的世界与现实社会世界之间的鸿沟则很小。黑格尔认为，在他所讲的"我们时代的那些更先进（*ausgebildeten*）的国家"（他的意思是当时更先进的欧洲国家)与他在《法哲学原理》中描绘的结构之间具有很大程度的一致性(PR，§258Z；VPRG，632；VGP，2：36/2：25—26)。他认为，这些国家总体上能够实现现代国家的精神。

根据黑格尔的看法，要消解理念与现存社会安排之间的鸿沟，一部分取决于人类社会生活的理念的发展，这些人类社会生活的理念主要通过世界历史过程嵌入社会安排之中。植根于柏拉图时代社会安排之中的那种理念——纯粹真实的社会生活形式的理念——是有缺陷的。它不能达到"人们的要求"，是因为它不能为人的主体性提供空间。这一缺陷导致了古希腊的衰落。特别是，世界历史是能够达到人们要求的理念的发展史，这种要求就是要容纳主体性，同时将其与实体性结合起来。因此，黑格尔说："现代国家的原则具有很大的力量与深度，因为它允许主体性原则去实现极为自足的个体性，同时又将其带回到真正的统一体之中，在主体性原则自身之中维持这种统一性。"(PR，§260)我们将在第六章回到这段意义非常深远的话。

(二)方法论

我们现在转到对偶格言所表达的关于理性与真实性的观点所具有的方法论意义上来。黑格尔在讨论哲学考察的恰当目的和哲学与现实性的关系时说出这样一则格言："正是这种哲学与现实性之间的关系成了误解的对象，我因此会回到之前的发现，即哲学是对合理性的考察，也正因为这一点，它就是对当下与现实的把握。"(PR，¶12)

这段话一开始的假设就是，哲学(特别包括社会哲学)的目的是考察"合理性"。由于社会哲学具有自己的目的，黑格尔关心的是要去解释如下问题，即为什么哲学家有义务要去理解社会世界中那些当下现实存在的东西。对偶格言为他的回答提供了一个总的说明：因为合理的就是现实的，现实的就是合理的，所以社会哲学要关注社会世界的现实性。"理解存在(what is)是哲学的任务，因为存在就是理性"(PR，¶13)。

但是，对于黑格尔来说，理解"存在"到底意味着什么呢？

这并不是什么理解现存世界的问题。现存的社会制度或者它们的现存特征没有能够表现社会世界内在的理性本质，就此而言，哲学对它们没有兴趣。就这些现存的东西来说，它们是围绕着"（具有合理性的）内核而表现出来的无限丰富的形式、表象与形态，它们不是哲学的研究对象"（PR，¶12）。这给人的印象是，理解"存在"就是理解事物的内在本质，同时忽略现存的安排。但是，黑格尔同时又否定这种立场。他认为，正是在将现存制度与实践现实化的限度内，哲学才关心社会世界的合理性。因此，哲学确实关心现存的安排：它是把它们作为合理性的表现去关心的。对黑格尔来说，理解"存在"就是抓住社会世界的内在本质，它们表现在现存制度中，而要抓住现存制度，就在于它们表现了社会世界的本质。正是通过这种方式，人们才抓住了现实的东西。

至于哲学家应该如何具体地抓住社会世界的现实性，黑格尔言之甚少。他采取的一般方法就是，观察社会世界（如现代社会世界）的那些最为核心与理性的特征（例如，更先进的现代欧洲国家的最合理的特征），同时在这种观察结果的基础上建构某种解释。他认为，作为背景的真实性概念能够保证，人们在确定当代最为核心与理性的特征时，也能够确定当代的现实性。哲学通过理性地看待世界来确定什么是现实的。

那么，黑格尔的研究计划（如果我们可以这么称呼的话）是极为经验性的。尽管他认为，我们或多或少能够先天地知道，现实的社会世界是合理的，但他认为，我们能够确定合理性的具体细节的唯一方式就是通过观察社会世界。而且，他认为，只有当我们已经抓住了这些细节，我们才能够理解社会世界的合理性。观察潜藏在现存的社会制度与实践中的现实性，要求我们采用一些规则——毕竟，我们的目的是为了确定社会世界的那些最为理性的特征——我们所采用的这些规则正植根于社会世界。我们不是从我们自身个体化与私人化的"想象的理念"的角度来把握社会世界的，而是通过"理性的理念"的角度来把握它——理性的理念植根于现存的制度与实践之中。为了发现这些理念，我们必须观察社会世界。因此，黑格尔研究计划所具有的规范性维度本身就有经验基础。但是，如果把这一计划看成是纯粹经验性的，也是不正确的。根据黑格尔的观点，抓住现实的合理性也包含了抓住 Zeitgeist（时代精神），即历史上占据统治地位的社会与政治趋势，以及历史上具有现实可能性的东西。反过来，这也需要进行解释。因此，黑格尔所倡导的这种观察也包含了一种关键的、不可或缺的解释学成分。

值得强调的是，黑格尔的哲学方法基本上是历史性的。黑格尔认为，"哲学是对合理性的考察，因此，它也是对当代的理解"（PR，¶16）。这也反映了他的观点，即理性本质上具有历史维度：合理的会变成现实的，现实的也会变成合理的。正如我们所见，社会世界的内在理性结构隶属于一种历史发展进程，正是通过这一进程，它开始反映越来越充分的人类精神概念。这一结构正是通过一系列的历史阶段使自身现实化。这些阶段也构成了合理性的现实性。在任何时候，合理性只有在当时的社会安排中得以现实化，才会是现实的。当社会世界的理性结构在当前时代已经变成现实的，那么，抓住合理性也就是要抓住这一结构所具有的具体历史形式。

当黑格尔说哲学是"用思想来理解的自己的时代"（PR，¶13），他的意思是说，哲学存在于思想中的理解活动，它就是要理解它所处的历史阶段的主要社会制度的（已现实化的）理性结构。哲学之所以不能"超越它的时代"，原因在于，合理性只有在当代得以现实化，它才是可认识的和现实的。然而，黑格尔并没有由此得出结论，对社会世界的哲学解释不能对那些绝对性的东西有任何言说，这些哲学解释只有与自身所在的历史情境相关时，它们才会是"真实的"。黑格尔认为，有一种社会生活形式反映了对人类精神的最终的、正确的理解，它在人类历史中得以实现：那种在现代社会世界中得以实现的人类生活形式。（参见 PR，§273R）

74   黑格尔的哲学方法还包括有意识地打乱描述范畴与规范范畴之间的界限。[1] 它既不纯粹是描述性的，也不纯粹是规范性的。它不纯粹是描述性的，是因为：首先，对那些植根于现代社会世界的规则的描述是理解它的现实性的基本组成部分；其次，《法哲学原理》是对现代社会世界背后的理念与规范精神的解释；最后，《法哲学原理》被认为是为植根于现代社会世界的现实性之中的规则提供了解释的，它同样也提供了对现代社会世界应当如何的解释。当然，黑格尔的方法也不纯粹是规范性的。他认为，《法哲学原理》中所陈述的那些规则植根于现存的现代社会世界结构中，而且得到了具体实现。因此，《法哲学原理》"尽可能地不去承担如下义务，即按照国家应当是什么样子的方式来建设它"（PR，¶ 13），这种方式是对国家应当如何提供解释，它与（现实的）国家是什么样子有天壤之别。它的目的是要通过表明社会世界的现实性是什么，从而表明社会世界应当如何。因此，黑格尔的方法既是描述性的也是规范性的。它产生了规范的真实性概念（现实的就是合理的），也产生了现实主义的规范性概念（合理的就是现实的）。现在让我们转向对偶格言所表达的基本的规范观。

（三）规范观

对偶格言认为，现代社会世界是它应当所是的样子。之所以如此，体现在两个方面。第一，现代社会世界是"它应当所是的样子"，因为它的本质或内在的理性结构就是它应当所是的样子。它的本质是它应当所是的样子，事实上，它绝对是它应当所是的样子，这是因为它反映了对人类精神的正确理解。相比之下，柏拉图社会世界的本质是它应当所是的样子，这仅仅与它在世界历史中所处的阶段是相关的，因为它反映了对那个时代的人类精神的最充分理解，即认识到了"实体"或共同体的重要性。它应当所是的样子仅仅与它在世界历史中的阶段相关，原因在于，对那个时代人类

---

[1]   至于不同的观点，请参见 W. H. Walsh, *Hegelian Ethics*, London, Macmillan, pp. 7—8.

精神的最充分理解又是有限度的，因为它没有认识到主体性的重要性。严格来说，柏拉图与黑格尔以社会世界的本质作为它们应当所是的样子的观点，均与它们在世界历史中的阶段是相关的，它们都反映了对自己那个时代的人类精神的最充分理解。黑格尔社会世界的本质的特殊之处在于，它应当所是的样子不仅与它在世界历史中的阶段相关，而且又具有绝对性。黑格尔认为，在这两方面它之所以都是它应当所是的样子，因为它对那个时代人类精神的最充分理解是正确的：它同时认识到了实体性（共同体的成员）与主体性的重要性。第二，现代社会世界是它"应当所是的样子"，因为它的本质真正得以实现：现代欧洲那些更先进的国家总体上都与它相符合。黑格尔正是根据这一特征来区分他那个时代的社会世界与柏拉图时代的社会世界。

　　因此，我们可以很自然地说，现代社会世界是它应当所是的样子，这一观点建立在黑格尔的现实性概念之上。如果事物是现实的，他的现实性概念也就意味着，在事物符合它们的本质这一意义上，它们是"它们应当所是的样子"。根据黑格尔的观点，真实性必然是它应当所是的样子，因为真实性与善（事物作为它们应当所是的状态）之间存在着一种内在的、形而上学的关联。事实上，黑格尔一般认为社会世界的现实性必然是善的。很明显的是，这是一个很强同时又很模糊的观点。不那么明显的是，它又是极为抽象的。尤其是，它是从如下问题中抽象出来的，即如何在任何历史时刻成熟且良好地发展社会世界的本质。同时，它也是从下面这个问题抽象出来的，即如何在任何历史时刻使社会世界良好地实现它的本质。对这些问题的回答并不派生于对现实性概念的分析或解释。因此，现代社会世界的本质反映了对人类精神的正确理解，而且这一本质得到了真正实现，黑格尔的这些观点完全超出了他仅在现实性概念的基础上所能说的内容。它源于黑格尔对他所处的社会世界中的国家做出的丰富的哲学考察，它包含了对更先进的国家——更先进的欧洲国家——所做出的详细的政治

75

评价。

　　黑格尔认为，现代社会世界的本质得到了具体实现，因为与它相符的那些更先进的欧洲国家总体上都能经得起批评。为了使现代社会世界的本质得到具体实现，黑格尔并不认为所有现存的抑或大多数现存的国家都必须在总体上符合现代社会世界的本质。相反，有点反直观的是，他认为，社会世界的本质能够得以具体体现，只要求有些现存国家与这种本质总体上是相符的。因此，以下两种看法是相容的，即人们一方面认为现代社会世界的本质已经得到了具体实现，另一方面又认为，（黑格尔本人即相信如此）现代社会世界的本质在当时全球的大多数地方（那些"欠发达"的欧洲国家、北美与南美、非洲和亚洲）都没有得到具体实现。

　　但是，黑格尔为何这样说呢？更先进的欧洲国家总体上符合现代社会世界的本质，仅就这一事实何以能够断定社会世界的本质在一定程度上得到了实现呢？为什么所有或大多数现存国家总体上符合现代社会世界的本质这一点并不是必然的呢？

　　为了回答这些问题，我们必须思考黑格尔如何理解现代社会世界的本质是否得到具体实现这一更为在先的问题。首先，他并不认为这种问题是关于现存制度的问题，相反，他认为这是关于现代社会世界的本质的问题，或者是与这种本质相适应的社会生活模式的问题。黑格尔通常并不是由现存国家开始考察，并且询问这些现存国家总体上是否实现了现代社会世界的本质。相反，黑格尔是由现代社会世界的本质开始考察，并且询问这些现存国家总体上是否实现了这种生活模式。对于黑格尔来说，关键问题是现代社会世界的本质是否在某些地方得到了具体实现。他所要问的是：现代国家的本质到底有没有得到具体实现？

　　相应地，黑格尔认为，如果有一些现存的国家总体上符合现代国家的本质，那么现代社会世界的本质就得到了具体实现。它是在总体上与其相符的这些现存国家中得到具体实现的。那么，从这种观点来看，现代社会

世界的本质并没有在黑格尔时代的欧洲更先进国家之外的那些国家中得到
具体实现，但这一事实并不与现代社会世界的本质已经得到了具体实现的
观点相抵触。如果欧洲更先进的国家总体上与这种本质相符，这也就足
够了。

　　黑格尔认为，如果现代社会世界的本质只是在少数几个现存国家中得
到具体实现，那么我们就可以说，现代社会世界自身具体实现了它的本
质。他认为，具体实现现代社会世界的本质的这些国家构成了现代社会世
界的现实性。因此，我们可以说，现代社会世界在欧洲更先进的国家中具
体实现了它的本质。

　　综上所述，我们可以很明显地看出，黑格尔认为，现代社会世界是它
应当所是的样子，这一命题与如下事实是相容的，即没有哪一个现存的制
度理想化地实现了它的本质——即没有任何现存的制度能够在所有方面实
现它的本质。黑格尔提出现代社会世界是它应当所是的样子，并不是说，
每一个现存制度总体上都符合它的本质。他也不是说，这些总体上符合它
们的本质的现存制度也在每一个方面都符合它们的本质 。因此，黑格尔
说："国家并不是艺术品；它存在于世界之中，因此在随意性、偶然性、
错误以及恶行的范围内，这些东西都会在许多方面有损于它。"（PR，
§258Z；VPRG，663）此刻我只想指出的是，现存制度将在某些方面实现
它们的本质这一点上不可避免地会遭受失败，这正是黑格尔基本的规范概
念所表达的部分意思。

　　黑格尔认为，这种失败是不可避免的，这是因为现存制度存在于由人
类行为所构成的"随意性、偶然性与错误"的有限领域中，在这一领域中的
所有存在者都必然显现出缺乏与不完满，也不可避免地会为人类的邪恶所
损毁。他非常概括性地指出，"在有限领域之中，对立与矛盾总是一再打
破新的面貌，满意也不会超越相对性"（VA，1：136/1：99）。不完满是现
实性的必要条件。凡是现实的东西——凡是作为有限及偶然世界之一部分

的东西——总在某一方面存在着缺陷。

　　黑格尔并不认为，具体的制度缺陷或不完满要通过诉诸不完满这一普遍事实来加以解释。某一具体国家以某种方式偏离了国家的本质，也可以通过诉诸它的具体环境与历史来解释。同样，某一具体家庭某些方面没能符合家庭的本质，也可以通过诉诸它的具体环境与历史来解释。但是，具体制度或团体所展现的缺陷与不完满，这样一个相当普遍的事实，可以通过普遍存在着的不完满这一事实加以理解，而在不完满的普遍存在这一点上，又可以通过现实性的条件以及有限与偶然世界的本质得到解释。

　　黑格尔从他对现实与不完满性之间的关系的理解中得出的最引人注目的结论可能是这样的，不完满性是社会世界成为它应当所是的样子的必要条件。为了使社会世界成为它应当所是的样子，它的本质必须在现存制度中得以实现。但是，在现存制度中得以实现的代价就是不完满性。所以，对黑格尔来说，不完满性是社会世界成为它应当所是的样子的代价。相应地，黑格尔反对如下看法，即制度不可避免地具有不完满性，这种不完满性将会与社会世界是它应当所是的样子这一点构成反对。首先，正如我们刚才所看到的，对于黑格尔来说，不完满性是社会世界成为它应当所是的样子的一个条件。不完满性普遍存在，表面上看起来似乎是一个坏东西，但实际上，即使它不是一个好东西，也是我们应当接受或适应的东西，因为它是实现社会世界本质的必要条件，因而也是实现人类精神的必要条件。其次，就现存制度显现出缺陷与不完满这一点来说，它们没有符合它们的本质，因此也就缺乏现实性。

　　尽管黑格尔认识到，现存制度在许多方面不能符合它们的本质，因而也认识到了缺陷与不完满的存在，但他否认这些缺陷与不完满是现实的，除非它们能推进合理性的实现。黑格尔的第二条论证路线是，制度缺陷与不完满并不会与社会世界是它应当所是的样子这一论断构成矛盾，因为它们并不是现实的，因而也不是社会世界的现实性的一部分。但是，我们在这里指出如下这点是很重要的，黑格尔否认缺陷与不完满的现实性，他的意思并不是要否认它们具有因果力量。黑格尔清楚地认识到，现存制度与群体(如具体的国家与具体的家庭)的缺陷与不完满具有因果力量，而且事实上它们正是人类苦难的一个基本来源。黑格尔的现实性概念可以使他得出如下论点，即尽管制度缺陷与不完满具有因果力量，但它们并不是现实的。

　　我就此结束对黑格尔的基本规范观的讨论，在本章接下来的部分里，我将考察黑格尔的基本规范观所具有的批判功能。我要指出的第一点是，这种规范观并不排除批判。我们已经考察过黑格尔所理解的如下观点，现代社会世界是它应当所是的样子，这不仅与现存制度将会显现缺陷与不完满这一论点是相容的，而且实际上预设了这一论点。黑格尔的观点暗含的意思是，现存制度不能实现它们背后的本质，就此而言，它们应当受到批评。黑格尔在《法哲学原理》中对现代社会世界——家庭、市民社会与国家——所做出的安排的目的就是要解释这种本质到底是什么。

　　黑格尔在许多段落中似乎都表明了，唯一合法的批评只指向这些制度相对表面化的特征。因此，他说：“当我们的理解转向这种‘应当’时(如批评性的‘应当如此’)，它反对不重要的、外在的与易逝的对象，反对社会规章或社会条件，它所反对的这些东西在特定时间与特定范围中也极有可能具有很大的重要性，这可能通常是对的……有谁会那么迟钝，竟然会看不到在他周边的环境中有那么多的东西与它们本应所是的样子相去甚远呢?”(EL，§6)但是，这一限制并没有得到黑格尔基本理论立场的支持，因为现代社会世界是它应当所是的样子这一看法分别与下面两种看法都是相容的：其一，现存国家所具有的那些琐碎而又易逝的特征不能符合现代国家的本质；其二，现存国家所具有的那些关键特征也不能符合现代国家的本质。黑格尔的基本观点包含了如下可能性，即那些总体上符合现代国家本质的国家也会在一些重要的方面难以符合这种本质。例如，黑格尔认为，尽管普鲁士总体上符合现代国家的本质，但他也认识到，普鲁士缺乏一种立宪君主制，他支持斯坦因与哈登堡沿着宪政的路线对普鲁士君主制进行改革。我认为，黑格尔的立场所具有的积极效应就是，它不仅允许对现存国家那些不重要的、表面化的特征予以批判，而且它也允许对现存国家所具有的不符合现代国家本质的那些关键特征予以批判。

　　然而，在许多关键的问题上，黑格尔的观点所具有的批判性也要有所限制。首先，对现存制度的批评必须是"内在的"，这一点源于黑格尔的规范性概念。黑格尔认为，当对现存制度的批评立足于规则之上，而且这些规则必须植根于它们所适用的那些制度的本质之中，这种批评才是有效的。这种立场在方法论上一般产生如下结果，即在评价现存制度时，我们必须看到这些制度"渴望"实现的理念——这些制度都是围绕着这些理念来进行组织的。我们不能因为制度不能够达到个人的"想象的理念"而对其予以批判，只有当它们不能够达到"理性的理念"时才能进行批判——理性的理念植根于它们自身的结构之中。根据黑格尔的观点，我们也不能因为制度没有能够符合"超验的"标准而对其予以批判，除非这些所谓的超验标准确实植根于这些制度的本质之中。黑格尔认为，如果所展开的批判并非植根于它所适用的制度的本质，那么这种批判至多只是一种道德说教。因此，黑格尔的基本规范观所具有的批判性在某一方面受到了限制，即它排除了"外在批判"，这种批判并不是立足于规则之上，且这些规则植根于它们所适用的制度的本质之中。

　　黑格尔的观点还在另一个重要层面上排除了激进批评。根据黑格尔的看法，市民社会、现代家庭与国家这些主要社会制度都具有某种"绝对的地位"，因为他认为这些制度是对人类精神的正确理解在实践层面上的实现。他认为，尽管人们在原则上可以合法地批评具体的家庭、市民社会与国家的一些具体特征——甚至包括那些根深蒂固的特征——但是，他们不能因为现代社会是围绕着这些制度进行组织的，就对现代社会进行合法批评。因此，黑格尔可能会反对许多人的建议，例如，女权主义者所提出的取消家庭的建议，马克思主义者所提出的取消作为生产手段的私有财产权的建议，无政府主义者所提出的取消国家的建议。

而且，黑格尔还认为，在对现存家庭、市民社会与国家进行合法批评方面，还有许多重要的限制。尽管我们可以批评现存的家庭没有达到家庭的本质，批评现存的市民社会形式没有达到市民社会的本质，批评现存国家没有达到国家的本质，但是，家庭、市民社会与国家的内在理性结构（《法哲学原理》中所描述的那些特征）是不能够予以批评的。就其实践意义来说，它的意思就是，在现代社会世界中，合法的批评都不可避免地成为一种改良主义。对于黑格尔来说，现代社会世界中合法的社会变迁总是让现存的安排与家庭、市民社会和国家的本质相一致，而不是要转变这些安排背后的本质结构。尽管这种对批评的限制很明显建立在黑格尔更为根本的内在批评原则之上，但它也建立在黑格尔的如下观点之上，即现代社会世界的本质代表了对人类精神的正确理解。回到对偶格言，我们可以这样讲，对于黑格尔来说，之所以对现代社会世界的批评必须是改良主义的，不仅是因为合理的就是现实的（因为现代社会世界的本质为制度批评提供了唯一有效的来源），而且也是因为现实的就是合理的（因为更先进的欧洲国家总体上与现代社会世界的本质是相一致的）。

最后，黑格尔认为，批判活动是次要的。这并不是说，黑格尔认为批判对于哲学来说是次要的。正如我们所见，黑格尔根本就不认为批判是属于哲学的事业的。哲学的任务是"理解存在"，将"存在"理解为现实性。黑格尔只认为批判在实践的层面上是适当的——这里讲的实践层面是指与社会世界相关联的层面——正是在这种实践的层面上，他认为批判的重要性是次要的。黑格尔认为，与社会世界相关的最重要的任务就是要去抓住它的合理性，并在人们的理解的基础上采取行动。这也正是黑格尔为什么要说如下这种话的原因："书（《法哲学原理》）中所包含的那些教导，其目的并不是要根据国家如何成为它应当所是的样子对国家进行教导，相反，它的目的是要表明，国家作为一个伦理世界，应当如何进行组织。"(PR，¶13)这里的问题并不是人们不应当去批评现存安排，而是说，跟批评现存安排相比，如下的做法要重要得多，即理解现代社会世界背后的合理性，以及理解这种结构如何在现存安排中得以体现。黑格尔认为"理解存在"具有基本的实践重要性，因为他相信，理解现代社会世界的现实性可以帮助个体在参与家庭、市民社会与国家的过程中找到满足感；实现他们的伦理义务（黑格尔认为，这些义务源于这些制度的理性结构）；将自身实现为精神存在；获得和解。

82　　黑格尔认为批判是次要的，有如下几个方面的原因：首先，他认为，"更先进的"欧洲国家——这些国家是黑格尔最为关心的——总体上符合现代社会世界的本质。尽管他认识到这些国家需要批判与改革，但是他认为，这些国家总体上符合现代社会世界的本质是一个基本事实，这一事实在实践上具有最大的重要性。在具体的政治活动层面上，黑格尔更为关心的是，人们只是没有认识到自己所处社会世界的积极特征所带来的作用，而非人们没有认识到自己所处社会世界的缺陷所带来的后果。而且正如我们所见，黑格尔认为，社会世界的缺陷是非常明显的，但要"抓住积极的一面"则是一件困难的事情。

　　其次，黑格尔并不认为由个体对社会展开的批判性考察是社会变迁的一个基本机制，黑格尔对于来自体制内部的变化更有信心。例如由那些具有进步思想的政府官员与文职人员所推动的改革，而对那些体制之外的知识分子的批评所带来的变化，黑格尔并不是那么有信心。因此，黑格尔并不认为，通过强调批判的重要性就一定会带来那些必要的社会变化。

　　最后，黑格尔对于人们在哲学上能够提出有见地的批评的可能性深表怀疑。他有一句非常著名的格言："当哲学将自身的灰色绘成灰色的时候，这一生活形态就变老了。"(PR，¶16)这句话的意思是说，只有当社会世界完成了自身的发展过程，并开始面临着历史衰退的时候，为社会世界的内在理性结构提供哲学解释才会变得可能。这也是黑格尔说出如下这段话的原因：关于"给世界如何成为它应当所是的样子提供指导这一问题……哲学无论如何都不能及时地履行这一功能。只有当现实性发展成为成型的形式，达到了它的完备状态，世界思想才能够出现"（PR，¶16）。很明显，这些说法想要表明，哲学永远不能为根本的社会变迁提供指导，但是至于这些说法是否也表明了哲学永远不会支持改良主义的政治变化，就不是那么清楚了。不过，它们明显传达了一个基本观点，即它们不会引导人们过于强调批判。

批判只占据次要地位，这一观念深深扎根于黑格尔的思想之中。但是，可能值得我们指出的是，我们一方面有可能接受这一看法，另一方面，相比黑格尔，我们能在更大范围内强调批判的作用。人们可能相信，我们所生活的社会世界总体上符合社会世界的本质，但它依旧值得予以批评和改革。对现存制度的批评表达了我们对社会世界的内在理性结构的一种深层责任，同时也是对这种结构的一种信任。为了在社会中推进使"合理的变成现实的"和"现实的变成合理的"这一过程，人们可以参与批评活动。这种批评其实能够提供一种方法，根据这种方法，我们既能欣赏社会世界积极的一面，又能认识到它的缺陷。这种批评在黑格尔思想的框架内是能够予以重视的。

第三章

和解的概念

和解是黑格尔方案的基本概念。我在本章的目的是要为此概念提供一个初步的解释。本章包含六节。第一节讨论了日常的和解概念，并将英文"reconciliation"和德文"*Versöhnung*"进行比较。第二节考察和解的态度。第三节考察冲突在和解之中所扮演的角色。第四节讨论的主题是黑格尔哲学化的和解概念。第五节阐述异化，它是和解的对立面。第六节简短讨论和解、革命、批评与改革之间的关系。

需要解释的是，黑格尔从来就没有让和解概念扩展成为独立讨论的主题。本章所提供的解释其实只是从黑格尔关于和解的一般理论中抽象出来的。更具体地说，它是从黑格尔关于个体性与社会成员身份的关系的概念中抽象出来的，这将是本书第五章的主题；也是从黑格尔对现代社会世界的结构所做的解释中抽象出来的，这将是本书第六章的主题。因此，我们在这里对和解概念所做的说明并不是完全独立的。本章只是提供一个入口以便人们走进和解概念，并不是为这一理论提供基础。

第一节　英文"Reconciliation"与德文"Versöhnung"

就"和解"一词的日常用法来说，它的定义是非常模糊不清的，有时指 85
的是一种过程，有时又指一种作为结果的状态。就过程来说，它有不同的
描述方式，可以是克服冲突、分裂、对立、异化或不和的过程；就结果来
说，它可以看成是和谐、统一、和平、友谊或爱的复归。和解概念内部如
同包含着丰富内容的故事：双方一开始是朋友，后来变得不和，最后又重
归于好。因此，最基本的模式就是：统一、分裂与重新统一。基督的教导
很好地体现了这一模式(这也为黑格尔和解概念提供了宗教背景)，基督最
后让人类与上帝重归于好。根据这一理论，人由于罪而与上帝不和。但
是，基督牺牲自己，将自己钉在十字架上，消除了上帝的不满，因此，使
人与上帝重新回到了和解的状态。

"和解"是一个英文词，我用它来代表黑格尔所运用的德文词
Versöhnung，它也是这一德文词的标准翻译。但是，由于英文与德文在许
多方面都是不同的，我们需要注意这些不同点到底是什么。[①] 有一个很小
的差别就是，"和解"是非常中性的，而且是大家通常采用的一个词，而
Versöhnung 承载了许多价值含义，而且很少频繁地为人们所使用。德国人
更倾向于用 *sich（wieder）vertragen* 来表达中性意义上的和解一词。

另外，与"和解"相比，*Versöhnung* 强烈地隐含着一种转变过程。当对
立双方真正达成 *Versöhnt* 的时候，它们便不会一成不变地继续过去的关
系。它们在根本上改变了自身的行为与态度，从而达成 *Versöhnt*。取得
Versöhnung 的双方不需要决定是否和谐相处，相反，这种和谐相处是它们
处于一种新的、转变了的状态中自然带来的结果。这种新的统一关系可以

---

① 对这些问题的讨论，我从 Gisela Striker 那里获益良多。

被描述为一种"更高的"阶段，因为它相比之前的那种统一性更灵活、更复杂、更稳定。尽管"和解"一词并没有否认这种转变过程的发生，但它并不能表达出 *Versöhnung* 所具有积极方面的转变过程肯定会发生。

与"和解"不同，*Versöhnung* 听起来有一种宗教味。格林兄弟的《德语词典》告诉我们，路德在翻译圣经的时候"不同寻常地经常"使用 versöhnen 一词。*Versöhnung* 的词根是 *Sühne*，意思是"赎罪"与"神人和好"。*Sühne* 这一概念在基督教有关和解的故事中占据着非常重要的地位，根据这一故事所讲，由于人犯了罪，便疏远了上帝，但通过基督的作用，人得到救赎，最终上帝与人重归于好。尽管 *Sühne* 和 *Versöhnung* 的语义关联通常被认为已经过时，但是这种关联性依然影响到了 *Versöhnung* 的日常用法。即使在今天，人们也能够在 *Versöhnung* 一词中感受到 *Sühne* 的影响。然而，*Versöhnung* 与 Sohn（儿子）并没有关联。基督教学说认为上帝之子（Sohn）是和解者（*Versöhner*），但这一点与 *Versöhnung* 一词的构成并没有词源学上的关联。*Sühne*（它的中古高地德语形式包含了 *süene* 和 *suone*）和 Sohn 之间也没有任何词源学上的关联。

英文表达与德文表达之间的主要差别如下，在日常用法中，英文词"和解"有"屈从"和"顺从"的意思。这可能会表明黑格尔方案的真正目的是要投降与默认，这当然是我们应当反对的。[①] 如果和解就是向权力屈从，或者让自己顺从于现状，谁会需要这种和解呢？使自己异化要比屈从或顺从好得多。但是，事实上，"和解"虽会给人造成这种印象，但是

---

① 当"和解"一词作为动词与介词"to"联系在一起并加以运用的时候，它所包含的消极意味是特别明显的，这种用法表明了和解过程是非对称性的，和解的对象是一种可以看成消极性的事态。某人可以从失去孩子的苦痛中恢复过来（becomes reconciled to）。另一方面，如果运用介词"with"的话，它表明和解过程是对称性的，和解的对象是那种可以用积极的观点来看待的人。我与我的朋友达成了和解。不过，我建议用（具有消极意味的）"reconciliation to"来解释（更具有积极意味的）*Versöhnung mit*。我说人们与社会世界取得和解，并没有包含屈从或顺从的意思。我之所以采用这种非正统的、甚至可能有些误导性的用法，是因为当我们说人们同（to）社会世界取得和解时，相比社会世界与（with）人达成和解，听起来更加自然。

Versöhnung 却并不如此。正如我们在第一章所看到的，Versöhnung 并没有"屈从"的意思，也没有"顺从"的意思。一个人可以完全违背自己的意愿，进而与某种环境取得和解，但是（从语法上讲）他不可能与这种环境达成 versöhnt。德语中也有词表达这种意义上的"和解"——作为顺从的和解——但它是 abfinden，而不是 versöhnen。我们可以这样思考：如果 Versöhnung 是可能的，那么顺从就是不必要的。

　　因此，Versöhnung 与顺从是不同的。与社会世界达成 versöhnt 就是以一种积极的态度来看待社会世界。Versöhnung 包含了某种彻底的、全心全意的接纳。与"顺从"相比，Versöhnung 包含了某种非常强烈的肯定性的成分。因此，黑格尔说"das versöhnende Ja"（肯定性的和解，PhG，494/409）。只在当某人赞赏自己所处的境况时，我们才说他是 versöhnt，某人要变成 versöhnt，一定程度上需要通过他对这种境况予以肯定。事实上，在许多层面上，黑格尔对 Versöhnung 这一词的运用相比对它的日常运用具有更多的肯定性意义，因为对他来说，Versöhnung 并不只是接受的问题，哪怕是完全的接受，即与某物达成 versöhnt 就是要接受它。Versöhnung 一词并没有表明黑格尔的方案具有令人反感的保守性，或者说黑格尔方案的目标就是屈从或默认。我们谨记以下这点是非常重要的，英文词"和解"拥有一些相应德文词并不具有的含义。

第二节　和解的态度

　　下面让我们详细考察和解是一种什么样的态度——从现在开始我们都是在 Versöhnung 的意义上来理解和解。我们已经看到，"和解"与"顺从"之间最重要的差别在于，前者本质上包含了一种肯定性的成分。这种比较也能将和解与那种可称为"全盘接受"的态度区别开来。所谓"全盘接受"，意思是说，人们按照事物本来的面貌全部接受，没有任何评判与评价。某些形式的斯多葛主义会接受这种态度，认为人们应该原封不动地表达事物的本来面貌，并按照具体的客观情境采取行动。如果这些情境中包含着令人痛苦的成分，人们也要将其作为情境的一部分而毫无怨言地接受。

我们也可以将和解与安慰（英文 consolation；德文 *Trost*）做一番比较。[①] 事实上，这两个词的意思非常接近。只要我们的表达并不要求特别严谨，这两个词可以交互使用。像和解一样，安慰也是对之前的失望之情做的一种反应，它也包含了某种形式的接受。不过，这两种态度是不同的。安慰基本上是为某种损失或痛苦提供宽慰、抚慰或慰藉。某人的配偶死了，他会在他们的孩子继续存在这一点上寻求安慰。虽然，孩子们的存在并没有减少他所失去的，但是这为他提供了舒适与慰藉。然而，如果一个人真正得到和解——*versöhnt* 意义上的和解——他根本就不需要安慰，因为他已经完全接受了整个情境。他认为这是必然的，而且是善的。

我们考虑一下安慰所表现稍许不同的两种形式。第一种形式本质上包含了替代的意思（VG，78/67）。当世界不能满足那些根深蒂固的期望时，它就会需要这种安慰。人们通过为自己的损失提供一部分替代品而得到抚慰。但是，人们需要安慰这一事实表明，他并没有完全接受这些情境。相反，他会认为这些情境是"首先最不应当发生的一种不幸"（VG，78/67）。"安慰的奖赏"（*Trostpreis*）这一概念反映了这种思想。但人们有所失时，他就获得了安慰的奖赏；因为它为人们真正想要赢得的东西提供了某种替代品，也就是为人们提供了安慰。

安慰所表现的第二种形式就是它本质上包含了补偿的意思（EL，§147Z）。当当前的情境是某种不幸、痛苦与悲伤时，我们就需要这种形

---

① 我们把弗洛伊德理解为一位持顺从——安慰论的理论家（resignation-consolation theorist）是非常有用的。在《文明及其不满》一书中，他力图说服人们顺从这些不满，是因为这些不满是由人的本能冲动与社会要求之间的冲突必然产生的，人们要在升华中寻求安慰。事实上，他论证了这种冲突会使人与社会世界发生分裂，这种分裂会使一切可称之为和解的东西都变为不可能。参见 Sigmund Freud, *Civilization and Its Discontents*, London, Hogarth Press, 1930.

式的安慰。人们期待未来能够得到补偿，他也就得到了安慰。例如，中世纪基督教通过承诺在彼岸世界满足并实现人们的期待，从而为此岸世界中的苦难生活提供某种安慰。基督徒放弃了他们的目标与利益（与现世相关），希望能在来生得到奖赏。基督教对安慰的强调，使得黑格尔称之为"安慰的宗教"（EL，§147Z）。有人可能会认为，那些通过补偿而找到安慰的基督徒真正接受了他们所处的情境，这会使得和解与安慰之间的区分不是那么清晰。但是，我们在这里指出的是，他们只是在非常特定且有限的意义上接受了他们的处境：他们认为现世的生活只是达到未来满足的一个阶段——这种满足存在于"彼岸"（Jenseits）之中。另一方面，和解包含了对现状本身的接受，而这并非因为现状只是达到其他某个东西的一个阶段。和解就是要在当下找到满足。（参见 PR，¶¶ 7，14）黑格尔说："哲学……不是安慰；它意味着更多的东西；它寻求和解。"（VG，78/67）

　　还有一种和解形式，它与安慰（甚或是顺从）非常相似。在某种环境中取得和解从根本上讲取决于放弃一些先前持有的期望。如果某人仅仅因为自己持有一些不合理的期望（例如，期望世界会亲切地回应他的每一种癖好），从而不能接受（事实上）真正好的情境，那么放弃这些期望将是和解的必要条件。这种形式的和解看起来像安慰，因为某人想要达成和解的情境与他最初的愿望是相反的。但是，安慰在根本上包含了如下意思，即要忍受不能满足那些人们依旧认为合理的期望（例如，甚至是在人们已经找到安慰之后）。另一方面，要想获得和解，就需要依赖于人们将自己从那些可以被恰当地认为是不合理的期望中解放出来。那些寻求和解的人认为，他们的期望没有得到满足，这是一种真正的损失，因此这就应该有某种替代或补偿。而那些已经获得和解的人逐渐认识到如下事实，即他们所具有的那些不合理的期望没有得到实现，这根本就不能构成一种真正的损失。然而，我们应当指出的是，这种形式的和解并不只是认识到某人原初期望的不合理性所产生的结果。这并不是某种形式的适应性偏好构型

89

(adaptive preference formation)，或者某种形式的适应性偏好变化（adaptive preference change）。① 相反，我们假定，某人力图达成和解的世界是真正善的。认识到某人最初期望的不合理性，可以在这种和解形式之中发挥某种作用，即它可能抓住某人所处情境的善，紧接着便会带来和解状态。

和解并不认为所有的东西都是美好的。黑格尔说过一句内涵丰富且颇给人启发意义的话，即和解就在于去认识"在当下的十字架中作为蔷薇的理性"（PR，¶14），这句话很好地表达了这一点。当下的十字架作为一种形象，是一种隐喻，它代表了人类生活不可分割的痛苦与邪恶、人类社会生活所具有的各种问题、异化。我们不能过于强调黑格尔的和解概念的重要性。正如我们所看到的，黑格尔认为，我们既有可能达成真正的和解，同时也有可能认识到现代社会世界的基本特征包含了离婚、贫穷与战争；具体的家庭、市民社会与国家都将不可避免地会表现出缺陷和不足。黑格尔告诉我们："国家并不是艺术品，它存在于世界之中，因此它也就会表现出任意性（*Willkür*）、偶然性（*Zufalls*）与错误（*Irrtums*）。"（PR，§258Z；VPRG，633）正如黑格尔所理解的，和解与以下这一点完全相容，即人们认识到社会世界所展现的那些特征确实存在问题。

当我们说黑格尔认为和解与以下事实相容，即人们认识到社会世界包含着许多问题，事实上这种说法是不完整的，因为，黑格尔认为，承认与接受这一事实是和解过程的必要组成部分。某人如果过于乐观，他就不能真正取得和解；相反，和解就是去接受包含着许多问题的世界的社会世界。黑格尔坚持认为，如果人们没有看到放置蔷薇的十字架，他也就不可能认识"在当下的十字架中作为蔷薇的理性"（他不能抓住现代社会世界的

90

---

① "适应性偏好构型"和"适应性偏好变化"这两个术语是由艾尔斯特创造的（Jon Elster，*Sour Grapes：Studies in the Subversion of Rationality*. Cambridge，Cambridge University Press，1983，p. 110）。

合理性）。尽管我们可以假定，在当下的十字架中发现作为蔷薇的理性有可能"对当下感到乐观"（PR，¶14），但是当下的十字架以及随之而来的痛苦依然存在。根据黑格尔的观点，这种乐观虽然内在于和解之中，但它必须同全面感受十字架所代表的痛苦相共存。因此，正如黑格尔所理解的，和解不可避免地会被那种忧郁的心境或情感投下阴影。[①]

　　然而，这种回应不能与顺从相混淆。黑格尔并不认为基本的情境是由当下的十字架来界定的（它完全是或者基本上是一种痛苦或异化的情境），这种环境将只会呼唤顺从。相反，黑格尔认为，我们有可能会发现在当下的十字架中作为蔷薇的理性（看到现代社会世界基本上是合理的），结果就是会使我们对当下感到乐观。他认为，由于这一点是有可能的，因此也同样有可能全面接受基本的情境：在这种情境中，我们可以在隐喻地意义上把当下看成是十字架，但是这个十字架包含理性的蔷薇。

　　有人可能会认为，忧郁的继续存在意味着黑格尔所讲的和解根本就不是和解。但是，这种看法只能表明他们犯了一个错误，即认为和解不应当包含任何否定性的东西，不能混杂着任何痛苦。然而，和解并不是要把否定性的东西变成令人愉快的东西。黑格尔所描述的和解只是和解的一种形式。只要我们坚持这样提出问题：和解真的是肯定性吗（意思是完全的、纯粹的肯定性）？或者和解本质上是否定性的吗？那么我们就根本没能理解和解的态度。尽管和解是一种肯定的态度——一种真正肯定的态度——但是这种肯定的态度也包含了一些否定性。

　　正因为黑格尔认识到了和解包含了一些否定性，这也在一定程度上使他的和解概念具有吸引力，因为它为如下问题提供了一种可能的答案，即何以能够一方面认为这个世界是完全可以接受的，另一方面却又明晰地看到这个世界的缺陷？黑格尔的回答是，只要带着一丝忧郁地完全接受这个

_____

[①]　Victor Gourevitch 提醒我注意黑格尔和解观念中所包含的这一面向的重要性。

世界，那么它们是可以结合在一起的。忧郁代表了一种方法，它可以将清楚地看到这个世界的缺陷同完全接受这个世界兼容起来。很明显，这里所讲的意思并不是说，人们可以首先接受这个世界，然后培养一种忧郁感，并以它作为一种方法来处理由世界的缺陷所带来的问题。相反，它的意思是说，忧郁感是人们接受世界时不可缺少的一部分：是人们认识到不完美、邪恶与痛苦时的一种反应。

当然，人们有可能会认为，忧郁感不能与完全接受这个世界结合起来，它们是不相容的。如果对这个世界的接受是完全的，那么这就没有为忧郁留下任何空间；如果还存在着任何忧郁感，那么这种接受也就是不完全的。但是这种看法是错误的。黑格尔心中所想的并不是让沮丧之情消退，相反，它与完全地投身于甚至是满怀激情地参与到社会生活的安排之中是相容的。它也与生活于当下而自得其乐是相容的。接受、乐观与忧郁可以在心灵中并存。和解的心理状态尽管非常复杂，但它们是内在一致的。

92   很明显，黑格尔的和解概念要求某种能够平衡各种要素的行为。当客观条件为和解态度提供了保证，那么这就会产生出一种趋向顺从（人们只专注于社会世界的那些否定性特征）或者积极肯定（人们只专注于社会世界的那些肯定性特征）的自然趋势。没有人认为将内在于和解之中的肯定性与否定性的成分综合起来是一件容易的事。我们说保持和解的态度非常困难，这是一回事，但是如果我们说保持和解的态度是不可能的，则完全是另一回事。我相信，黑格尔所做的一些思考完全可以支持如下理论，即原则上我们可以保持和解态度。和解是针对社会世界可能采取的一种态度。

黑格尔的理论很大程度上都在力图表明存在一个值得达成和解的世界，而且现代社会世界事实上正是这样的一个世界，但是，如果我们认为黑格尔的兴趣只在这个问题上，那是错误的。黑格尔为了提供对和解态度的解释，也对一些本身就具有哲学味道的东西做出了解释。

第三节　和解与冲突

正如人们通常所理解的，我们已经看到，和解就是克服冲突的过程。这样理解黑格尔的和解概念肯定是正确的。但是，明白以下这一点也是非常重要的，即黑格尔并没有把和解设想为一种"完全和谐"的状态，一种压根就没有冲突的环境。

即使做常识性的理解，我们首先也会发现，和解根本不必是完全和谐的状态。两个人达成和解的过程一定也包含了如下方面，这两个人逐渐认识到，他们之间的冲突其实是他们发展健康关系的一个组成部分，并随之把这种冲突看成是他们彼此关系的一个健康的组成部分。同样，黑格尔认为，冲突是与社会世界达成和解的一个重要组成部分。他认为，人们不可避免地与社会世界发生冲突，哪怕这个世界组织良好，哪怕它们已经达成了和解（PR，§§149，150R）。更明确地说，人们将会体会到一些冲突，即人们作为个体所具有的不同以及特殊利益与他们作为家庭成员、市民社会的成员和公民所承担的义务之间所存在的冲突。例如，总有一些时候，父母不想与小孩一起待在家里，工人不想去工作，公民不想去纳税。

这些冲突的出现并不是偶然的。黑格尔论证了，在一个秩序良好的现代社会世界里，人们都会拥有一些彼此不同的、特殊的利益，它们不可避免地会与他们的社会角色所承担的要求发生冲突（PR，§§189－208；VPRHO，488）。黑格尔还认为，人们所承担的各种义务之间还会发生冲突，例如，作为家庭成员所承担的义务会与作为市民社会成员所承担的义务发生冲突，有时候工作的要求与家庭的要求也会发生冲突。一个秩序良好的社会世界也是一个会产生冲突的世界。

根据黑格尔的观点，取得和解本质上包含着去接受——事实上要去主动拥抱——这些冲突。他的社会理论应该向我们表明，我们的个体利益与社会世界的要求之间不断出现的冲突，其实是我们的个体性必然产生的一个副产品。我们也应该明白，家庭、市民社会与国家各自提出的要求之间的冲突也是社会分化的必然的副产品，而这种社会分化对于人类精神的全面展开来说是必需的。人类需要一些独立的制度领域，他们可以在其中找到亲密无间的感觉，将他们的个体性现实化，同时又能享受政治共同体的生活。但是，冲突是社会分化的代价。因此，冲突与对立是黑格尔和解概念的组成部分。

然而，冲突与对立并不是决定性的。黑格尔认为，最关键的问题是，人们作为个体所具有的利益，与家庭、市民社会和国家所提出的要求之间并没有根本的冲突（PR，§§147，151）。黑格尔认为，统一性才是秩序良好的现代社会世界的基本特征。在这种世界里，人们从小就会培养起对作为家庭成员、市民社会成员与公民的角色的认同（PR，§§187，R；VPRHN，125）。他们将会被教导去接受那些内在于这些角色之中的规则，并把这些规则看成他们的自我概念的"真正的"组成部分，而且认为家庭、市民社会与国家的善也构成了他们个体之善的"真正的"组成部分（EG，§515；PR，§145Z；VPRHO，484）。同时，在一个秩序良好的社会世界里，家庭、市民社会与国家也会发挥如下功能，即增进和加强成员们的个体性，同时也使他们产生亲密无间的情感，为他们提供所需要的政治共同体（PR，§260；VA，1：36/1：98）。因此，对于这些来说，接受内在于制度之中的这些规则，同时将制度之善看成是自身之善的组成部分，是非常合理的。同时，在秩序良好的现代社会中，家庭、市民社会与国家彼此之间的要求不应当出现那种悲剧性的冲突（PR，§150R）：秩序良好的现代社会世界中的成员不会面对安提戈涅与克里翁之间那样的悲剧（参见 PhG，327－342/266－278）。而且，一个秩序良好的现代社会世界所具有的要求应当整合得相当好，并能够使它的成员们过上一种和谐的、没有分裂的生活。这种世界的成员可以免于一些非常痛苦的人格分裂和心理分裂，席勒曾把这种分裂看成是现代性的特征。[①] 如果他们确实体会到了这种分裂，那么对他们来说，有可能通过哲学反思的过程来克服它。

　　因此，黑格尔的和解概念在一种层次上保留了冲突，但在另一个层次上又要克服它。这两方面都很具有吸引力。保留冲突之所以具有吸引力，因为完全和谐的观念不仅是乌托邦式的，而且是危险的：乌托邦就是说它是不可实现的；危险就是说它完全是反个体性的。黑格尔希望能够接受冲突，这使得他的思想很有吸引力。我们不能像人们通常所做的那样，把他放到反对冲突的群体中去。[②] 事实上，例如，相比马克思来说，黑格尔是一个真正拥护冲突的人。[③] 不过，黑格尔对待冲突的态度并不是尼采式的，他并没有把冲突的存在本身看成是一件值得庆祝的事。重要的是，黑格尔论证了，冲突在最根本的层次上是可以克服的，因为正是在克服冲突的时候，黑格尔确保了他的和解概念的地位。而且，统一体中包含了对冲突的接受，这一观念虽然不是那么时髦，但是它事实上是很有吸引力的（VA，1：82/1：55）。寻求那种能够接受冲突的更高的统一体，最终有可能会是南柯一梦，但是我们不能说寻求这种形式的统一体完全是不理性的。现在，让我们转向黑格尔哲学意义上的和解概念。

95

---

① Friedrich Schiller, *On the Aesthetic Education of Man*. Translated and edited by Elizabeth M. Wilkinson and L. A. Willoughby, New York, Oxford University Press, 1967.

② 参阅 Martha C Nussbaum, *The Fragility of Goodness*, Cambridge, Cambridge University Press, 1986, pp. 51 — 84; Bernard Williams, "Conflicts of Values." *In Moral Luck*, Cambridge, Cambridge University Press, 1981, p. 72.

③ 马克思确实认为阶级冲突是人类历史的根本动力，并在此意义上肯定了冲突。但是，革命所带来的世界本质上是没有冲突的世界。我一直在强调的一点是，根据黑格尔的看法，世界历史所要达到的社会世界——现代社会世界——是一个包含了冲突的世界。

第四节　哲学意义上的和解概念

在黑格尔的专业术语意义上，"和解"既指一种过程（VA，1：81/1：55），也指一种状态。过程是指克服社会世界的异化的过程，状态是指最终能够达到在社会世界中就是在家中的结果（being at home in the social world）。例如，黑格尔说，和解"是使隔阂（*Entfremdung*）消失的过程"（VPRJ，5：107/3：172），他把精神和解的最后阶段描述为"在对象中与自身取得和解"（*in dem Gegenstand versöhnt bei sich selbst*）的状态（VPRJ，3：85/1：177）。那么，在社会世界中就是在家中（*Beisichsein*，*Zuhausesein*）是黑格尔理论的关键。① 正是在这一概念的基础上，和解概念与异化概念才得以建构起来。

将和解理解为在社会世界中就是在家中，很明显是对异化问题的一种解答。异化感可以被理解为与世界的分离感，与世界不相契合的感觉；它没有那种在社会世界中有如在家中之感。在这种情感之中包含了一种期望：期望在社会世界中就是在家中。在这种期望之中则又包含着另一种期望：期望社会世界成为家。我们可以说，和解的观念包含在所感受到的异化之感中。

我在这一部分的讨论分为两个方面：我首先要考察的是，在社会世界中就是在家中，这一观念到底是什么意思；然后，接着考察社会世界就是家，又是什么意思。

（一）在社会世界中就是家中

根据黑格尔的看法，人们——指现代人——生活在社会世界中就是完全生活在家中，当且仅当：

---

①　我将在本节接下来的第 2 点 C 部分里讨论黑格尔运用 *Beisichsein* 所指称的自由。

　　社会世界是家；

　　他们把握到了社会世界是家；

　　他们在社会世界中感到就像在家中；

　　他们接受并肯定这个社会世界。

　　在社会世界中就是在家中（因此也就是和解），不仅是客观的，也是主观的。它之所以不是完全主观的，是因为如果人们在社会世界中就是在家中，社会世界必须满足一个客观条件——即社会世界要成为家。① 相比仅持有某种态度或者持有某种哪怕具有正当理由的态度来说，在社会世界中就是在家中这一点所要求的东西要多得多。它是一种具体的、客观的结构性关系：人们所处的社会世界事实上就是家。但是，在社会世界中就是在家中也并不完全是客观的，因为人们要想达到那种在家的状态，还有许多主观条件必须满足［从条件（2）到条件（4）］。

　　让我们更详细地考察这些主观条件到底是什么意思。"把握到了社会世界是家"，意思是说，他们逐渐认识到或者真正相信社会世界是家。假设人们有可能在不同的层次上把握到这一事实，那么，普通人在日常意识的层次上把握这一事实，而知识分子则以更充分的哲学方式来把握这一事实（参见 PR，§147R），但他们都能达到在家之感（PR，¶¶ 7，14）。在社会世界中"感觉就像在家中"与社会世界的主要安排是紧密相关的。它包含了人们与社会世界"融为一体"的感觉，也包含了人们认为自己"本来就属于这里"的感觉。"接受社会世界"的意思就是说，接受社会世界的本来面貌，不否定社会世界所具有的主要安排，不以理想化的方式来安置自己的思想，也不紧盯社会世界的缺点。相比"接受"来说，"肯定"要强得多，也

96

————————————

　　① 这一点是值得强调的，因为有许多人认为，对于黑格尔来说，和解是纯粹主观的，马克思是持这种观点的人当中最有名的。人们在思考在社会世界中就是在家中这一观念时，通常会犯下一个基本错误，即把它混同为在社会世界中感觉像在家中这一观念；人们在思考和解时，通常会犯下一个基本错误，即把它混同为感觉与社会世界取得了和解这一观念。

更正面。如果"肯定社会世界"，那么我便同意它的主要安排。"肯定社会世界"就是对它以及它的组织方式进行肯定。"肯定"也包括了采纳与拥护社会世界的主要制度。

从这一点我们就可以看到，人们达到在社会世界中就是在家中的过程——因此是获得和解的主观过程——也就是主体感受到社会世界不断占据其心灵的过程（subjective appropriation）。① 把握现代社会世界是家，然后逐步有在家之感，最后接受与肯定这些安排，人们也就与现代社会世界逐渐取得了和解。

97　　　为了彻底理解黑格尔的在社会世界中就是在家中的概念，我们必须理解社会世界成为家到底是为了什么。但是，在我们转向这一问题之前，我想首先消除一些可能的误解。黑格尔对和解概念的哲学解释就是，在社会世界中就是在家中，既不是对日常概念的一个分析，也不是规定的一个建议。黑格尔认为，他的这种解释抓住了日常术语的"思辨性内容"。根据他的观点，日常概念 *Versöhnung* 本身就包含了可以对和解概念做出正确的哲学解释的根基。就像对有些具有丰富哲学内涵的日常语词中的哲学内容（如 *Wirklichkeit*）进行发展一样，对概念本身所暗含的哲学内容的发展，也就是对这一概念予以扩展，使其超出日常用法，以不同的方式使其转变，但是又不完全抛弃它的原初意义。这反映了黑格尔的一般观点，即"日常意识"（ordinary consciousness）对其所暗含的真理有一个基本合理但又不清晰的理解，哲学的任务就是要给这种理解赋予一种清晰的概念形式。由于黑格尔的解释是要抓住日常语词的思辨内容，那么它就不能理解为是对我们当前概念框架——这一术语的标准运用——的一种修正。它也不仅仅是某种规定。另外，由于他的解释应该抓住了日常语词的思辨内

---

① 在这一方面，黑格尔哲学意义上的和解概念类似于传统的基督教观念，根据这一观念，通过耶稣基督，人已经在客观上与上帝取得了和解，但是在主观上，要通过表达和解的个人行动来践行基督的所作所为。

容，它也不能被理解为描述分析（descriptive analysis）。因此，黑格尔对和解的解释把描述分析与概念修正之间这些大家都熟悉的差别搞得模糊不清。① 如果坚持把黑格尔的方法放进这两个范畴中的任何一个，只会引起混淆。

有人可能还尝试通过另一个大家所熟知两个哲学概念的区分——概念（concept）与观念（conception）——将黑格尔哲学意义上的和解概念与日常意义上的和解概念联系起来。② 对于二者之间的差别，我们可以做如下说明，例如，正义概念可以（大致地）被界定为分配社会合作的收益与负担的合适条款，而由于这些合适条款有不同的规定，也就出现了各种不同的正义观念。那些持有同种正义概念的人对于哪种正义观念才是合适的，可能存有不同意见。有人可能会赞成罗尔斯的正义观念，有人则持有自由至上主义的正义观念，还有人则持有功利主义的正义观念。同样，有人可能会认为，黑格尔采取的是日常的和解概念，但他提出了一种全新的和解观念，并力图以此来解释他所谈的和解与人们通常所讲的和解有什么不同。但是这种看法是不正确的。如果这种说法是合理的，那么黑格尔将和解理解为在社会世界中就是在家中这一点，应该早就已经从和解的日常概念中被清除出去了。更重要的是，黑格尔本人反对如下可能性，即在他的和解概念与和解观念之间能够做出任何有意义的区分。这也反映出，黑格尔通常反对在概念与各种具体的理论之间做出清晰的区分，也是他的激进整体主义的部分观点。事实上，正因为在很大程度上，黑格尔反对概念与理论

---

　① 参见 Peter Strawson, *Individuals, an Essay in Descriptive Metaphysics*, Reprint, London, University Paperbacks, Methuen, 1964, pp. 9—11.

　② 参见 John Rawls, *A Theory of Justice*, Cambridge, Mass, Harvard University Press, Belknap Press, 1971, p. 5.

之间的区分，他就并没有把和解概念扩展开来，并做出专门的解释。[①]

我的意思并不是要否认和解也许代表了作为同一抽象概念的不同观点的黑格尔观与日常观点，也不是说，运用概念与观念的区分对于思考黑格尔来说根本没有任何作用。哪怕没有别的好处，至少根据这一区分，我们还是有可能明确地提出，对于黑格尔来说，关于和解的哲学概念与哲学观念之间没有任何清晰或有意思的区别。我只是想说，坚持通过概念和观念的关系来解释黑格尔的哲学概念与日常的和解概念之间的关系将会引起混乱。

幸运的是，就我们的目的来说，我们根本没有必要以一种明晰的方式使黑格尔的和解概念与日常的和解概念之间产生关联。所以，我将不会为它们的关系提供某种具体的哲学规定，并将会绕开这一问题。相应地，对于黑格尔哲学意义上的和解概念与日常的和解概念之间的关系，我将保持某种不可知论的态度。我建议我们以如下方式来对待黑格尔哲学意义上的和解概念，我们可以认为它与日常的和解概念紧密关联，但却不同——不过，我们在这一问题上并没有持有某种哲学立场。

(二)社会世界就是家

黑格尔关于社会世界就是家这一观念包含了许多不同的意思。它包含了如下方面：如果社会世界没有"异化"于它的成员，它就是家；如果社会世界是善的，它就是家；如果它构成了一种自由的世界，它就是家。这些不同的意思在黑格尔对于和解的思考中都发挥了重要作用，并在不同的语境下所强调的重点不同。但是，这一观念还包含了另一种意思：当且仅当

---

①　我们有必要指出，那些赞同在概念与观念之间做出区分的人，并不一定就承诺这种区分是非常清晰的。然而，这一点的有趣之处就在于，如果人们这么来看的话，他们就是在黑格尔所设定的方向上行进的：概念理论的整体主义方向。只要我们认识到，人们可以灵活地谈论概念，即无须在概念与观念之间做出明晰区分的意义上来运用概念这一词，那么很明显，我们可以谈论黑格尔的和解"概念"，且不必违背他方法论的主要特征，因为我们在谈他的和解概念时，并不必然与他的和解观念或和解理论明确区分开。

社会世界有可能使人们既把自己实现为个体，又把自己实现为社会成员，它才是家。我要着重强调的就是这一方面。

我在这一部分的讨论分三个方面。社会世界有可能使人们既把自己实现为个体，又把自己实现为社会成员，到底是什么意思？第一部分阐述的就是这一问题。第二部分将考察这一观念与黑格尔关于社会世界就是家这一观念与其他部分之间的关系。第三部分讨论社会世界就是家这一观念的意义。

1. 个体与社会成员

我们在这里先要做出两个简短的、铺垫性的说明。第一，我已经说过，黑格尔认为，当且仅当社会世界有可能使人们把自己实现为个体和社会成员时，社会世界才会是家。更准确地说，黑格尔的这种观点是针对现代人说的，或者当现代社会世界满足这一条件时，它就是家。黑格尔并不相信，古代社会世界为了成为家，而需要实现个体性。我们将在第五章中看到，黑格尔认为，古代世界中的人都不是个体化的人（就个体这一语词的严格意义来说），所以他们也不需要那种能够实现个体性的社会世界。但是，黑格尔关于古代世界的一些看法对我们来说并不具有太大的重要性，我不会在这一问题上太费笔墨。我只要强调，本章主要着力处理的是现代人与现代社会世界的关系。第二，尽管对于黑格尔所讲的"个体性"与"社会成员身份"到底是什么意思，我最终会需要一种清楚的、系统的理解，但是我在这里并不想对这些术语进行界定；对于这一问题，我在讨论过程中只需要讲清楚我运用这些术语的方式就可以了。至于这些术语的更为具体的规定，我会在第五章予以提供。

现在让我们转向如下观念，即现代社会世界必须有可能使人们既把自己实现为个体，又把自己实现为社会成员。这一观念背后有一个更基本的直觉，即人们（现代人）既是个体又是社会成员，事实上，在"根本"意义上，他们是作为二者同时存在的。我们根据这一点，可以做出如下推论，即如果生活在现代社会世界中的人既不能把自己实现为个体，也不能把自己实现为社会成员，那么这个世界就是一个异化的世界。

例如，我们可以考虑一下柏拉图在《理想国》中所描述的社会世界。黑格尔认为，它为异化世界提供了一个范例：这个社会世界是异化的（或者说，至少它与现代人是异化的），因为它不允许个体性的实现。正如黑格尔所指出的，柏拉图力图把私有财产、家庭和职业的自由选择从国家中清理掉。黑格尔论证了，（柏拉图所要消除的）这些制度或者制度特征对个体性的实现来说是非常重要的（PR，§185R）。下面我们将阐释这么说的原因：

首先，黑格尔认为，私有财产无论在抽象层次上还是在具体层次上，对于个体性的现实化都是必不可少的。在抽象层次上，正是通过占有财产，人们才能实现让自己成为个体权利的拥有者（PR，§45；VGP，2：126/2：111）。人们为了实现自己成为权利的拥有者，他必须让其他人认识到他是权利的拥有者（PR，§71，R）。要让别人认识到他是权利的拥有者，最标准的方式就是让他们认识到，这些外在的物都是他的个人财产（例如，是他的意志的外在体现）（PR，§71，R）。在更为具体的层次上，拥有财产是追求与发展个人利益的必要条件（PR，§189）。人们为了实现他的个人利益，他必须具有经济资源来做到这一点。而且，个人利益的实现一般都包括了获得财产，它既可以是获得这些目的的手段（人们在追求自己的利益时所需要的不同商品），本身也可以成为具体的个人利益（人们需要这些商品本身）。

其次，黑格尔认为，如果人们能够把自己实现为个体，那么他们也应该能够结婚并组建家庭（VGP，2：126/2：112）。如果财产对于个体性的外在实现是必要的，那么婚姻和家庭对于个体性内在的、主观的方面的实现也是必要的。如果人们都需要有一个制度化的环境，正是在这种环境中，人们才能够实现浪漫之爱的理念，那么他们就必须结婚。黑格尔认

为，这一点正是他所讲的"每个主体按自己的方式去寻求满足的权利"和
"主体自由的权利"的重要组成部分。如果人们都需要有一个制度化的环
境，正是在这种环境中，人们作为个体的人而存在，同时又能找到爱与接
受（一种承认），那么他们就必须结婚（和组成家庭）。黑格尔认为，如果人
们要完全实现自己的个体性，这正是需要满足的一个条件。在黑格尔看
来，家庭提供了唯一的制度环境，正是在这种环境中，人们能够找到对其
个体性所具有的情感化一面的承认（PR，§158）。

最后，黑格尔论证了，社会地位（Stand）的自由选择是实现个体性的第
三个必要条件（VGP，2：123/2：109－110）。通过选择自己的社会地位
（例如，追求可以自由选择的职业），人们能够实现自己的个人利益，其中
包括消除私有财产、家庭与职业在内的自由选择。柏拉图的最终目的就是
要消除个体性的"萌芽"（PR，§185R），他这么做便勾画出了一幅异化世
界的蓝图：这个社会世界的安排根本不可能使人们能够实现自身的个
体性。

黑格尔认为，罗马帝国提供了关于异化世界的另一个（真实的）范例，
它之所以是异化的，是因为这种社会世界根本不可能使人们成为社会成员
（PhG，355－359/90－94；VPG，380－385/314－318）。它所消除的社会
成员身份的具体形式是政治共同体中的成员身份，即公民身份。① 罗马帝
国中的自由人既不是公民也不是奴隶。他们被认为是人，是法律权利的拥
有者，他们能够实现作为私人而存在的自己，因为他们可以追求自己的个
人利益。但是，他们不能把自己看成是政治共同体的一部分。他们在政府
中没有什么大的作用，他们也不能过一种"普遍的生活"——投身于政治共
同体的生活。从他们的立场来看，国家是一个异化了的权威，而不是他们

---

① 参见 John Petrov Plamenatz，*Man and Society*，*A Critical Examination of Some Important Social and Political Theories from Machiavelli to Marx*，vol. 2. London，Longman，1963，p. 162.

的社会存在的表达。因此，黑格尔把罗马帝国描述为一种“没有灵魂的共

102　同体”（*geistloses Gemeinwesen*）（PhG，355/290）。他认为，正是为了对罗
马帝国这种真实的、客观的异化做出回应，斯多葛主义、伊壁鸠鲁主义和
怀疑主义才得以发展起来。这三种学派均代表了对如下事实所做出的哲学
反应：人们在罗马世界中不能“找到自己”。

　　现在让我们回到黑格尔的现代社会世界就是家这一观念上来：当且仅
当现代社会世界能够使人们作为个体将自身现实化（实现他们的个体性），
又能使人们作为社会成员将自身现实化（实现他们的社会成员身份），现代
社会世界才是家。这一观念是异常丰富的，我们可以认为它包含了五个关
键组成部分。通过考察这些组成部分，我们就会对黑格尔关于现代社会世
界就是家这一观念有一个初步的理解。

　　第一，现代社会世界必须包含一种制度环境的框架，在这种环境中，
人们有可能实现他们的个体性与社会成员身份。根据这些维度来实现自
身，其中包含了实现那些内在于个体性与社会成员身份的能力（例如，有
能力追求个人利益，以及有能力参与家庭生活与政治生活）。它也包含了
要理解到某人他既是一个个体（他具有个人利益与个体权利），同时也是一
个社会成员（是家庭团体与政治共同体的一个成员）。当我们说社会世界必
须包含一些制度环境时，人们有可能在这些环境中实现自身的个体性与社
会成员身份，也就是说，我们必须避免阻碍他们以这种方式来实现自身
（例如，通过立法或非正式的社会制裁）。这同时也是说，社会世界为他们
提供了一种制度背景，人们在这种背景中能够做到这一点。柏拉图的国家
就缺乏那种能够实现人们的个体性的制度环境。尽管罗马帝国包含了一种
制度环境——家庭——在这种环境中，人们能够实现社会成员身份的一个
方面（家庭中的成员身份），但是它并没有包含那种实现政治共同体成员身
份（即公民）的制度环境。而且，黑格尔认为，罗马的家庭在很多方面也存
在缺陷。与现代社会世界中的婚姻不同，罗马世界中的婚姻并不是一种情

感上的结合，而仅仅只是一种契约（VPG，348/286）。罗马家庭的基本结构是一种支配体系：丈夫支配妻子，父亲支配儿子。因此，生活在罗马世界中的人不可能完全实现自身，成为家庭的成员；它不具备做到这一点的必要的制度结构。　　　　　103

　　第二点是对第一点的详细展开，为了使现代社会世界成为家，现代社会世界就必须按照如下方式进行组织，即人们通过参与现代社会世界中的社会制度，来实现他们的个体性与社会成员身份。这里的基本意思是说，　　　104如果人们只是通过参与一些边缘化的组织，例如贝拉（Robert Bellah）所讲的"生活方式飞地"（life-style enclaves）的那种组织，人们就不能够将自身现实化为个体与社会成员。[①] 所谓"生活方式飞地"，是指在更庞大的社会世界中由一群具有相同的私人生活方式的人所组成的聚居地，他们具有共同的外形、消费模式与休闲活动模式。黑格尔坚持认为，社会世界要成为家，人们就应当在社会世界的主流组织中实现他们的个体性与社会成员身份。

　　在黑格尔看来，它更具体的意思是说，人们必须在家庭、市民社会与国家中实现自身的个体性与社会成员身份。黑格尔之所以这么说，有两个理由。第一个理由与他如何理解人们应当在社会世界中实现自己的个体性与社会成员身份这一点相关。正如他所理解的，参与社会世界也就是要参与它的主要制度。黑格尔认为，第二个理由是，如果不参与主要社会制度，我们也就根本不能提供完全实现个体性与社会成员身份的环境。他认为，人们为了完全实现自己的个体性与社会成员身份，就必须能够自由地使用主要社会制度所提供的全部结构。

　　第三点是说，为了使社会世界成为家，社会世界就必须按如下方式进

---

　　① 参见 Robert N. Bellah, Richard Madsen, William M. Sullivan, Ann Swidler, and Steven M. Tipton, *Habits of the Heart*: *Individualism and Commitment in American Life*, New York, Harper & Row, 1985, pp. 71—75.

行组织，即人们必须在事物的正常过程中实现自己的个体性与社会成员身份。个体性与社会成员身份的实现不需要那种不同寻常的天赋、才能或英雄式的努力。同样，某个人能够通过施展自己的卓越而在特定的社会世界里实现了自身的个体性，例如，黑格尔所认为的，苏格拉底在古希腊世界的做法，但是，仅凭这一事实，还不能表明这个社会世界有可能使所有人都实现自己的个体性。社会世界要成为家，生活在这个社会世界中的普通人都有可能通过正常的方式参与它的主要社会制度，最后实现了他们的个体性与社会成员身份。

第四点也是紧密相关的，它所表达的是，社会世界要成为家，它就必须促进个体性与社会成员身份的实现。这一观念的意思是，如果社会世界只是提供一些社会领域，在这些社会领域中，人们实现自身仅仅只是一种可能性是远远不够的。社会世界应该按照如下方式进行组织，即它能够激发人们或者能够实现他们的个体性，或者能够实现他们的社会成员身份。更具体地说，我们要对主要的社会制度进行组织，使得生活于其中的成员以实现自身的个体性与社会成员身份为目的，并因追求这些目的而获得奖赏。黑格尔认为，在一个秩序良好的市民社会中，人们将会以实现自身的个体性为目标，并因此而得到奖赏；正因为他们成功地实现了自己的个体性，他们通常不仅获得了财富，也获得了声望。黑格尔还认为，在一个秩序良好的社会世界中，人们也会被培养成为家庭与政治共同体的成员。一个秩序良好的家庭会由于其成员而实现其家庭成员身份，从而对他们进行奖赏，其方式就是给予他们爱、亲密无间与理解。一个秩序良好的国家也会由于其成员实现了政治共同体成员的身份，从而对他们进行奖赏，方式则是为他们提供某种形式的生活，在这种生活形式中，他们能够有意识地追求共同体的善，并以之为共同的一般目标，同时，也会因为具有政治共同体的成员身份而获得承认。

第五，要想现代社会世界成为家，我们就要对人们实现其个体性与社会成员身份这一点做出更详尽的阐述。这里暗含的一个直觉就是，社会世界并不仅仅只是割裂地让生活于其中的人们实现其个体性与社会成员身份。这也就是说，脱离他们的社会成员身份，人们尚不足以实现他们的个体性；脱离了他们的个体性，人们也尚不足以实现他们的社会成员身份。为了成为家，现代社会世界必须有可能通过人们的社会成员身份来实现他们的个体性，并通过他们的个体性来实现其社会成员身份。黑格尔认为，只有当社会世界的结构能够以一种根本的方式把个体性与社会成员身份"统一"起来，这个社会世界才会是家。人们有可能会把他们的社会成员身份看成是其个体性的一个"不可缺少的方面"，同样，也会把个体性看成是他们社会成员身份的一个"不可缺少的方面"。

我们可以称这种观念为席勒条件。席勒对现代社会世界有一个根本的担忧，那就是现代社会世界的结构会导致人的分裂。席勒在他的第六篇美学书信中将古希腊与现代世界进行了对比，他写道：

> （在希腊世界中）无论精神飞得有多高，它也总是紧密地拖着物质同行；无论希腊世界所造就的一些差异有多么清晰，但它并没有变得支离破碎。它确实把人性分成了各种不同的方式，并以一种夸张的方式将此折射在荣耀的万神庙的众神身上；但这并没有将其撕成碎片；相反，它按照不同的比例将其不同的方面结合起来，因为任何一个神都是人性总体不可或缺的一部分。这与我们现代人是多么不同啊！对我们来说，人的形象也以夸张的方式被折射成不同的个体——但是，他们是作为碎片而存在的，并非以不同的方式组合在一起，结果就是，这些分散的个体为了结合成一个完整的人的形象，它们就必须循环往复地从一个个体走向另一个个体。[1]

---

① Friedrich Schiller, *On the Aesthetic Education of Man*, Translated and edited by Elizabeth M. Wilkinson and L. A. Willoughby, New York, Oxford University Press, 1967, pp. 31—33.

　　席勒在这段话中所担忧的是，现代性的条件阻碍了人们完全实现他们的自然力量，这也就阻碍了人们将自身作为一个"整体"而实现出来。他接着说：

　　　　希腊国家具有如下特征，它的每一个个体都作为一个独立的存在附着在国家之上，但是只要有需要，他们又能变成一个统一的有机体，以现代的话来说，这就是一个真正的钟表发条装置，它并不是由数目众多却又毫无生命的部分组合在一起的，而是一种机械式的集体生命。国家与宗教、法律与习俗现在已经完全割裂了；劳动与快乐、手段与目的、付出与收获都发生了分离。人本来应该是整体之中连续不断的一个个小的部分，但现在却只变成了一个断裂的碎片；人的耳朵只能不断地听到由自己拨动的齿轮所发出的单调声音，他永远不会成为一种和谐体；人性本应成为他真正的本质，但他本身现在却只变成了他的职业或专业知识的印记。①

　　我们从席勒那里借用这一思想，表达的是关于个人统一性与和谐性的一般观念。黑格尔所担忧的具体分裂来源于个体性与社会成员身份之间的分裂。与席勒一样，黑格尔认为，为了使社会世界成为家，人们必须能将自身作为整体而实现。那么，他就把个体性与社会成员身份的统一性重新界定为整体性的主要条件。

　　社会世界必须有可能使人们能够通过社会成员身份来实现个体性，也能通过个体性来实现社会成员身份，我希望这一观念目前只是启发式的。然而，至于它最后具体是什么样子，还完全不清楚。我将在第五章具体澄清这一观念。不过，做出一些简短的评论有助于我们理解这一基本观念。

---

① Friedrich Schiller, *On the Aesthetic Education of Man*, Translated and edited by Elizabeth M. Wilkinson and L. A. Willoughby, New York, Oxford University Press, 1967, p. 35.

黑格尔认为，社会成员身份（可以理解为家庭、市民社会与国家中的成员身份）构成了现代个体性必不可少的组成部分。这些制度中的成员身份并不仅仅只是作为社会成员的人们所具有的一个方面；它也是他们作为个体所具有的一个方面。人们可以将那些脱离了存在于制度中的成员身份的人看成是"原子化的"个人，这是以一种抽象方式看待他们，因为人们忽视了他们个体性的一些不可缺少的特征。为了达到对现代人个体性的具体的（详细的且真实的）理解，人们必须认识到，他们在家庭、市民社会与国家中的成员身份构成了他们个体性中不可缺少的一部分。大致而言，这就是通过社会成员身份实现个体性这一观念背后所存在的社会成员身份观念。

黑格尔也认为，个体性构成了（现代）社会成员身份的一个不可缺少的部分。把个体性理解为追求个体利益与运用个体权利，个体性就成为了现代市民社会制度中成员身份的一个不可缺少的部分。正是通过追求个体利益与运用个体权利，人们才把自身实现为市民社会的成员。个体可以被理解为主体性（对自身的角色予以概括和认同的能力），它不仅是市民社会中的成员身份的一个不可缺少的方面，同时也是家庭和国家中的成员身份的一个不可缺少的方面。当我们说，某人完全将自身实现为家庭的成员、市民社会的成员与公民，这其中包含的部分意思是将这些角色整合进他的主体性中（即他的自我观念）——他所做的就是要把握到这些身份角色正是其个体性不可缺少的部分的理论（参见 VPRHO，496）。大致而言，这就是通过个体性实现社会成员身份这一观念背后所存在的个体性观念。

从我们上面所讲的内容可以清楚地看出，黑格尔的个体性与社会成员身份的观念非常强调如下观点，即家庭成员、市民社会成员与公民的角色为现代个体性与社会成员身份提供了内容。所以，我们也可以大胆地说，为了说明现代社会世界就是家的部分任务就是要说明这些具体的角色构成了个体性的不可缺少的部分，个体性本身同时也构成这些角色的不可缺少的部分。我们将在第五、第六章开始这些任务。

在结束这一部分之前，我要指出，当且仅当人们有可能实现自身的个体性与社会成员身份，社会世界才是家，黑格尔的这一观点在他理解为什么与他同时代的人需要和解这一问题上发挥了重要作用。黑格尔的观点是，他们认为社会世界对于他们的需要来说是异化的、敌视的或漠不关心的，原因就在于社会世界似乎不可能让他们达到这些目标，这也是他们被异化的原因。

在黑格尔时代，市民社会代表了一种全新的但又麻烦不断的社会形式，它与家庭和国家都不同（PR，§182Z；VPRHO，565）。它一方面似乎是混乱不堪的、不可理解的，另一方面，它又是原子化的、碎片式的（PR，§§184Z，238；VPRHO，570）。它似乎割裂了人与家庭和国家的联系，将他们转变成孤立的个体，这些个体缺乏心理的统一性与个人的和谐性。

在这一阶段，很大程度上正由于市民社会的出现，国家也呈现出了一种全新的但又存在问题的形式。它已经变成了一个庞大的官僚结构，这种结构对于个体的要求反应迟钝。它似乎变得异常庞大与复杂，以至于不允许任何有效的参与。就公民一词的真正意义来说，实在难以看出普通人能够成为公民；也实在看不出来，人们通过支持这种官僚结构何以能够实现他们的个体性。

另一方面，现代资产阶级家庭显得太过传统（PR，§164Z；VPRG，436），就像国家一样，它似乎并没有为个体性留下空间。总之，这就像步入婚姻就要求放弃个体性一样——例如，这一点在施莱格尔的《吕桑德》中得到了反映（参见 PR，§164Z；VPRG，436）。

这些发展所产生的最终结果就是，人们似乎在很大程度上不可能在现代社会世界中同时实现自己的个体性与社会成员身份。退一步说，哪怕它有可能使人们实现自己的个体性与社会成员身份，它也绝不可能以一种统一的方式来实现。市民社会与国家都不能加强社会成员身份。国家与家庭也不能增进个体性。市民社会的成员这一角色与公民之间似乎存在着一种根本的冲突。即使是在理想条件下，它们也是不相容的。

黑格尔论证了，这种表象（社会世界似乎不可能让人们同时实现他们的个体性与社会成员身份）是错误的。事实上，家庭、市民社会与国家形成了一个单一的、内在一致的知识体系，其中的任何一者都能同时增进个体性与社会成员身份（PR，§§157，260）。这一体系有可能使人们既实现自己的个体性，又实现自己的社会成员身份，并且以一种统一的方式来实现。正因为这一点，现代社会世界才是家。黑格尔现代社会世界学说的核心任务就是要很好地阐释这一点。

2. 社会世界就是家与其他部分的关系

我一直在强调如下观念，即只有当社会世界能够使人们同时实现个体性与社会成员身份时，社会世界才是家。但是，正如我已经指出的，黑格尔同时也以另一种方式思考社会世界是家到底是什么意思。黑格尔同时认为，如果社会世界并没有"异在于"（other）其成员，如果它是善的，如果它构成了一个自由的世界，那么它就是家。这自然会引起如下问题：以这些方式来思考社会世界是家与我们前面所提到的观念——即只有当社会世界能够使人们同时实现个体性与社会成员身份时，社会世界才是家——是如何发生关联的？我认为，思考社会世界是家的这些方式在很大程度上可以根据上述观念来进行理解，正是有了这一观念，黑格尔思考社会世界是家的这些方式才具有价值。

我们考察的第一种观念是，如果社会世界没有"异在于"它的成员，那么它就是家（参见 PhG，263－267/211－215；VA，1：136/1：98）。这一观念非常具有启发性，但又是极为抽象的。它也同下面这种直觉联系在一起，即异化就是与社会世界相"分离"的某种形式，而在世界中就是在家中就意味着异化没有与世界发生分离，和解则是克服这种分离的过程。与此相应，如果社会世界异在于（例如，相分离、不同于或者异化于）它的成员，他们就与社会世界发生分离，因此他们也就是异化了的。现在，很明显，这里的问题不是数字的同一性（numerical identity）问题。真正的问题是，社会世界的本质——以及它的内在理性结构——是否根本上异在于它的成员的本质。黑格尔认为，如果社会世界的本质并没有在根本上异在于它的成员的本质，那么社会世界就是家。

要想理解这一观念，我们可以借助于个体性与社会成员身份来进行解释，因为在黑格尔看来，现代人的本质可以通过个体性与社会成员的身份进行理解。因此，对社会世界的本质是否从根本上异在于其成员的本质这一问题的思考，完全取决于社会世界的本质与其成员的个体性和社会成员身份之间的关系。现在，根据黑格尔的看法，现代社会世界的本质取决于它的主要社会制度：家庭、市民社会与国家。那么，这就有一种很自然的方式来解释这一问题，即我们需要问，社会世界的这些主要社会制度是否有可能使其成员实现个体性与社会成员身份。如果主要社会制度确实能为此提供可能性，那么我们就不能认为它在根本上异在于它的成员。

第二种观念是，当且仅当社会世界是善的时候，它才是家。黑格尔认为现代社会世界是善的，这里的意思是指社会世界处于应然状态（PR，¶¶ 12—14；EL，§6）。这使我们重新回到黑格尔在对偶格言中所表达的基本规范观点上，并且我们在第二章已经予以考察。正如我们在那里所看到的，黑格尔认为，现代社会世界在两个方面是应然的：第一，现代社会世界之所以是应然的，因为它的本质或者它背后的理性结构是应然的。第二，现代社会世界之所以是应然的，因为它的本质能得到具体实现。因此，我们必须问的是，这两种观念是如何关联在一起的，一种观念是，社会世界是善的，因此它是家；另一种观念是，社会世界有可能使人们实现个体性与社会成员身份，因此它是家。

我们首先考察关于现代社会世界是应然的这一观念的第一个部分，即它的本质或者它的内在理性结构是应然的。我们知道，黑格尔认为现代社会世界的本质是应然的，这与它在世界历史中的地位是相关的，同时是因为它反映出对那个时代的人类精神的最充分理解。我们还知道，黑格尔认为它的本质绝对是应然的，是因为它反映出对人类精神的最终的、准确的理解。现在如果我们问对人类精神的这种理解是什么，黑格尔的回答是，正是那些既是个体又是社会成员的人。

　　黑格尔认为，希腊世界的本质反映了人类作为社会成员的理解（家庭与国家的成员），但它缺乏了把人类作为个体的理解（个体权利的承担者以及个体道德良知的主体）。在他看来，人类精神在其特定的发展阶段——在它逐步把握了"主体性的无限价值"之前（EL，§147Z）——可以达到在希腊世界中就是在家中。但是，只要当它把握了主体性的价值，它就不再是在家中。人类精神对于罗马世界也不会满意，虽然罗马世界允许实现人的个体性，但是它并没有提供政治共同体的善。尽管从希腊世界转变到罗马世界代表了某种进步，但它在另一方面又可以看成是一种倒退。在罗马帝国里，人们（自由人）可以在私人的意义上实现自身的个体性，从这一方面看，它代表了进步。但是，这些人不能把自身实现为政治共同体的成员，从这一方面看，它又代表了倒退。人类精神真正所需要的是一系列的社会结构，在这些社会结构中，人们既可以实现个体性，又可以实现社会成员身份（家庭和国家的成员）（PR，§§260，261，R）。黑格尔认为，这正是人类精神在现代社会世界中所发现的东西。

　　我们讲这么多，所要表达的是，社会世界有可能使人们实现个体性与社会成员身份，这一观念为现代社会世界的本质是一种应然状态的观念提供了内容。黑格尔认为，现代社会世界的本质是应然的，因为它有可能使人们实现个体性与社会成员身份。

　　现在，让我们来考察关于现代社会世界是应然的这一观念的第二个部分：现代社会世界的本质能够得到具体实现。当我们说，现代社会世界的本质反映了对作为个体与社会成员的人的一种理解，这也就是说，现代社会世界是围绕如下理念来进行组织的，即它有可能使人们实现个体性与社会成员身份。相应地，社会世界的本质能得到具体实现，也就相当于这一理念能够得到具体实现。黑格尔认为，这一理念能够在他那个时代"更先进的国家"中得到具体实现（PR，§258Z；VPRG，632；参见 VGP，2：36/2：25—26）。他认为，这些国家总体上符合他在《法哲学原理》中所描绘的结构——它对家庭、市民社会和国家的解释——正因为如此，它们一般都有可能使人们实现个体性与社会成员身份。

第三种观念是，只有当我们能够称社会世界是"自由的世界"时，它才是家（PR，§§4，142；VG，61—64/54—55，73/63）。对黑格尔来说，社会世界是自由的世界，首先，它的主要社会制度能够增进主体的自由。按照黑格尔的理解，主体自由（subjective Freiheit）包括了个体追求他们的私人利益的自由、实现他们自由选择自己的生活计划的自由（PR，§§185R，285R）、根据他们的个人良心采取行动的自由（PR，§§114，136—137；VG，64/55）、从他们的个人立场来评价自己的社会角色与制度的自由（PR，¶15，§132）。无论是根据自由意志（PR，§§15，16）或者纯粹根据自己的偏好所做的选择，还是深思熟虑的选择（PR，§20），它们都构成了主体自由的具体形式。当人们自由地评价他们的社会制度与社会角色时，主体自由也得到了具体表现。有意思的是，黑格尔认为，主体自由不仅要求没有政府干涉（柏林所讲的"消极自由"）①，同时还要求存在着各种不同的制度结构，例如市民社会（正是在市民社会中，人们才能追求他们的个人利益）、婚姻（在婚姻中，人们能够满足他们对爱、亲密与性的需要）和国家（在国家中，人们能够找到政治共同体）。

112

黑格尔认为，为了成为一个自由的世界，社会世界除了增进主体自由

---

① Isaiah Berlin, *Four Essays on Liberty*, Oxford, Oxford University Press, 1969，p. 122.

外，还要做更多的事情。它还必须增进他所讲的"绝对自由"（*absolute Freiheit*）（PR，§§21—24）。由于黑格尔的绝对自由观念是非常抽象且不清晰的，我将避免卷入那些琐碎的讨论中去。但是，我们对黑格尔所讲的到底是什么意思还是应当有些了解。我们达到对黑格尔的主要观念提供一种大致的表达的目的就足够了。

根据黑格尔专业术语，绝对自由可以被理解为不为其他东西所限制（PR，§22）、或者不依赖于自身之外的任何东西的东西（PR，§23；EG，§382Z）。它只与自身相关（PR，§23；VG，55/48），是自足的（EG，§382）。当然，我们现在还不清楚，上面的这些条件到底是什么意思，但是有一点在一开始就是很明显的，即黑格尔的绝对自由的观念既具有否定性的一面，也具有肯定性的一面。考察这两个方面有助于我们理解黑格尔的绝对自由观念。

从否定性的方面来看，绝对自由不依赖于它之外的任何东西，或者为它们所限制和约束。这里的基本观念就是说，如果绝对自由必须面对"异在于"它的任何东西，那么它就是受限制的、受约束的，因此，它也就是不自由的（VA，1：134/1：97）。尽管黑格尔本人并没有明确地做出这一区分，但是，我们想说的是，黑格尔的主要观念是，如果绝对自由必须面对"根本异在于"（ultimately other）它的任何东西——这些东西根本（例如，这里的"根本"是指在经过哲学反思的意义上讲的）就不能看成是分享或表达了绝对自由的本质——那么它就是受限制的、受约束的，因此，它也就是不自由的。这里的关键问题并不是它是否必须面对"异在于"它的任何东西（那些当下就能呈现为与它不同的东西）（参见 EG，§386Z），而是它是否必须面对"根本异在于"它的任何东西。

在黑格尔看来，自由并不会被这种与它不同的东西所威胁。自由所面临的唯一真正的威胁在于那些根本异在于它的东西。这里存在一个根深蒂固的直觉，当自由处于必须面对根本异在于它的东西的环境时，这种环境也就构成一种限制、约束与制约，因此也可以看成是一种不自由的环境。那么，黑格尔关于自由的哲学观念其核心部分也有一个类似的看法，即自由就在于没有限制、约束与制约。如果我们把依赖性看成是某种形式的限制或制约，我们就可以有两种关于不自由的观念，即作为依赖性的不自由与作为限制的不自由，并且可以将前一种不自由的观念隶属于后一种不自由的观念之下，我们还可以认为，依赖性是一种不自由的形式，因为它是某种约束(参见 VG，55/48)。但是，如果我们把作为依赖性的不自由的观念看成黑格尔自由观念的一个独立的部分，可能更为自然，因为作为依赖性的不自由观念本身就代表了思考自由的一种基本方式。

黑格尔绝对自由观念的肯定性方面是由否定性方面自然派生出来的。与此相关的第一个思想是，只要自我受到任何根本异在于它的东西的限制、约束或制约，它就是不自由的，只有当自我只与自身发生关联时，它才是自由的(PR，§22；VG，55/48)。如果说，自我必须面对任何根本异在于它的东西，这就意味着限制、制约或约束，那么除非与自我发生关联的所有东西在某种意义上都可以看成是自我本身(例如，分享或表达了它的本质)，否则自我必须受到限制、制约或约束。第二个相关思想是，只要自我依赖于任何根本异在于它的东西，它就是不自由的，因此，如果自我要想自由，唯一的方式就是它只依赖于自身。除非自我是自给自足的(例如，自足的)，否则它就必然要依赖于与自身不同的东西，因此，它就是不自由的。

黑格尔的绝对自由观念根源于康德的自主性观念与斯宾诺莎的实体观念。如果自我依赖于不同于它自身的东西，那么它就是不自由的，这一观念是对康德如下看法的一种归纳，即如果自我受到某种法则的规约，而这种法则并不是立基于自我的本质(即理性)，那么自我就是他律的(例如，不是自律的)。如果自我是自足的，它就是自由的，这一观念主要借用了斯宾诺莎的实体观念，斯宾诺莎的实体是完全自足的。黑格尔认为，那种从"不依赖于任何其他东西"的意义上去理解的自由（是对自主性观念的抽象概括）要求存在某种本体论上的相关者（就像斯宾诺莎的实体观念）。在黑格尔看来，只有当自我能将自身实现为某种实体，它才会是自由的。我们有必要指出的是，这种自我，既是主体，又是实体（参见 PhG，22—23/9—10）。

黑格尔对自由观念的简洁表达就是"自在性"（*Beisichsein*，*Beisichselbstsein*），也就是"自我的独立存在性"（being with onself）（PR，§23）。这种作为"自我的独立存在性"的自由观念概括了黑格尔的如下观点，即自由就是无须面对那些与它根本异在的东西。自我的独立存在即只与自身发生关联，其反面就是与那些同它根本异在的东西同在。

自在性的观念还包含了统一性与一致性的意思，因为正如伍德所指出的，德语前置词 *bei* 的基本意思是指空间上比较接近，能发生联系，或者彼此包含。① 当我们说，自我是 *bei sich*，它也就是自由的，这其中的一个原因就是，它是统一的、内在一致的。如果自我缺乏心理的与个人的统一性与一致性，它所包含的不同层面与不同部分外在于、异化于或不同于它自身，那么它就是不自由的。因此，除非自我具备很好的内在统一性，否则它就不是自由的。

黑格尔对 *Beisichsein* 这一词的运用，就是把它作为 *Beisichselbstsein in einam Anderem* 这一短语的缩写，也就是"在他者之中达到自我的独立存在性"（being with oneself in an other）（参见 EL，§§158，Z，159R）。这一较长的表达概括了黑格尔的如下理论，即自我要想真正达到自我的独立存在性，唯一的方式（亦即自我变得真正自由的唯一方式）就是同那些与其自身不同的东西发生关联。自我的独立存在性预设了与他者发生关联，这一观念又来源于以下观念，即为了达到真正的自我独立存在性，自我必须发展它的潜能，在外在世界中实现自身。如果自我不能实现自身，那么

---

① Allen W. Wood，*Hegel's Ethical Thought*，Cambridge，Cambridge University Press，1990，p. 45.

它就会依赖于那些外在于它的东西，因此是不自由的。但是，在外在世界中实现自身也就必须要与那些与它不同的东西发生关联。人们实现自身的世界是某种外在的世界。因此，人们要能获得自由，唯一的方式就是与那些不同于它的东西发生关联，在这一过程中达到自我的独立存在性。最典型的方式就是在他者之中"发现自身"。然而，人们在他者之中"发现自我"，最典型方式就是逐步把他者看成是对自身本质的一种表达，或者分享自身的本质。

我们现在必须思考一下，当黑格尔说，社会世界为了成为一个自由的世界，必须增进绝对自由，这到底是什么意思。我们要说的第一点是，黑格尔并不认为社会世界必须完全实现绝对自由的所有条件。绝对自由的某些方面可以通过某种可能的社会安排体系得以实现，社会世界能够增进这些方面就足够了。黑格尔认为，当且仅当社会世界有可能使人们实现自身的个体性与社会成员身份，它才能实现这些方面。我们说某个社会世界是自由的世界，也就是说它有可能使人们实现个体性与社会成员身份。

让我们思考一下，如何将实现个体性与社会成员身份看成是绝对自由的某些方面。我们首先可以观察到，除非社会世界有可能使人们实现个体性与社会成员身份，否则社会世界的安排就会在一些很关键的方面对人们形成限制、约束和制约。如果社会世界不可能使人们实现自身的个体性，那么他们也就没有实现其本质的一个重要层面：个体性。如果社会世界不可能使人们实现自身的社会成员身份，那么他们也就没有实现其本质的另一个重要层面：社会成员身份。

除非社会世界有可能使人们通过他们的个体性来实现其社会成员身份，以及通过他们的社会成员身份来实现其个体性，否则人们就会缺乏自由（可理解为自在性的自由）所要求的内在一致性与统一性。他们不能将个体性看成社会成员身份的一部分。他们也不能将社会成员身份看成是个体性的一部分。他们对"社会成员身份的认同"最终会与"个体性的认同"发生彻底分离。他们不能对自身形成一个统一的观念，即他们既能追求自己的个人利益，又是家庭的成员，也是国家的公民。总之，他们将发生分裂。

另一方面，如果社会世界确实有可能使人们实现个体性与社会成员身份，那么，无论是作为个体还是社会成员，他们都不会受到社会世界的限制或约束。可以肯定的是，他们在执行具体的个人计划时会有所阻碍（例如，如果这些计划本身就包含了对他人权利的侵犯）。不过，他们依然还能够实现自身的个体性——即追求他们的个人利益，培育与发展他们的生活计划。他们也能够把自己实现为社会成员——即通过参与家庭生活与政治生活而获得满足。

值得指出的是，黑格尔用来表达自由观念的词与他用来表达和解观念的词是一样的，都是自在性（*Beisichsein*）。黑格尔用自在性来表达自由与和解的意思，这说明了他的如下观点，即自由与和解本质上是一样的。他认为，只要这是一个自由的世界，人们在社会世界中就是在家中，而且，他们要想成为自由的，切实的路径也就是要逐步达到在家中。和解是一个自由解放的过程。如果我们问，对于黑格尔来说，社会世界成为自由的世界到底是什么意思，那么他的答案可能是，它使得人们有可能实现自己的个体性与社会成员身份。社会世界有可能实现个体性与社会成员身份，这一观念能够给出真正的内容，并且能够解释黑格尔把社会世界看成是自由的世界这一观念所具有的意义。

3. 讨论社会世界就是家的意义

当且仅当现代社会世界有可能使人们实现自己的个体性与社会成员身份时，它才会是家。另外，现代社会世界成为家这一观念还包含着许多不同的组成部分，我们已经考察了这两者之间的关系，我们现在要更进一步考察这一观念的意义。黑格尔认为，如果社会世界是家，如果它有可能把人们实现为个体与社会成员，它将是值得接受与肯定的。现在让我们看看为什么这么说。

116

　　如果说现代社会世界是家，那将会是值得接受与肯定的，首先，是因为现代社会世界将会满足（现代）人必须实现自身的个体性与社会成员身份这一基本需要。其次，现代社会世界是家之所以是值得接受与肯定的，是因为它并没有在"根本上异在于"它的成员。人们无论是作为个体还是社会成员，都没有与社会世界发生分裂，相反，在社会世界的主要社会安排中，人们都能够发现自己既是个体又是社会成员。再次，由于社会世界在"应当如此"的意义上是善的，因此这种接受与肯定就能有所保证。它的本质将反映出对人类精神的正确理解：即人既是个体又是社会成员的观念。最后，由于社会世界是自由的世界，因此接受与肯定就是合适的。人们将既能享受个体的自由，也能享受到作为社会成员的自由。

　　对社会世界就是家的意思所做的这种解释已经表明了，社会世界成为家事实上是一件非常好的事情。但是，如果说理解社会世界就是家的价值对我们非常重要，那么认识到以下这点也是非常关键的，即这并不意味着一切都是美好的。例如，即使社会世界是家，也不能保证人们就是幸福的。① 黑格尔承认不幸福的存在，这正好最清楚地表现出他头脑清醒的特点。

　　然而，我将指出，这也正是黑格尔的这一观念具有吸引力的一个地方——当然，这并不是因为不幸福是值得提倡的，相反，这是因为，黑格尔的观念允许不幸福的存在，这正好表明它是真实的。但是，有人可能会

117

---

　　① 一般而言，黑格尔和康德一样，也把幸福（*Glückseligkeit*）看成是欲望满足的最大化。因此，他的幸福观念是主观的，因为它认为某个人的幸福内容是由此人的欲望所决定的（而由非个体特殊的天赋与能力或者人之为人的功能所决定）；幸福的内容在不同的个体那里也是不同的。然而，黑格尔并不持有那种极端主观主义的观点，即把幸福等同于某种纯粹主观的状态，如快乐或愉悦的情感。在黑格尔的社会世界就是家的观念中，幸福处于一个什么样的地位，我在提出这一问题时，所运用的就是黑格尔的主观幸福观念。关于主观幸福观念，请参见 Allen W. Wood, *Hegel's Ethical Thought*, Cambridge, Cambridge University Press, 1990，pp. 53—74. 关于主观幸福观念与客观幸福观念之间的区分，请参见 Richard Kraut, "Two Conceptions of Happiness." *Philosophical Review* 88，1979，pp. 167—197.

问：社会世界不能保证幸福，这一事实为什么就不能表明它不是家呢？为什么我们不能在这一观念中就预先确保幸福的存在呢？

我要说的第一点是，黑格尔关于社会世界就是家这一观念并没有将幸福排除掉。黑格尔认为，如果社会世界是家，它将会增进幸福。现代社会世界为了成为家，它必须包含某种社会领域——市民社会——在这一领域之中，人们能够有效地追求他们彼此不同的个人计划，满足他们的物质需要（PR，§§182－256）。一个秩序良好的黑格尔式的社会世界也将会包含某种公共行政系统，它的功能包含了提供福利与防止失业（PR，§242，R）。国家一个核心任务就是要维护与支持市民社会领域，从而支持其中的公民追求幸福（PR，§§260，Z，261，287－288；VPRG，635；VPRHO，717－718）。而且，一个秩序良好的黑格尔式的社会世界将会围绕着家庭来进行组织，在家庭之中，人们能够发现爱、理解与支持——这些东西都是构成幸福的主要情感成分（PR，§§158，161，164）。因此，根据黑格尔的观点，幸福是秩序良好社会所追求的一个目标。

118

但是，我们说幸福是一个目标，这并不是说我们能够确保幸福的实现。即使社会世界是家，人们也会失业，朋友也会离开，疾病也会发生，孩子也会死亡。因此，人们有可能会问：一个社会世界不能保证幸福的事实为什么不能表明它不是家？

黑格尔有可能会做出如下回应：从根本上讲，幸福总是与个体是相关的。但是，幸福也总会受到运气的影响。人们是否幸福，一部分取决于他们自己——在主要社会制度所允许的自由范围内，人们作为个体如何能够很好地安排自己的生活；一部分完全是靠机遇——他们是否会遭受到一些偶然性或不幸的伤害。无论一个社会制度的体系组织得如何好，总会有一些偶然性或不幸是它所不能控制的。由于幸福在一定程度上依赖于社会制度体系所不能控制的因素，那么我们要求社会世界来保证它，是不合理的。① 根据黑格尔的术语，社会世界能够确保幸福，这种观念所代表的只是一种想象的理念，而不是理性的理念。由个人选择、偶然性或机遇所产生的不幸福——尽管它可能很糟糕——并没有反映出社会世界的某种缺陷。如果某人所遭受的不幸或者源于他的个人选择，或者源于偶然或不幸，那么他有理由对这些具体的东西感到不满，但并不是对他的社会世界不满。单纯的个人不幸并没有为人们憎恨或反对社会世界提供某种理由。

无论如何，我们说社会世界是家，并不是说它满足了我们每一个愿望。相反，它有可能使我们实现自身的个体性与社会成员身份。正如我们所看到的，在黑格尔看来，无论作为个体还是社会成员，只要我们没有与社会世界发生分裂，社会世界就是家。尽管某人事实上并不幸福，但他依然可以达到在社会世界中就是在家中。② 在社会世界中就是在家中，这是完全不同于幸福的观念。社会世界为了成为家，它不必确保幸福，但它必须确保人们有可能达到在社会世界中就是在家中。

有人可能会说：好吧！社会世界要能成为家，它不必确保幸福。但是，如果社会世界成为家不能确保我的幸福——或者从更普遍的意义上讲，它的成员们的幸福——那么，它到底又有什么可取之处呢？

它的可取之处在于它满足了两个重要的人类需要：人们实现自身的个

---

① 可能值得指出的是，黑格尔认为社会世界并不能保证幸福，但我们不能由此说黑格尔对幸福的理解是主观主义的。亚里士多德持有客观幸福观念（他把人的幸福看成是人的功能的实现），但是他也很清楚地认识到，幸福（eudaimonia）亦为一系列偶然性所困扰，如财富的损失、荣誉的损毁、朋友的失去。

② 当然，黑格尔认识到，有些人在社会世界中就是在家中，并且很幸福，有些人在社会世界中就是在家中，但是并不幸福，前者相比后者要好多了。他并不否认幸福是一种善或大善。但他想要坚持的是：某个人尽管是不幸福的，但他在社会世界中也能够是在家中；那些在社会世界中就是在家中的人，尽管会有不幸福，但他们拥有善——实际上是一种大善。我们可以说，黑格尔认为，由对社会世界的正确理解所产生的那种不幸福与和解是相容的。

体性与社会成员身份的需要；与社会世界发生关联的需要。当人们生活在社会世界中就像在家一样，那么他们就满足了这些需要，并且享受一种非常大的善。这一观点反映了黑格尔接受了亚里士多德的一个重要学说，即人就是政治动物（PR，§§4，75Z；VPRHO，266—267；Aristotle，EN，1097b 8—11；Pol.，1253a 8—12）。正因为人需要实现自身的个体性与社会成员身份，正因为人需要与社会世界发生关联，异化才是一种恶。① 我们可以按如下方式思考：幸福并不是人们唯一关心的东西，他们也关心在社会世界中就是在家中。在社会世界中就是在家中就其本身来说就代表了一种重要的人类善。

最后一点评论：黑格尔认为，自由是最大的善，自由与在社会世界中就是在家中，这二者是可以并存的。他认为，唯有当人们达到在社会世界中就是在家中，他们才是自由的。他认为，与幸福不同，自由是能够为社会世界所确保的。只要某个社会世界满足了人们达到在家中的条件，它也就确保了其成员的自由。对于那种成为家的世界来说，最大事情就在于它是一个自由的世界，而对于一个自由的世界来说，最大的事情就在于它是家。

第五节　异化

我们在上一部分对在社会世界中就是在家中做出了解释，这种解释为我们对异化（alienation）进行相对清楚的描述提供了基础：如果人们生活在

---

① 这一点需要澄清。黑格尔认为，从希腊城邦的解体一直到现代国家的出现，人为了完全发展自己的力量，获得对自我的彻底了解，需要经历一个长期的过程。他还认为，在现代世界里，在个体的正常发展过程中，异化通常发挥了作用。从这种视角来看，异化并不是一个坏事情，相反，甚至是一个好事情。在黑格尔的理论框架里，我们也有可能会说，人们所感受到的那种异化感是对客观的异化环境做出的唯一真实的反应。当社会世界是客观异化的时候，我们有一种异化感，这是非常合适且恰当的。

120　　社会世界中但并没有在家中，那么他们就是异化了的。我们可以区分三种
　　　形式的异化：客观的、主观的与完全的。

　　　　如果社会世界不是家，那么人们就是客观异化的。哪怕不谈客观
　　异化所产生的那种异化感，它本身就是一种恶，因为正如我们所见，黑
　　格尔认为，人们有一种根深蒂固的需要，那就是他们所生活的社会世界
　　必须是家。如果这种需要受挫，人们便会遭受一种恶，无论他们承认
　　与否。

　　　　法兰克福学派（霍克海默尔、阿多诺和哈贝马斯）的成员都相信，在
　　当代资本主义的环境下，人们都为"纯粹客观的异化"所苦，也就是那种
　　不伴随异化之感的客观异化。[①] 由于人们所生活的社会世界是资本主义
　　的，它就不是家；而且，由于意识形态的影响，他们也被这一事实蒙蔽
　　了双眼，所以他们看不到自己所遇到的真正障碍。在这种环境下，人们
　　不需要某种和解理论。他们需要的是某种意识形态理论，这种理论将提
　　供某种启蒙，这种启蒙对于开启转变这个世界的社会安排这一任务来说
　　是非常必要的。[②]

　　　　存在主义者（海德格尔、萨特、加缪）都认为，客观异化（或与之类似

---

　　　① 黑格尔本人可能并没有认识到纯粹客观异化的可能性。相反，他可能认为，客观异化通
常总是以某种方式在行动者身上表现出来，我将其称为"主观异化"。无论如何，纯粹客观异化的
观念在黑格尔的思维中根本没有起到任何作用。另一方面，纯粹客观异化很明显是黑格尔异化观
念的结构中代表了一种逻辑可能性。而且，法兰克福学派的成员们已经提供了有力的论证，来说
明纯粹客观异化（或者某种无论如何与之接近的东西）可以代表某种真正的可能性。他们提出了如
下可能性，即我们的社会世界并不只是一个感觉到有异化存在的世界，就此而言，它可能是一个
纯粹客观异化的世界。那么，我们可以说，纯粹客观异化的观念并不是一个严格意义上的黑格尔
术语，但它可以是黑格尔式的，因为它很明显可以放进黑格尔思想的逻辑结构中来。我们可以认
为，法兰克福学派已经看到了黑格尔为这一观念所提供的逻辑空间，并且已经发展了成为一种纯
粹客观异化的理论（Ideologiekritik），这一理论可以为纯粹客观异化观念提供内容，并使这一观念
与世界发生关联。我之所以能够观察到黑格尔可能并没有认识到纯粹客观异化的可能，这要感谢
Frederick Neuhouser。

　　　② 对意识形态概念与批判理论的精彩讨论，请参见 Raymond Geuss，*The Idea of a Critical
Theory：Habermas and the Frankfurt School*，New York，Cambridge University Press，1981.

的东西)都是人类状况的一部分。① 在他们看来，宇宙(特别是包括社会世界)不是我们的家，这是一个形而上学的(不变的、非经验的)事实。我们所要采取的"真正的"态度则是要在一定程度上紧抓、接受、甚至可能是肯定这一事实。对于存在主义者来说，人们的任务并不是通过把世界看成是家，从而克服异化感，相反，人们的任务是，能够清醒地认识到世界不是家这一事实，同时又有勇气生活在这样的世界里。

无论社会世界是否是家，人们都可能会是主观异化的。如果社会世界是家，那么当人们没有抓住这一事实时，他们就是主观异化的。如果社会世界不是家，那么当人们抓住这一事实时，他们就是主观异化的。在社会世界中就是在家中，还需要依赖于其他一些主观条件，如果人们不能满足其中的任何一个条件，他们也会是主观异化的。在一般情况下，这些条件都是相互伴随的：因为人们相信社会世界不是家，他们就感觉到了异化，并拒斥社会世界。

黑格尔认为，他那个时代的人遭受到"纯粹主观异化"之苦。当人们只是主观异化而非客观异化时，他们所体验到的就是纯粹主观异化。② 根据黑格尔的观点，纯粹主观异化是可能的，因为尽管社会世界是家乃是一个事实，但它可能看起来是异化的。他认为，要想达成和解，部分任务就是要抓住社会世界是家——并且接受它——尽管事实上它是主观异化的。③

---

① Martin Heidegger, *Being and Time*, Translated by J. Macquarrie and E. Robinson, New York, Harper & Row, 1962; Jean Paul Sartre, *Being and Nothingness*, Translated by Hazel E. Barnes, New York, Washington Square Press, 1966; Albert Camus, *The Myth of Sisyphus and Other Essays*, Translated by Justin O'Brien, New York, Vintage Books, 1955, 海德格尔是否可以放到存在主义的阵营中来，这是有争议的。请参见 Martin Heidegger, "Letter on Humanism." In *Basic Writings*, ed. D. F. Krell, New York, Harper & Row, 1977.

② 我们说人们所遭受的某种形式的主观异化是纯粹的，并不说他们所遭受的这种异化形式在世界的客观特征中找不到根基。我们可以假定，纯粹主观异化可以植根于现代社会世界的某些客观特征之中(例如，现代国家的规模与市民社会的复杂性)。相反，我们说人们所遭受的某种形式的主观异化是纯粹的，只是说，造成人们异化的这些特征根本就不能使主观世界成为客观异化。

③ 可以肯定的是，黑格尔认为，只要某人抓住了现代社会世界是家，他就不再是主观异化了。但是，他认为社会世界对于人们来说总会有主观异化的倾向这一点是真实的。

在他看来，纯粹主观异化是现代社会生活长期存在的一种特征。这也是黑格尔把和解理解为包含冲突与对立的另一个侧面。

纯粹主观异化概念可能是空洞的，黑格尔认识到了这种逻辑可能性。他非常清楚地认识到，他必须表明概念要有内容，尤其是概念要应用于他所处的历史情境中。事实上，这个任务就是要表明，尽管现代社会世界看起来是异化的，但它还是家。换言之，这就是《法哲学原理》的主要任务。①

如果人们不仅是主观异化的，也是客观异化的，那么他们就是完全异化的。黑格尔认为，古罗马与中世纪欧洲的人是完全异化的。马克思认为，他那个时代的人是完全异化的。

非常值得强调的是，黑格尔并不认为异化是一个纯粹主观的现象，但有些思想家认为黑格尔持有这种观点，最有名的当数马克思②。同样值得我们认真考察的是，黑格尔认为主观异化（包括纯粹主观异化）是一种真正的异化形式。这种考察会遏制以下那种很自然的反对意见，即和解方案不是要把人们从异化中解放出来，而是要表明人们根本就没有异化。在黑格尔看来，那些主观异化了的人，并不是他们仅仅认为自己异化了，或者仅仅感觉到了异化。他们确实是异化了的。如果你是主观异化的，你在社会世界中就不是

---

① 我并不认为黑格尔会持有如下看法，即纯粹主观异化是理想化的、现实的社会世界的一个突出特征。因为，他认为这种世界会包含一些制度，这些制度设计出来是为了加强理解与整合。因此，在理想化的社会世界中，市民社会包括一些法人团体，它们会使其成员理解自身在社会世界中的位置，认识到他们是市民社会的成员（而不是孤立的社会原子）（PR，§§250—256）。国家里面有等级会议，等级会议对政治问题的公开讨论会使公民深入了解政府的运作，也会把自己视为公民（PR，§§314，315）。这些制度有助于避免或克服纯粹主观异化，因此可以作为和解的机制而发生作用。但是，黑格尔很明确地认为，纯粹主观异化能够成为世界的一个显著特征，而且我们完全能够很好地将这个世界组织成为家。尽管他认识到他所处的社会世界不能以理想化的方式得以实现，但是他认为我们完全可以对其进行很好安排，使之成为家，哪怕主观异化事实上是这个世界的一个显著特征。

② Karl Marx, "Zur Kritik der Hegelschen Rechtsphilosophie: Einleitung." In *Marx Engels Werke*, vol. 1, Berlin: Dietz Verlag, 1956, pp. 384-385; Karl Marx, "Contribution to the Critique of Hegel's Philosophy of Right: Introduction." In *The Marx-Engels Reader*, 2d ed., ed. Robert C. Tuckera, New York: W. W. Norton, 1978, pp. 58-59.

在家中；正如我们所看到的，在社会世界中就是在家中包含了一种根本的主观维度，在世界中并不是在家中也就是说它将会是异化了的。①

第六节　批评、改革与革命

我将通过简短考察和解、批评、改革与革命的关系这一主题来结束本章。我们有必要指出，正如黑格尔所理解的，和解与一些激进的或革命的行动是不相容的。我们说能够取得和解，也就是相信不需要根本的社会变革；因为我们说社会世界是家，也就是说家庭、市民社会与国家的基本安排（例如，在《法哲学原理》中所描述的安排）是可以接受的。我们说能够取得和解，也就是相信家庭、市民社会和国家的本质或内在理性结构能在一定程度上得以实现。

然而，达成和解与参与批评是可以兼容的。和解并不认为，具体的家庭、市民社会和国家能够非常理想地实现它们的本质。某人能够认为自己可以取得和解，但他同时也可以认识到，具体的家庭、市民社会与国家在不同的程度上难以与它们的本质相一致。就此而言，它们就是值得批评与改革的。黑格尔本人就写了许多批评性的文章，如"德国宪法"（VD）、"符腾堡地产"（W）和"英国改革法案"（ER）。由于达成和解包含了如下信念，即主要的社会制度在整体上与它们的本质是一致的，因此那些达成和解的人可能会选择不让自己承担社会或政治改革的任务。但是，那些达成和解的人能够参与社会与政治改革。他们认识到社会世界的缺陷，这正好代表了对这种认识的一种真正回应。因此，人们或多或少会对社会世界采取一些行动，这与和解是相容的。尽管它不要求采取社会行动，但它允许采取社会行动。和解并不等于清静无为。

---

① 我非常感激 Shelly Kagan 提出了这一点。

第二部分

和解方案

第四章

剖析和解方案

在上一章中，我们已经考察了黑格尔方案的基本概念。在本章中，我们将考察这一方案的基本内容与结构。这也将会汇集前面的各章所讨论的一些内容。本章由五节构成。第一节具体说明方案的目标，谁获得了和解，他们又与什么取得和解。第二节解释为什么这一方案是必要的。第三节说明这一方案是如何展开的。第四节解释这一方案是何以可能的。在最后一节，我们将回过头来考察一下，何以能够认为这一方案包含一个自我转型的过程。

第一节　和解方案的目标、主体与客体

我首先考察黑格尔方案的目标，谁获得了和解，他们又与什么取得和解。

（一）和解方案的目标

当然，和解是方案的目标。黑格尔力图使他同时代的人与现代社会世界取得和解。他力图使他们能够克服异化，使在社会世界中就是在家中。

有人可能会质疑这一目标是否真的与众不同。毕竟，我们能够以不同

的方式来理解和解。如果以最一般化的方式来理解——目标就是要表明现
128 代制度是值得接受的——那么每一个现代政治哲学家（如霍布斯、洛克、
卢梭与康德）差不多都潜在地承诺了这种观点。那么，黑格尔的方案可能
看上去与现代政治哲学传统没有什么不同。[①] 但是，这种相似性不应使我
们苦恼。相反，黑格尔的方案可以以这种一般化的方式来看待，这正好表
明了它所关注的问题并没有脱离现代政治哲学的传统，反而与这一传统保
持一种基本的连续性。

即然而，认识到这种连续性并不会有损于黑格尔方案的独特性。他的方
案与众不同，首先，和解概念占据着非常重要的地位。黑格尔是明确宣称
和解是政治哲学的恰当目标的第一位现代哲学家。在黑格尔之前，没有人
把和解作为其政治思想中核心的、能把其他概念组织在一起的范畴。另
外，黑格尔通过对和解观念所做出的具体说明使其理论与前人有所区分。
正是黑格尔才把和解观念引入现代政治哲学传统，将其看成克服异化的过
程，也是达到在社会世界中就是在家中的过程。

即使有人承认这一观念的原创性，但依然有人对它的价值提出质疑。
乍看上去，我们说社会世界是"家"似乎只是一种毫无希望的隐喻，而且这
种说法可能最终也与传统没有什么关联。然而，在第三章中，我们已经看
到，黑格尔对社会世界就是家这一观念所做的具体说明——当且仅当社会
世界有可能使人们实现自己的个体性与社会成员身份，社会世界才是
家——为作为家的社会世界观念提供了真实内容。我们在这里需要强调的
是，黑格尔对这一观念所做的具体说明，把作为家的社会世界观念同现代
政治哲学主要关注的问题联系起来了。

129 社会世界为了成为家，必须使人们有可能实现自己的个体性，这一观
念很自然地与被罗尔斯认为是与洛克相关的那种传统相一致。这一传统

---

① 我很感激 Robert Pippin 提出了这一问题。

"能够给予贡斯当所讲的'古代人的自由'、平等的政治自由与公共生活的价值以更大的分量"。① 所以，社会世界为了成为家，它必须有可能使人们实现自身的个体性与社会成员身份，这一观念很自然地与罗尔斯所认为的、与卢梭相关的那种传统相一致。我们也可以认为，黑格尔在此的观点表达的恰恰是一种尝试，即把现代人的自由与古代人的自由进行调和，以此解决现代政治思想中的一个基本冲突。

（二）谁获得了和解

我们已经考察了谁要获得和解这一问题的一个答案：主要包括黑格尔的同时代人。但是，这一回答尚需更具体的说明。让我们回到我们已经在有些地方考察过了的，《法哲学原理》导言中的一段话中：

> 在当下的十字架中认识作为蔷薇的理性，因此对当下感到乐观——这种理性洞察正是与现实取得和解，哲学只会把这种和解给予如下这些人，他们在内心里就听到有一种声音在召唤，让他们在实体性王国（the realm of the substantial）中理解和保持他们的主体自由，同时他们不是要在特殊的、偶然的情境中坚持主体自由，而是在自在的领域里坚持主体自由，也是要为了主体自由而坚持主体自由。（PR，¶14）

黑格尔在这里明确处理了谁获得和解的问题，他认为，获得和解的人正是那些具有反思能力的个体。当他说"那些在内心里就听到有一种声音在召唤"的人时，很明显，他心中所想的正是一些有反思能力的个体。更

---

① 我这里参考了贡斯当以及罗尔斯对这两种传统之间的冲突的具体表达，罗尔斯比较了与"现代人的自由"相联系的传统以及与"古代人的自由"相联系的传统，并运用这种比较使他提出了作为公平的正义观念。罗尔斯认为，作为公平的正义所包含的一个目标很明显，就是要在"这两种相互冲突的传统做出裁决"（John Rawls，*"Justice as Fairness：Political Not Metaphysical."* Philosophy and Public Affairs 14，no. 3，pp. 223－251，227）。当然，罗尔斯专注于把这两种相互冲突的传统调和起来，这并没有指出罗尔斯的兴趣与黑格尔的兴趣有关联性的地方。

具体地说，黑格尔认为，那些把自己看成个体的人（因此他们关注的是"在实体性王国［如社会世界］中保持主体自由"），他们与社会安排处于一种明确的反思关系之中（他们从社会世界中往回撤，看看他们在社会世界中能否就是在家中），并力图从哲学上把握（*begreifen*）他们所处的社会世界。因此，黑格尔对谁将获得和解这一问题的解答可以得到更具体、更明确的说明：即具有哲学反思能力的个体。

130

　　"具有哲学反思能力的个体"这一说法过于笼统，人们不禁会疑惑，黑格尔心里想的到底是什么。黑格尔对这一说法并没有特别清楚的说明，但是我们可以设想，黑格尔可能会认为，具有哲学反思能力的个体多半会属于欧洲男性资产阶级。之所以这么讲，原因非常直接。黑格尔假定了（现代）具有哲学反思能力的个体是特定社会世界的产物，即这种社会世界的特征就是现代家庭、市民社会与国家。他认为，这些制度能够在当时的欧洲国家（如英国、法国与普鲁士）中真正得以实现，而不是在 19 世纪的中国与印度（参见 VG，176/144－145）。黑格尔认为，具有哲学反思能力的个体一般都是男人，因为黑格尔与他同时代的人一样持有一种极为贫乏的观点，即一般来讲，女人不仅在心理上而且在智力上都不足以进行哲学反思（PR，§ 166Z；VPRG，441；VPRHO，527）。最后，他相信，具有哲学反思能力的个体都是典型的资产阶级，因为在黑格尔看来，他们大多数人必然都隶属于两个主要社会集团之中的一个。黑格尔称这些社会集团为等级（*Stände*），它们的生活形式能够促进反思，它们分别是"贸易与工业的等级（estate of trade and industry）"和"普遍等级（universal estate）"（即公务员）。① 然而，我们所要强调的非常重要的一点是，黑格尔并没有明确地

―――――――――

　　① 尽管黑格尔确实认为"贸易与工业的等级"既包含无产阶级的成员也包含资产阶级的成员（正如他的"实体性的等级（substantial estate）"的观念既包含农民也包含地主一样），但是有一点是很清楚的，即黑格尔认为有反思能力的个体只来源于资产阶级。黑格尔关于主要社会等级的观念将在第六章进行讨论。

说，那些取得和解的人只属于欧洲男性资产阶级。他的理论允许所有人都可以获得和解，只要他（或她）具有哲学反思能力。那些不属于欧洲男性资产阶级的人却获得了和解，这在黑格尔看来必然是一种意外，但这种意外还是有可能的。

黑格尔的解释完全把和解的可能性限定在具有反思能力的个体（因此大多数是欧洲男性资产阶级）身上，现代读者可能会为此而困扰不已。为什么黑格尔并不为此而困扰呢？我们在考察和解方案的必要性时将会处理这一问题。在继续讨论下一个问题之前，我们指出如下这一点是非常重要的，黑格尔并没有把达到在社会世界中就是在家中的可能性也限定在具有反思能力的个体身上。[①] 他认为，社会世界为了成为家，必须有可能成为不同性别的成员与主要社会等级的成员（如农民与地主、工人与资本家，以及公务员）的家。相应地，他对现代社会世界的说明——《法哲学原理》——目的就是要表明，一般来讲，它对现代人来说就是家。因此，黑格尔论证了，工人们可以在家中，因为他们能够自发地追求个人需要，在市民社会中寻求社会整合（PR，§§189－208，250－256）；农民们也可以在家中，因为他们所过的那种乡村式的、家庭式的生活建立在"家庭关系与信任"之上（PR，§203）；妇女也可以在家中，因为她们可以在家庭之中找到"真正的使命"（*Bestimmung*）（PR，§166）。无论我们是否最终接受这种观点，我们都需要理解，黑格尔的解释就是要表明现代社会世界对于妇女和农民来说都是家。至少从这一方面来看，他的方案非常具有涵盖性。但是，现在让我们转向下一个问题：具有哲学反思能力的个体要与什么达成和解？和解的对象是什么？

（三）与什么取得了和解

正如我们所知，黑格尔对这一问题的答案就是现代社会世界。让我们

---

① 尽管和解被界定为达到在社会世界中就是在家中的过程，但是某个个体无需得以和解也可以在家中。只有当某人异化了的时候，和解才是在社会世界中就是在家中的一个前提条件。

更详尽地考察这一观念。黑格尔把"现代社会世界"界定为某种社会形式，它围绕着现代家庭、市民社会与现代国家进行组织。泛泛地讲，这一表达指的就是（19 世纪的）现代欧洲的社会世界，或者更令人反感的是，它指的就是黑格尔所讲的日耳曼世界（*die germanische Welt*；VG，254/206）。因此，现代社会世界是被一系列不同的民族国家（例如，法国、英国、普鲁士）所实现的。黑格尔认为，这些不同的民族国家可以看成是构成了一个世界的内容——现代社会世界——因为他认为，它们构成了一个民族国家所组成的大家庭，背后都共有一个理性结构，这种结构在《法哲学原理》中有所表达。

相比把取得和解的人限定在欧洲男性资产阶级范围内来说，黑格尔并没有过多地把现代社会世界规定为现代欧洲的社会世界。尽管他认为现代欧洲是现代社会世界的所在地，但他认为，现代社会世界的结构——家庭、市民社会与国家——本身就是普遍性的，这至少可以表现在两个方面：它们正确地表达了人类精神的自我理解，而且至少在原则上是可以在欧洲之外的世界中得以实现的。黑格尔认为，作为能够实现现代形式的家庭、市民社会与国家的那些民族，都可以参与到现代社会世界中来。那么，对黑格尔来说，现代社会世界属于欧洲只是具体的历史问题，而非在定义上只能属于欧洲。

不过，黑格尔的观点至少在一个方面可能会被看成是欧洲中心论的。正如我们在第二章中所看到的，黑格尔持有一种颇具争论的观点，即在 19世纪的欧洲得以实现的家庭、市民社会与国家的形式与对人类精神的最终的、正确的理解是相一致的，因而具有某种绝对的地位。但是我们有必要强调，黑格尔并不认为，仅仅因为现代家庭、市民社会与国家属于欧洲，它们就具有这种地位。恰恰是因为它们与对人类精神的正确理解相一致，所以才具有这种地位。换言之，黑格尔的观点并不是说，由于现代国家属于欧洲，所以现代国家才是独特的，而是说欧洲是现代国家的所在地，所以欧洲才是独特的。当然，黑格尔是否真的没有将区域性的欧洲价值暗中引入到对人类精神的理解中来，人们依然可以提出质疑。但是，为了表明这一点，人们必须确立他所强调的那些具体价值——如个体性与社会公民身份的实现（没有提及自由）——仅仅只是区域性的欧洲价值。然而，这些价值是否只是区域性的，这还完全不清楚。

我们还必须强调的是，黑格尔讲现代社会世界，意味着现代社会世界的"现实性"，或者说，只有当它是现实的，它才会是现代社会世界。我们已经在第二章中看到了这一点的具体意思。其基本观念就是，现代社会世界的现实性存在于现代家庭、市民社会与国家的本质之中，这些本质能够在现存的制度与团体中得以实现；因此，只要现存的制度与团体能够实现现代家庭、市民社会与国家的本质，它们就是现实的。

因此，对于黑格尔来说，和解的对象不是我的家庭或者其他类似的东西（如我的市民社会或国家），而是现代社会世界——即能够在众多特定制度与团体中得到具体实现的一系列的普遍安排。然而，这并不说我不能与我的家庭（或我的市民社会或国家）达成和解，在黑格尔看来，这是完全可以的。黑格尔认为，只要我的家庭实现了家庭的本质（同样，我的市民社会实现了市民社会的本质、我的国家实现了国家的本质），我就能与我的家庭达成和解。在这里，我的家庭只是家庭的一种具体实现。

当然，我的家庭与其他任何家庭一样，在许多方面都不能实现家庭的本质。但是，与家庭达成和解在一定程度上可以接受如下事实，即家庭本质的具体表现——特别包括作为一个具体表现的我的家庭——不可避免地存在缺陷。黑格尔认为，只要人们认识到了这一点，他就能够较少地被自己的家庭所存在的缺陷所困扰。人们可以接受，自己的家庭就是家庭本质的一个（必然）不完满的实现。

我们需要去领会的关键的一点是，正如黑格尔所理解的，和解首先并不是讲人与具体的制度之间的关系，而是人与现代社会世界之间的关系。

事实上，在达成和解的过程当中关键的一步就是，在抓住人们与具体的社会制度与团体的关系之前，先要抓住人们与现代社会世界的关系。

第二节　和解方案的必要性

让我们考察一下为什么黑格尔的方案是必要的。方案所要处理的具体问题是纯粹主观异化，这一点我们在第三章也有所涉及。黑格尔认为，在现代社会世界中，反思的个体体验到了一种"纯粹主观的异化"。他们之所以是主观异化的，是因为他们感觉到与社会世界的安排有所疏远，他们认为这些安排都是异化的、含有敌意的。但是他们的主观异化还是纯粹的（没有伴随着客观异化），这是因为与表象相反，他们所生活的世界事实上是家。

因此，黑格尔对异化问题的理解与马克思极为不同。他们都把异化看成各自所理解的社会世界中的核心问题。但是与黑格尔相反，马克思认为这一问题是客观的。马克思认为，他的社会世界并不是家，因为它的生产方式是资本主义的。相应地，他也认为，他同时代的人所体会到的异化形式是"彻底的"（既是主观的也是客观的）。他的观点是，人们的主观异化折射出了他们真正的、客观的异化。

他们二者之间有一个不太明显的差异：马克思相信，与他同时代的大多数人都感受到了异化之苦。但黑格尔并不是这样。黑格尔很清楚地认为，现代社会世界中的大部分人都接受基本的社会安排，并对此感到心满意足。例如，黑格尔就写道："那些生活在具有现实性的国家之中的人，他们能够在其中满足自身的知识与意志""事实上许多人都是在思考它或认识它，从更基本的意义上说，这应是包括了所有人"（PR，¶7）。事实上，黑格尔似乎认为，现代社会世界的大多数人都能在社会安排中达到在家的状态。

　　这一点之所以值得强调，是因为有人总是想把马克思关于主观异化涵盖范围的看法加到黑格尔身上，并假定黑格尔认为主观异化的环境是普遍性的——他那个时代的所有人或绝大多数人都是主观异化了的。黑格尔并没有解释他为什么没有为以下事实所困扰，即他的解释只把和解限定于那些具有哲学反思能力的个体身上。他的一般观点则是，他们才是唯一需要和解的人。[①]

　　只要我们认识到了这一点，我们就能够很自然地回答，为什么他认为主观异化这么重要。为什么这只不过是有特权的精英阶层的心理问题？首先，我们有必要强调，黑格尔认为主观异化（包括纯粹主观异化）是一种真正的异化形式。根据他的观点，那些主观异化了的人并不只是认为他们是异化了的，或者只是感觉到异化。他们确实是被异化了的。那些主观异化了的人所生活的社会世界并不是家，因为正如我们在第三章所看到的，在社会世界中就是在家中这一观念包含了一种根本的主观维度，在社会世界中并非在家中，这也就是被异化了的。和解方案所处理的问题不只是心理问题。它力图使那些从反思的个体中解放出来的异化形式是真实的。

　　但是，即使我们同意这一点，问题依然存在，如果主观异化只是少数人的问题，它为什么这么重要？

135

　　黑格尔可能会回应说，主观异化并不只是少数人的问题。他就会通过考察现代社会世界自身可以变成反思性的这一命题开始。它的制度与宗教传统可以促进并激励主体进行反思。苏格拉底的反思表达更多的是个体性质，从而使他与他所处的社会世界产生不和（参见 PR，§138Z；VPRHO，436），现代个体的反思表达的是对他们的制度与文化所做的一般反思，这

---

　　① 我们将在第七章中看到，黑格尔关于贫穷的现代环境的看法为这种观点施加了极大的压力，因为它认为在现代社会世界中不可避免地存在着一群人（黑格尔称他们为"群氓"），他们将体会到主观（和客观）异化。这一点也将在结论部分进行处理。但是，我们目前暂时不考虑这一问题，只着重于黑格尔理解的方案所具有的一些基本特征。

种反思将他们与社会世界的基本趋势联系在一起。即使他们要求社会世界
有可能使人们实现个体性与社会成员身份——正是这一要求导致了他们的
异化——但是，这种要求表达了一种抱负，这种抱负内在于现代社会世界结
构之中。黑格尔认为，反思的个体是现代文化进行自我理解的载体。他认为，
正是通过他们，现代文化才意识到了它自身的要求与抱负。也正是通过他们，
现代文化才认识到有必要表达如下事实，即它的安排构成了家。

　　黑格尔认为，他那些具有反思能力的同时代的人，没有能够理解现代
社会世界，这也就反映了现代文化没有能够理解自身，因为黑格尔把他们
看成是现代文化主体性的所在地。他们在主观上与主要社会安排发生分
离，这一事实恰好表明现代文化自身已经发生了主观分裂。黑格尔认为这
种主观分裂具有极大的重要性。他将其与如下这一命题联系起来，即人类
精神在现代社会世界中并不是在家中。

　　那么，为什么黑格尔认为具有反思能力的个体的主观和解这么重要，
有两个主要原因：第一，黑格尔把它们看成载体，正是通过它们，现代文
化才能克服它的内在主观分裂；第二，黑格尔把它们看成载体，正是通过
它们，人类精神才能理解在现代社会世界中就是在家中。因此，如果认为
黑格尔的方案只是指向有关具有反思能力的个体的问题，可能是错误的。
在更深的层次上，它处理的是现代文化内一个基本的问题——人类精神的
问题——它表现在具有反思能力的个体的体验之中。

第三节　和解方案如何展开

　　下一个问题是：这个方案是如何展开的？它如何将具有哲学反思能力
的个体与现代社会世界进行和解？简短的答案就是：通过理论。这一方案
打算让具有哲学反思能力的个体与社会世界进行和解，所采用的方式就是
为他们提供一种哲学解释，并表明他们——一般是现代人——在现代社会

世界中就是在家中。黑格尔认为，有人为了把握现代社会世界是家，就需要哲学这一工具。只有通过哲学的帮助，人们才能明白：首先，只要现代社会世界有可能使人们实现自身的个体性与社会成员身份，它就是家；其次，现代社会世界事实上满足了这一条件。黑格尔同时也认为，如果没有具体的哲学解释，对于那些"有一种内在的声音召唤他们进行理解的人"（PR，¶14）来说，也就没有什么东西能够令他们满足，这些人也正是该理论所打算针对的具有哲学反思能力的个体。

通过提供某种哲学解释来展开和解方案，正好解释了如下问题，即黑格尔为什么认为某人为了达成和解，就必须具有哲学反思能力。除非某人满足了这一条件，否则他就无法理解针对社会世界就是家的相关解释。记住如下这一点对于我们来说是非常重要的，即黑格尔认为，只有那些"有一种内在声音在召唤他们进行理解的人"才需要这种解释。他认为，我们需要方案所提供的哲学解释，并且这种需要本身是有一些主观条件的，但这种主观条件与能够运用这种解释所需要的主观条件是一样的。

事实上，这两个条件是相同的，这对他的解释来说非常关键，因为这种（所谓的）同一性正好保证了那些需要和解的任何人都能够得到和解。但是，有可能值得指出的一点是，这两个条件是否同一的问题，还不甚清楚。有人似乎能够具有足够的反思能力，从而与现代社会世界发生异化，但他却又没有充足的哲学能力去运用哲学化的和解理论。作为哲学家，黑格尔第一个体会到，现代社会生活到处弥漫着一种反思的性质，但我们根本不清楚，黑格尔是否认识到了这种基本的反思性会使异化的主观条件变得更加大众化。① 黑格尔有时候似乎写道，人们必须接受哲学教育，或者

---

① "到处弥漫着的反思性"这一短语源于 Bernard Williams，他承认，对于现代生活的反思性质的认识来源于黑格尔。比较他关于现代生活反思性的讨论，请参见 Bernard Williams, *Ethics and the Limits of Philosophy*, Cambridge, Harvard University Press, 1985, pp. 2－4、163－164、199－200.

无论如何要展现一种"更好的意志"(*bessere Wille*)(PR，§138R)或一种
137 "高贵的品质"(*edlerer Natur*)(VG，173/143)，从而去体验主观异化。但
是，现实情况则是（在黑格尔时代这确实是真实的），普通人都足以能够体
验到主观异化。然而，具有讽刺意味的是，普通人之所以足以能够体验到
主观异化，其原因恰好能够在黑格尔所努力强调的如下特征中被找到：即
现代社会生活到处弥漫着的反思性质。

第四节　和解方案何以可能

我们在上面讲到，黑格尔的和解方案是通过理论而得到和解的，这自
然会引发出下面的问题，即这种方案是何以可能的。如果有反思能力的个
体所体验到的异化形式是真实的，那么它何以能够仅仅通过社会安排的转
型而得以克服呢？① 从表面上来看，异化能够通过理论而得以克服，这种
观念是非常不合理的。所以，黑格尔为异化这一现代困境所提供的解决方
案看起来也是非常奇怪的。但是事实上，我们已经看到了黑格尔如何回应
这种担忧。他可能会指出，有反思能力的个体所能体会到的异化的具体形
式是纯粹主观异化，是异化的真正形式。他会解释说，个体之所以会遭受
这种形式的异化，原因就是他们不能理解他们所处的社会世界（和他们自
身）。

这一点也表现在《法哲学原理》导言所包含的如下段落中："存在于作
为自我意识精神的理性与作为当下现实性的理性之间的东西，将前者与后
者区分开来并阻止其在后者中找到满足的东西，正是某种抽象物的束缚，
这种抽象物尚未获得解放从而能够变成概念。"(PR，¶14)。黑格尔所讲的

---

①　读者将回忆起马克思在《关于费尔巴哈的提纲》中所讲的第 11 条："哲学家们只是用不同
的方式解释世界，而问题在于改变世界。"

"作为自我意识精神的理性"意味着具有哲学反思能力的个体；"作为当下现实性的理性"指的是现代社会世界。当黑格尔讲到有反思能力的个体与现代社会世界发生分离的时候，他所想的正是有反思能力的个体与现代社会世界之间的主观分裂，或者换句话说，是他们的主观异化。"某种抽象物的束缚"是指他们对社会世界或其自身的理解的束缚。这种理解可以通过隐喻的方式描述为一种"束缚"、锁链或枷锁，因为它将他们与现代社会世界相割裂。它之所以被描述为"抽象的"，是因为它是单面的、错误的。如果他们的理解能够"获得解放从而变成概念"，那么他们就能获得对环境的正确的哲学理解，就能够理解社会世界是家，从而在社会世界的系列安排中找到"满足"。

只有黑格尔对其历史情境的理解被阐明，他的解决方案就不再是令人奇怪的。如果由于黑格尔同时代的那些具有反思能力的人不能够理解他们的社会世界（或他们自身），他们就是被异化了的；如果没有通过哲学理论的帮助，他们的社会世界（或他们自身）就不能够得以理解；因此，他们就恰好需要关于现代社会世界与现代人的哲学解释。这种解释可以使他们理解社会世界就是家，通过把握这一事实，他们就能够与社会世界的安排取得和解（PR，¶14）。黑格尔对他同时代的那些具有反思能力的人的困境所做的诊断可能是错误的，但是与他对这一困境的理解相关，他为此所提供的答案是非常合理的。

许多人认为，黑格尔相信通过理论来求得和解总是有可能的，其中最著名的当数马克思。[①] 我们一直以来没有充分理解的一点是，黑格尔恰恰否认这种看法。尽管黑格尔确实认为理论能够促成和解，但是他认为，只有当一些客观的社会条件恰到好处的时候——即它们可以使社会世界成为

138

[①]　Karl Marx，"Zur Kritik der Hegelschen Rechtsphilosophie：Einleitung." In *Marx Engels Werke*，vol. 1. Berlin：Dietz Verlag，1956，*Oekonomisch-philosophische Manuscripte aus dem Jahrn* 1844，In *Marx Engels Werke*，Ergänzungsband：Schriften bis，1844 Erster Teil，Berlin：Dietz Verlag，pp. 384－385；Karl Marx "Contribution to the Critique of Hegel's Philosophy of Right：Introduction." In *The Marx-Engels Reader*，ed. Robert C. Tucker. New York，W. W. Norton，1978，pp. 58－59.

家——理论才能做到这一点。① 黑格尔认为，世界历史就是能够产生这些
条件的过程。② 他认为，在罗马帝国时代（PhG，355－359/290－294；
VPG，380－385/314－318）或中世纪（VPG，440－491/366－411），社会
世界就不是家。③ 罗马世界不能产生共同体；中世纪世界不允许个体性。
在这些时代里，任何想要通过理论将人们与社会世界达成和解的尝试都是
没有意义的。它所需要的并不是人们意识的转型，而是客观社会安排的
转型。

139

　　只要我们认识到，在黑格尔看来，唯有必要的客观社会条件恰到好
处，理论才能够促进和解，那么我们就能够更好地理解他与马克思的关
系，因为现在有一点是很清楚的，正如人们通常所认为的，他们之间的基
本差异应该与客观社会条件的重要性无关。但是，实际上，这一点正是他
们都赞成的。像马克思一样，黑格尔认为，如果社会世界是异化的，那么
它的社会安排就必须转变，以使其变得值得和解。这也正是他的《世界历
史哲学讲演录》一书的主旨。④ 他也和马克思一样，认为如果没有一场革命

---

　　① 这里的关键问题是社会和解，而不是宗教和解。黑格尔认为宗教和解——与上帝的和
解——在社会世界不是家的阶段也是有可能的。但是，他也认为，宗教和解不能代替社会和解
（VGP，2：588/3：95—96）。

　　② 因为，黑格尔相信世界历史改变了世界（例如，使之成为了家），他会认为，在他那个时
代，关键问题就是去解释它。

　　③ 黑格尔认为，古希腊的社会世界是家，尽管还很低级。它之所以是低级的，因为它没有
为"主体性"提供空间，也就是说，它没有良心的自由，也没有对人们的社会角色及制度有什么批
判性反思。黑格尔认为，正因为希腊世界是低级的，它就必须被其他东西所取代，人们也被迫进
入一个长期的异化过程，包括罗马帝国时代与中世纪，最后在现代世界被终结。

　　④ Karl Marx，"Zur Kritik der Hegelschen Rechtsphilosophie：Einleitung." In *Marx Engels
Werke*，vol. 1. Berlin，Dietz Verlag，1956，*Oekonomisch-philosophische Manuscripte aus dem
Jahrn* 1844，In *Marx Engels Werke*，Ergänzungsband：Schriften bis，1844 Erster Teil，Berlin，Di-
etz Verlag，pp. 384—385；Karl Marx "Contribution to the Critique of Hegel's Philosophy of Right：
Introduction." In *The Marx-Engels Reader*，ed. Robert C. Tucker. New York：W. W. Norton，
1978，pp. 58—59.

的话，社会世界就不可能成为家。① 但是，他与马克思也有所不同，马克思认为，革命将要到来，而黑格尔认为，革命已经发生——1789 年的法国大革命。他们二者之间的基本差异在于，黑格尔肯定了现代社会世界是家这一命题，但马克思否认这一命题。

现在，如果我们概括一下和解方案的观念，我们就可以认为黑格尔和马克思所从事的基本事业是一样的，但形式却有所不同。我们可以说，马克思致力于"政治化的"和解方案，而黑格尔却致力于"哲学化的"和解方案。

政治化的和解方案始于如下命题，即现代社会世界不是家。它力图通过改变主要的社会制度，使之值得和解，从而来获得和解的客观条件。它不寻求直接将人与社会世界进行和解，而是要改变社会世界使之值得和解。它之所以是"政治化的"，因为它力图通过改变政治而使和解成为可能。

哲学化的和解方案始于如下命题，即尽管社会世界看起来不是家，但事实上它就是家。② 它之所以是"哲学化的"，是因为它力图向人们提供关于主要社会制度的哲学解释，通过这种解释，使人们能够看清他们所处的世界虽然看上去不是家，但事实上就是家，从而使他们与社会世界得以和解。这一方案就是通过对社会世界的真实本质提供某种理性洞察（*vernünftige Einsicht*），从而达成和解（PR，¶ 14）。当然，从某种意义上

140

---

① 对黑格尔革命观的有益讨论，请参见 Jürgen Habermas，*Theorie und Praxis：Sozialphilosophische Studien*. Frankfurt，Suhrkamp Verlag，1973b. *Theory and Practice*. Translated by John Viertel，Boston，Beacon Press，1971；Joachim Ritter，*Hegel und die französische Revolution*. Frankfurt，Suhrkamp Verlag，In *Hegel and the French Revolution*，Cambridge，MIT Press，1965；Michael Theunissen，"Die Verwirklichung der Vernunft：Zur Theorie-Praxis-Diskussion in Anschluß an Hegel." In *Philosophische Rund-schau*，Beiheft 6，1970.

② 这并不是说，黑格尔只是假定了社会世界是家，因为正如我们所见，黑格尔的社会理论的一个核心任务正好就是要表明这一点。相反，问题如下：克服人们的异化，最好的方式就是为他们提供一种哲学理论，对这一观点的根本辩护可以在这一方案所提供的哲学理论中找到。

讲，哲学化的和解方案也是"政治化的"，因为它在力推和解的时候，它也表达了某种政治态度：接受与肯定。

马克思认为，哲学化的和解方案本质上是意识形态性的；因为在他看来，如果社会世界是家，那么这就根本不需要社会理论。[①] 说一种方案是"意识形态性的"，也就是说它本就是某种形式的"错误意识"，或者它有助于形成某种形式的"错误意识"（即对社会世界或其成员的错误解释，这种解释有助于将压迫固定化或合法化）。马克思论证了，只有当社会世界的运动以及它就是家这一事实都非常明显时，社会世界才是家。在他看来，如果你需要某种理论，社会世界才会是家，那么你所生活的世界就根本不是家。然而，黑格尔对于社会世界是家持有一种非常不同的观念：即社会世界既可以是家，同时也需要理论。他认为，历史转变使得现代社会世界成为家，其中包括了市民社会与现代国家的出现，同时也产生了对社会理论的需要。同时，他在更一般的意义上论证了，现代性的条件使得理论不可或缺，这些条件包括现代国家的范围与复杂性，以及有反思能力的个体要求对他们的社会安排有"理性洞察"这一事实。

第五节　自我转变的作用

我最后将考察何以能够认为这一方案包含了一种自我转变的过程，并以此结束本章。我们要指出的第一件事是，和解并不是要人们看到社会世界与他们先前给定的自我观念相契合。黑格尔认为，现代社会世界中有反思能力的个体倾向于将自身看成是原子化的个人。[②] 他们通常会把自己看

---

① 对这一点的精彩讨论，请参见 G. A. Cohen, *Karl Marx's Theory of History: A Defense*, Princeton, Princeton University Press, 1978, pp. 326—344.

② 关于原子化的个人的一个有益讨论，请参见 Charles Taylor, "Atomism." In *Philosophy and the Human Sciences: Philosophical Papers*, vol. 2. Cambridge, Cambridge University Press, 1985.

成个体，而不是社会成员。当然，他们也确实认识到，他们具有某些社会
功能，但是他们通常会认为，从根本上讲，这些功能外在于他们的"身
份"，无论如何都不是他们真实本质的"构成部分"。这种自我观念的盛行
有助于解释为什么现代社会世界流行契约理论，是因为这种理论把社会世
界看成是原子化个体的聚合。事实上，如果有人把表明现代社会世界是家
的方案予以抽象概括，他可能会说，传统契约理论（例如，霍布斯与洛克
所阐述的）有一个核心组成部分，即它的目标就是要表明现代社会世界（或
者说现代国家）对于原子化的个体来说是家。

　　然而，黑格尔的和解方案并不是要表明现代社会世界对于原子化的个
体来说是家。它力图表明现代社会世界对于那些既是个体又是社会成员的
人（我将称之为"个体化的社会成员"，对于这一观念，我将在第五章进行
具体阐释）来说是家。那么，和解过程在一定程度上就包含了某种意识的
转变，人们由一开始视自身为原子化的个体的最初状态进展到视自身为个
体化的社会成员的最终状态。把有反思能力的个体从现代社会世界中"剥
离"出来，正是人们把自身看成是原子化的个体的体现。

　　然而，这一点尚需进一步被限定。尽管黑格尔确实认为，现代社会世
界中有反思能力的个体明显倾向于以一种个体化的方式看待自身，认为自
己是原子化的个体，但黑格尔也认为还有另一个不那么明显的层面，即他
们以一种更具共同体意义的术语来看待自身，认为自己是社会成员。黑格
尔可能会说，有反思能力的个体——更一般意义上的现代人——通常会在
某种很强的意义上认为自己与家庭和国家都有联系。尽管他们"正式的"自
我理解是个体主义的，但在日常生活中，他们在实践意义上所表达的自
我理解包含了某种共同体的成分。而且，他们希望成为社会世界的一部
分，希望能够适应社会安排，这种希望在他们所体会到的异化感中处于
核心地位。为什么有反思能力的个体通常认为现代社会世界是冷漠的、
有敌意的，最大的原因就在于，他们期望能够处于社会安排中就是在家

中。在家中不仅是说能够实现个体自由，而且也是说能够把自身实现为某个社会成员。

142　　　　值得指出的一点是，黑格尔预见到了当代自由主义者（如罗尔斯）与社群主义者（如桑德尔）之间的冲突，前者强调现代式的自我观念的个体性面向，后者强调它的社群面向。黑格尔认为，他们之间在哲学观念上的冲突，其实只是内在于现代个体的自我观念之中一种真实冲突的表现：即作为个体的自我观念与作为社会成员的自我观念之间的冲突。但是，我在这里想要强调的一点是，黑格尔本人的哲学方案正是要处理这一冲突。黑格尔的和解方案所针对的那些人的最初状态是什么样子，黑格尔对此所做的理解可以按如下方式进行表达。尽管在现代世界中有反思能力的个体既视自己为个体，也视自己为社会成员，但是他们看待个体性与社会成员身份的方式，不可能使人们既成为成熟的个体，也成为成熟的社会成员。因此，在视自己为个体与视自己为社会成员的这两种观念之间，他们的自我理解发生了"分裂"。相应地，内在于和解过程之中的意识转变最后比它一开始看起来的样子要更为复杂。这一过程包含了如下认识，即人们能够认识到，某人本质上只是一个社会成员——家庭、市民社会与国家中的一分子——同时，他也把自己看成是家庭成员、市民社会的成员与公民。这一过程也包含如下一点，即人们逐步把握到个体性与社会成员身份事实上是相容的，人们有可能既是某个成熟的个体，又是某个成熟的社会成员，他有可能通过自己的社会成员身份实现个体性，反之亦然。（我们将在下一章着手处理这些问题）

　　黑格尔坚持认为，有反思能力的个体要想视自身为个体化的社会成员，必须理解他们到底是谁，黑格尔的部分看法是，现代社会世界中的人要培养成为个体化的社会成员。事实上，黑格尔认为，现代社会世界维持与繁殖自身的方式就是产生个体化的社会成员。而且，黑格尔也认为，把自我理解为个体化的社会成员，这种观念反映了对自我本质的最终的、正

确的理解。因此，黑格尔可能会拒绝如下这种看法，即为了使某人视自身
为个体化的社会成员，他就必须采纳某种自我观念，这种观念的唯一价值
就在于它有可能与现代社会世界的安排融为一体。他可能会争论说，为了
使某人视自身为个体化的社会成员，他所要采纳的恰恰是那种真实的自我
观念。因此，对于黑格尔来说，某人要想与社会世界达成和解，最重要的
组成部分就是要采纳某种真实的自我观念。

143

第五章

个体性与社会成员身份

144　　我们在前一章已经看到，黑格尔的和解方案围绕着他关于个体性与社会成员身份的关系的看法而展开。他认为，现代社会世界是家，是因为它有可能使人们既可以把自己实现为个体，也可以实现为社会成员。为了表明现代社会世界是家，这一方案的部分工作就是要说明，我们要对社会世界的主要社会制度进行组织，以便于它可能使人们同时以这两种方式实现自身。我们将在下一章处理这一任务。这一方案的另一部分工作则是要说明如下这点在理论上是有可能的：即人们既是一个个体，同时也是一个社会成员。本章处理的就是这一逻辑上应当在先的任务。

　　有人可能会质疑，为什么有必要确立个体性与社会成员身份的相容性，难道现代人既是个体又是社会成员这一点不明显吗？毕竟，每个现代人都是参与到社会世界之中的独立的人。难道个体性与社会成员身份能够结合起来这一点也不明显吗？为什么这里会有问题？

　　最大的原因在于，人们有一种自然的倾向，认为个体性与社会成员身份是不能结合在一起的，或者说，无论如何，它们之间都有一种基本的张力。人们可能会认为，个体性最好被理解为"原子化的个体性"，那些作为

145

个体的人完全与他的社会角色相分离，因此他的社会角色外在于他的个体性。有人可能会认为最好根据人们的习性或癖好来理解个体性，因此，这样就可以认为他的社会角色完全在个体性之外了。有人可能会把个体性看成是一种不一致性，因此他就假定了，实现个体性必然包含打破与社会世界的关联——即个体性的代价就是成为局外人。也有人可能会在个体性与社会成员身份之间做出清晰区分，把个体性只理解为对个人利益的追求，而社会成员身份只是指参与到家庭与国家中来，因此他就必须得出如下结论，即作为一个个体与作为一个社会成员这二者之间存在着某种根本的分裂。

黑格尔认为，这些对个体性与社会成员身份二者之间关系的理解都是错误的，这完全是一种"抽象"，它把有反思能力的现代个体与社会世界割裂开来(PR，¶14)。他非常同意常识的看法，即现代人很明显既是个体也是社会成员，但是他认为，现代个体又不仅仅是指一个个独立的人，现代社会成员身份又不仅仅是指参与到社会世界中来，反之，现代人既是成熟的个体又是成熟的社会成员。由于现代个体性与现代社会成员身份都非常饱满，使得它们看起来难以相容。

本章分为六节，其目的就是要论述黑格尔关于现代个体性与社会成员身份二者之间关系的看法。我们的主要观点是，现代个体性与社会成员身份不仅是相容的，而且相互交织在一起、不可分割的。事实上，正是通过社会成员身份，现代人才能够实现个体性，也正是通过个体性，现代人才能够实现社会成员身份。为了使问题更简化，我将首先分别在第一节与第二节考察黑格尔关于个体性与社会成员身份的观念，紧接着表明这些观念是彼此相容的。对于个体性与社会成员身份的关系，我将先在第三节做出一些较为基础性的说明，然后再在接下来的三节中做出全面考察。我将在第四节表明，根据黑格尔的看法，现代社会成员身份使得现代个体性成为可能。第五节将阐述现代个体性的社会性维度，在较为全面的意义上解释黑格尔的现代个体性观念。第六节将说明现代社会成员身份的个体性维度。

这里简单评说下本章在黑格尔哲学中的地位。黑格尔本人并没有就个体性与社会成员身份之间的关系做出清楚的理论解释，相反，他只是讲到了(客)精神(EG，483—552)。他谈论客观精神的概念，只是为了尽可能地避免如下误解，即我们会天真地认为，客观精神依赖于个人与社会的范畴。本章将重构黑格尔的客观精神概念，使我们能够说明内在于客观精神概念之中的个人与社会的关系。

第一节　个体性

我一开始将对黑格尔的个体性观念(*Individualität*，*Einzelheit*)做一些基本的描述，这可以分为两个阶段。第一阶段将在一种"弱意义"上来说明黑格尔的个体性观念；第二阶段将在一种"强意义"上来说明他的个体性观念。

按照黑格尔的看法，如果人们认为自己有不同于他人的特殊性格与品质，他们就可以认为自己与他人是不同的，那么他们都是这种"弱意义"上的个体。比如说，我可以根据一些我所具有的物理特征和心理特征把我与他们区别开来。

这种观念至少从三个方面来讲是弱意义上的。第一，它只是表达了成为个体的人的一个必要条件。如果某个人不认为自己与其他人有所不同，那么这无论如何都不能说他是一个个体。当然，这个人依然可以看成是一个独立的个人——不同于他人的存在。当然，这个人依然可以是人类中的一员，与人类的其他人不同。但是，就人这一术语的重要(规范)意义来说，他不能被看成是一个个体的人，因为他缺乏把自身看成是一个个体的人的观念；黑格尔认为，人的个体性概念包含如下意思，即作为个体的人就要把自己看成是人类中的一员。[①] 人通过个体化的过程把自身变成一个人类个体，这个过程就是指一个人把自己与他们区别开来，特别是把自己与父母和共同体中的其他成员区别开来。成为个体的人本质上包含了一种自我意识的过程，通过这种自我意识把自己与其他人区别开来。

第二，它所表达的就像是一种最弱的个体性观念，从直观上看，它可以看成是一种真正的人类个体性观念。人们可以想象一种不太弱的观念，在这种意义上，人之所以是个体，这只是因为他们把自身同其他存在区别开来，但并不需要把自身与其他人区别开来。然而，能否把这种观念看成是真正的人类个体性观念，根本是不清楚的；因为，我们可以合理地假定，认为某人是一个个体的人，其中所包含的部分意思正是在他与其他人类个体相异的意义上来讲的。[②]

第三，它之所以是弱意义上的，主要在于它忽略了许多东西。例如，它不包括某人认为自身具有个人利益的观念，也不包括某人认为自身具有个人权利的观念，同时也不包括某人认为自身具有个体良心的观念。而且，通常我们会认为一个人可以站到他的社会角色与社会制度之外，并质疑他。但是，即使我们对他不持有这种观念，他也可以在这种弱意义上成为一个个体的人。

因此，弱意义上的个体性观念代表了某种形式的个体主义，这种个体主义根本不涉及个体与社会之间的比较。因此，有人可能会说，这种观念根本就不是真正的个体性观念。但是，把它看成一种个体性观念有一个最大的好处，它可以使我们容纳一种直觉，即有些人不把自己与他们的社会角色或社会世界区别开来，并对这种形式的个体性做出严格限制，但他们

148

---

① 我对这一点的表述受到 Jonathan Lear, *Love and Its Place in Nature*：*A Philosophical Interpretation of Freudian Psychoanalysis*，New York，Farrar，Straus，Giroux，1990 的影响。在黑格尔观点的背后暗含着如下观念，即人是一种自我解释的动物。参见第一章。

② 这一观念在费希特的个体性观念中发挥了关键作用。

在某种意义上还是个体。现在让我们一起探讨黑格尔强意义上的个体性观念。

黑格尔认为，如果人们不但认为自己是强意义上的个体，而且认为自己是(1)自我（参见 PR，§§5-7）、(2)个人利益的承担者（PR，§§184，Z，186，187，Z；VPRHO，580，570）、(3)个人权利的持有者（PR，§§36，37，Z；VPRHO，192，209）、(4)良心的主体（PR，§§136-137），那么他就是强意义上的个体。下面让我们考察这四个组成部分。

"自我"这一表达可以用不同的方式来运用。从黑格尔的立场来看，成为"自我"也就是认为自身是独立于、不同于自己的社会角色，人们可以认为自己有能力把自身从"任何既定的社会角色"中"抽离"出来（参见 PR，§5）。

我们这里讲某人从社会角色中抽离出来，也就是说，他可以在思想上从社会角色中"后退"，并且与之进入一种反思性关系之中。例如，当一个人在思考他是如何与社会角色发生关联的时候，其实他也就从社会角色中后退出来了。从社会角度中后退也就是对其展开质疑与评价。人们可以问，这一给定的社会角色是否适合他的脾气与性格，他是否真的愿意承担这一角色，或者他也可以问，他是否接受内在于这一角色之中的价值与规则，他是否应当去承担这一角色。这种能力超越了进入到一种人们与自身反思关系上的能力。原则上，即使人们不具备从其社会角色中后退出来的能力（例如，问自己是否应当履行公民义务），人们也能够与自身进入到一种反思关系之中（例如，问自己今天到底想要什么、想穿什么）。

当我们问一个人是否想要或应当承担某种既定的社会角色时，至少暗含了如下可能性，即他可以选择不去承担这一角色。然而，无论一个人是否选择去拒斥这一角色，当他从这一角色中后退出来时，他就把自身与社会角色做了区分。他认为这是外在于他的东西：他所承担的角色与他本来所是的样子是相对立的。承担了这一角色的人与这一角色背后的人的本来面貌是不一样的。① 我们可以理解到，人们有能力从自己的社会角色中后退出来，同时我们也可以形成有关自己的一般观念，即自己正是具有这种能力的存在者，根据这些方面，人们就会把自身看成一个自我。有必要补充的是，这里所运用的"自我"这一术语并不是指某种内在实体：说自我就是说人（person）。② 更准确地说，它是讲那种有能力从社会角色中后退出来的人，他具有这种能力，而且他会形成有关自己的一般观念，即他正是具有这种能力的存在者。

　　人们认为自己是个人利益的承担者，也就是认为自己具有独特的利益，它不同于其他人、群体、共同体或社会世界的利益。这种利益是特殊的，因为这些利益都是某个人作为独特的个体所拥有的。这种利益与处于特定关系（如友谊、恋爱或婚姻）中的人所具有的利益形成对比，或者与作为团体或共同体（如家庭或国家）的一员的人所具有的利益形成对比。如果某人具有独特的个人利益，也就是说，有可能存在着某种东西，对他本人来说是善，但对其他个体或作为整体的共同体来说并不是善的。③ 因此，个人利益会使某人与其他个体或共同体处于对立之中。

　　人们认为自己是个体权利的承担者（例如，生命权与财产权），也就是认为自己作为独立的个体拥有权利——这种权利并不是派生于他是某种特定社会角色的承担者，或者派生于他在社会中所处的地位。当一个人坚持宣称自己的权利，或者他不需要诉诸自己的社会角色或社会地位所带来的特权就可以抱怨自己的权利受到了侵犯，那么我们就可以说这个人就是把自己看成个体权利的承担者。以这种方式来看待自己的人，黑格尔对他们

　　① 类似的看法，请参见 Lionel Trilling，*Sincerity and Authenticity*，Cambridge，Harvard University Press，1972，pp. 1—25.

　　② 我在日常的、非专业的意义上运用"人"这一术语，它指单个的人。

　　③ 类似的看法，请参见 Judith Jarvis Thomson，*The Realm of Rights*，Cambridge，Harvard University Press，1990，p. 222.

有一个专业化的词汇予以表达，即"人"(Person)(PR，§36)。① 认为某人就是这种专业意义上的人，也就是把他放在与其他个体或社会相对照的意义上来看待他的，他拥有不同于他们的个体权利。作为一个人，他有权反对其他个体与共同体。就像彼此不同的、特殊的利益一样，某人作为人所拥有的权利也会使他与其他个体或共同体形成冲突。

人们认为自己是良心的主体，这也就是认为自己是道德判断与评价的独立来源。它认为，人们有能力和权利根据自己的私人的、主观的判断来评价行动过程、社会角色与制度，哪怕这种评价是对大家都接受的实践与习俗的极大挑战(PR，§§136—137；VPG，309—310/253)。"良心表达了主体自我意识的绝对权利，它可以知道在其自身之中包含了哪些权利与义务，从它那里可以派生出哪些权利和义务，它可以认识哪些被认为是善的东西；它也包含了如下论断，即它所认识和期待的东西就是真正的权利与义务。"(PR，§137R)因此，原则上，良心也会使一个人与他所在的共同体发生冲突，因为良心的要求与共同体的要求总有可能彼此反对。

如果说，弱意义上的个体性观念是一种个体性观念，那么强意义上的个体性观念很明显也是一种个体性观念。我认为，强意义上的个体性观念很明显与这个名号很相配。首先，这里的"强"是从与"弱"相比较的意义上说的。我们发现，弱观念之所以是弱的，其中关键的一点就在于它不需要涉及个体与社会之间的比较。然而，这种比较在强意义上的个体观念中非常重要。某人把自己看成一个自我，这就包含着能够从他的社会角色中往后退。某人把自己看成个体利益的承担者，这也就包含着他能够理解他具有与社会世界(他只是其中的一部分)不同的利益。某人把自己看成个体权利的拥有者，这也就包含着他认为自己拥有权利，这种权利可以使他与社

---

① 这种专业意义上的"人"并不适用于该词在本章中的一般用法。

会处于冲突之中。某人把自己看成是良心的主体，也就包含着他认为自己是道德评判的来源，这种道德评判完全不依赖于社会的规则与实践。事实上，当我们明白包含在强个体性观念中的一切时，这种观念很明显是很强的，它不仅是在与那种极度温和的弱观念相比较的意义上来说是很强的，哪怕就其本身来说，它也是很强的。

当然，相比黑格尔所表达的这种个体性观念，我们有可能发展出一种更强的——更具野心、要求更高的——个体性观念。例如，尼采认为，一个人要想成为真正的个体，他就要创造自己的价值，过一种极度与众不同的生活，因此成为一个超凡脱俗的人。①密尔也持有一种比黑格尔更强的个体性观念。尽管他否认真正的个体性必须与众不同或超凡脱俗，但他认为，某个人要想成为一个真正的个体，就必须确定社会世界的哪些风俗与传统适合他，迎合他的生活计划，而不是仅仅去做人们通常所做的那些事。②但是，即使黑格尔的个体性观念没有尼采和密尔那么强，但它依然是一种强的个体性观念。我们说能够满足这些条件的人都是一个成熟的个体，这么说也是合理的。

黑格尔认为，现代人都是强意义上的个体。而且，他认为，强意义上的个体性是一种独特的现代现象，他把这种现象的出现与基督教以及罗马法的影响联系起来。他说："有关个体是自足的人格与内在无限的人

———————————

　　① Friedrich Nietzsche, *Also Sprach Zarathustra: Ein Buch für Alle und Keinen*, Vol. 4 of *Friedrich Nietzsche: Sämtliche Werke, Kritische Studienausgabe*, ed. Giorgio Colli and Mazzino Montinari, Berlin. Deutscher Taschenbuch Verlag, 1980, pp. 65－68, 80－83; *Thus Spoke Zarathustra: A Book for All and None*. Translated by Walter Kaufmann. New York, Viking Press, 1966, pp. 51－54, 62－63; *Jenseits von Gut und Böse: Vorspiel einer Philosophie der Zukunft*, Vol. 5 of *Friedrich Nietzsche: Sämtliche Werke, Kritische Studienausgabe*, ed. Giorgio Colli and Mazzino Montinari, Berlin, Deutscher Taschenbuch Verlag, 1980, pp. 41－63; *Beyond Good and Evil: Prelude to a Philosophy of the Future*, Translated by Walter Kaufmann, New York, Vintage Book, 1966.

　　② John Stuart Mill, *On Liberty*, ed. Elizabeth Rapaport, Indianapolis: Hackett, 1978, pp. 53－71.

格的这一原则，以及主体自由的原则……均源于基督宗教的一种内在形式与罗马世界的一种外在形式（它因此与抽象普遍性有关联）"（PR，§185R）。

黑格尔认为，古希腊人——或者更确切地说，公元前 5 世纪后期与 4 世纪早期这一阶段的古希腊人，且在"希腊文化处于顶峰"的阶段中（VG，71/62）——并不是强意义上的个体（PR，§261Z；VPRHO，719；PhG，324－328/263－266）。在公元前 5 世纪智者出现之前，古希腊人很干脆地（*unmittelbar*，"自动地""未加反思地""直接地"）把自身与社会角色相等同（例如，作为家庭成员与公民；参见 VPG，326/267；PhG，354/289）。① 人们在心理上根本不可能将自己与其社会角色切割开来。事实上，在黑格尔看来，希腊人并没有把他们的社会角色认为是角色。他们根本没有反思

---

① 对于古希腊人直接认同他们的社会角色这一点，人们的一个自然反应就是认为这是不对的，因为苏格拉底毕竟是一个古希腊人，他是具有主观反思能力的人的典范。因此，强调以下这点就是很重要的，即黑格尔心中所想的希腊文化阶段是前苏格拉底时期，实际上也是前智者时期。黑格尔认为，把主观反思引入到古希腊文化，要归功于智者（VPG，309/253）。正是在苏格拉底那里（PR，§138R），"主观性（Innerlichkeit）原则——思想的绝对独立——得到了自由表达"（VPG，328/269）。事实上，黑格尔认为，在苏格拉底之前，希腊人"并没有真正的道德（Moralität）"（VG，71/62）。苏格拉底是第一个赋予"人的行动以洞见、坚定的信念与确定性"的人，也是第一个"假设主体能够做出与国家和习俗相反的最终决定"的人（VPG，329/269－270，翻译有所变动）。苏格拉底教导希腊人（以及其他人），"道德的人不是那种只意愿和做正当之事的人——不是那种单纯无过错的人——而是那种能够意识到他正在做什么的人"（VPG，329/269）。另外，还要强调的是，黑格尔认识到，在古希腊历史中有一个阶段——智者开始出现的阶段——生活于其中的人们能够反思他们的社会安排，但是他认为这是一个没落与腐朽的阶段（VPG，309/252－253，326－327/267－268）。他进一步认为，这种没落的原因主要就是主体性原则的引入，站在希腊伦理生活的立场来看，这种主体性原则代表了一种摧毁性的力量与腐化的因素（VPG，309/252；PR，¶12），它们最终将使"希腊世界走向毁灭"（VPG，309/253；参见 VG，250/203；PR，§185R）。古希腊的苏格拉底、智者与其他人确实在进行着主体反思，但是就此而言，他们的行为违背了希腊伦理生活的精神（它在本质上是非反思的），败坏了它的基础。当然，黑格尔关于希腊生活的观念是极为理想化的，他对希腊历史的一般描述也是充满了矛盾之处。尽管我想避开对黑格尔的古希腊观的一些误解，但是我想说的是，我的目标并不是要为之辩护，如果我们要理解黑格尔关于现代个体性与社会成员身份这一更大的观念的话，我们就要把它看成是这一观念中的一个组成部分。就我们的目的来说，我们把黑格尔关于智者之前的希腊生活的观念看成是一种思想实验（*Gedankenexperiment*）就足够了——尝试想象人们不把自己看成是强意义上的个体会是什么样子。

能力，可以使他们从这种社会角色中后退出来，以反观这种角色。

在黑格尔看来，古希腊人也不会从主体是否能够接受这种角色的立场来评价他们的社会角色与社会安排。黑格尔认为，"为祖国而活的习惯未经反思就成为了他们的主导原则。以抽象的方式思考国家——这对我们的理解来说是非常关键的——对他们来说完全是陌生的"（VPG，308/253）。黑格尔甚至说，至于"那些处于最初的、真正形式的自由之中（例如，在智者出现之前的那个阶段）的希腊人，我们可以断言，他们根本没有良心"（VPG，309/253；参见 VG，71/62）。① 一点也不奇怪的是，黑格尔也认为，古希腊人并不认为自己具有独立的、特殊的个人利益（VPG，308/252）。② 古希腊人直接把他们的善等同于共同体的善（PhG，324－342/263－278）。另外，在古希腊人看来，除了社会角色所赋予的权利外，他们根本不具有其他任何权利，事实上，他们感觉到根本没有必要保护个体权利。

我们应当指出的是，尽管黑格尔反对古希腊人是强意义上的个体，但他从来没有否定他们是弱意义上的个体。黑格尔只是认为强意义上的个体性观念才是现代社会的独特特征，而非弱意义上的个体性观念。我们之所以强调这一点，是因为长期以来，人们对于黑格尔关于古希腊人的观念存在误解，人们通常认为，黑格尔否认古希腊人是个体的人，他的意思是说，古希腊人在弱意义上也不是个体的人。

153

---

① 　黑格尔会否认安提戈涅代表了一种反例。在他看来，对安提戈涅来说最关键的是，她并没有把自己看成是一个独立于她的社会角色的道德主体。对安提戈涅来说，她或者遵守国家的律令不去埋葬她哥哥波吕尼刻斯的尸体，或者遵守家庭的律令去埋葬他，她在做出决定的时候，并没有观照自己的良心，但只是遵守了家庭的原则，这种原则与她作为妹妹的这一角色是一致的，她也完全且彻底地认同这一角色。她坚信她的立场是对的，这反映出完全且彻底的认同。对这一点非常深刻的讨论，请参见 Judith M Shklar, "Hegel's Phenomenology: An Elegy for Hellas." In *Hegel's Political Philosophy: Problems and Perspectives*, ed. Z. A. Pelczynski, Cambridge, Cambridge University Press, 1971.

② 　黑格尔认为，由于古希腊人并不认为自己具有不同的、特殊的利益，共同体的利益就"交付给了全体公民的意志与决议"，希腊的制度就是——事实上必须是——民主的（VPG，308/252）。

第二节　社会成员身份

转到黑格尔的社会成员身份观念，我们首先可以考察以下这一点，一般而言，黑格尔认为人本质上（*wesentlich*）都是社会性的。他认为，他们之所以是社会性的，主要取决于两个重要方面。第一，他们要满足生物性的、社会性的和文化性的需要，就必须依赖社会。第二，他们要实现自己独特的人类能力，如思想、语言和理性，他们也必须依赖社会。如果他们不能成为社会的一员，也就不可能实现自己类的属性——即精神性的存在，因而也是社会性的、文化性的存在。这种观点可以看成是对亚里士多德如下理论的一种解释，即人是政治的动物。

除了这种一般化的、人所皆知的观点之外，黑格尔也有自己的独特看法，即现代人本质上是现代社会世界的成员。让我们更详细地考察这种观点。

当黑格尔说现代人本质上是现代社会世界的成员，他的意思是说，他们本质上是特定社会的成员：这种社会是围绕着现代家庭、市民社会以及现代国家组织起来的。这种观点比我们大家都熟悉的亚里士多德的立场要强得多，亚里士多德的观点只是简单地说人本质上是社会的成员，但并不是某种特定社会的成员。另一方面，尽管黑格尔认为，所有人都是由生于斯的国家文化所塑造的，他们根本不能完全套用其他具体的外来文化。但是黑格尔并没有否认如下这一明显的事实，即那些移居国外的人依然是人，或者依然是精神性的存在。黑格尔并没有认为，现代人本质上只是特定国家的成员，相反，他认为，现代人本质上是由一系列普遍的社会安排所决定的成员，这些社会安排能够在许多不同的民族国家中得以具体实现：这一系列普遍的社会安排构成了现代社会世界。

当黑格尔说现代人本质上是现代社会世界的成员，他的意思是说，他

154

们参与到社会世界的主要制度之中，（至少潜在地）把自己看成是这些制度的参与者。黑格尔认为，他们之所以参与到这个世界中来，是因为他们出生在这里。黑格尔意识到，从原则上讲，具体的个体可以离开现代世界，进入一个没有围绕现代社会制度来进行组织的文化中来，或者完全脱离社会，例如成为一名隐士。但是，黑格尔会说，这对于大多数人来说根本不是一个真正的选择。从现实的角度来讲，现代社会世界中的人根本没有选择，他们只有以这种或那种方式参与到这些制度中来。这些制度所形成的框架，正是他们生于斯、死于斯的地方。① 黑格尔认为，现代人至少潜在地把自己看成是家庭成员、市民社会的成员与公民的原因就在于，他们正是通过参与到家庭、市民社会与国家中来从而形成了自我观念。通过参与这些社会安排，现代人（潜在地）逐步把自身看成是家庭、市民社会与国家的成员。

当黑格尔说现代人本质上是现代社会世界的成员，他的意思是说，无论是在形而上学的意义上还是非形而上学的意义上，家庭成员、市民社会成员与公民的角色（这些主要的社会角色）对于他们来说都是"本质性的"。在非形而上学的意义上，这些主要的社会角色都是本质性的，也就是说，它们是极为重要的。黑格尔认为，这主要有三个原因：

第一个原因就是，家庭成员、市民社会的成员与公民的角色对于现代人的心理构成来说非常重要。黑格尔认为，内在于这些角色的态度、习惯与观念构成了人格与性格的核心特征（PR，§§147、153、268）。这些角色也与基本需要和欲望有内在关联。例如，黑格尔认为，现代社会世界中的人需要并期望某种亲密性，这是理想的现代家庭生活能够提供的。尽管家庭生活的责任（例如，照顾小孩）有时会与个人利益发生冲突，但是这些责任并不是什么外在的要求，完全脱离了人们的情感与价值。相反，它们

155

---

① 这一表达来源于 John Rawls, *"The Domain of the Political and Overlapping Consensus."* New York University，1989，pp. 233—255.

反映了一些规则，这些规则正是人们的基本价值与期望的一部分（参见 PR，§147）。

黑格尔认为，自我与角色之间的契合可以通过制度化过程得以解释，正是通过这种制度化过程，人的需要与价值才得以形成。因此，他的道德心理学扎根于他的社会学之中。他认为，人们所具有的一些最为核心与最为根本的需要与价值通过 *Bildungsprozeß*（一种社会化、文化互动与教育的过程）得以形成（参见 PR，§187R）。在现代社会世界中，这一过程发生在家庭、市民社会与国家之中。这些制度引导与塑造着人们的需要与欲望，使得现代人慢慢需要并看重内在这些制度之中的生活形式。正是通过这种方式，它们便塑造了现代社会世界中的人所具有的意志。①

黑格尔认为意志的形成过程是制度化的，他的意思不是说，社会制度的运行不需要那些初级的、生物性的物质基础。他认为，社会制度一开始对意志的塑造，主要的途径就是引导与塑造那些与生俱来的冲动、需要与欲望（PR，§§161、194）。教化（*Bildung*）主要就是对生物性的需要给予确定的社会与文化塑造的过程（PR，§§161、163R）。例如，家庭将性与繁衍的自然欲望（这可以通过多种方式得以满足）塑造成了婚姻生活和家庭这种社会化了的欲望（这只能是在具体的制度化背景中得以满足）。它使得这些最初的自然欲望"社会化"，因为它为这些欲望提供了社会化的——即以制度化的方式予以界定的——目标（婚姻生活与家庭）。这种以婚姻生活和家庭为目标的社会化欲望引导人们走向婚姻，这种欲望已经不再是最初的生物欲望的简单延续。因此，意志形成的制度化过程对于塑造个人性格与品格具有非常强烈的作用。

然而，黑格尔并不认为一个人的性格与品格完全是由这一过程所决定的，他也不认为它们完全由社会角色来确定。在他看来，主要的社会角色

---

① "意志形成"（Willensbildung）这一术语来源于 Habermas，Jürgen. 的观点。

构成了现代人心理的核心特征，而不是说它们穷尽了现代人的性格与品格。换句话说，他认为，主要社会制度塑造了现代人的基本需要与价值，但现代人又并非完全受它们的束缚。

我们同时也要强调，人们有时认为，人只是其社会角色的"机械反映"（mere particularizations），其实黑格尔并没有这么认为。黑格尔认识到，个人的特殊、古怪和癖好完全是各式各样的。而且，他认为市民社会和现代家庭为人们特殊性的不同方面得以实现提供了一个场域。他论证道，现代人可以在家庭之中表现与发展他们的情感和心理需要（PR，§§164R，175），可以在市民社会中表现和发展他们的利益、天赋与技能（PR，§§182—187）。

主要社会角色极为重要的第二个理由是，这些角色和制度为现代人真实生活的基本生活形式提供了基本要素与结构（参见 VPRHO，485）。某人结婚的具体对象以及某人所从事的具体工作构成了他所过生活的基本要素。然而，这些要素依赖于围绕家庭和市民社会组织起来的社会世界。而且，工作与配偶的选择构成了基本生活形式的一部分，现代人正好生活在这种生活形式之中。人们在做出这些选择时，就选择了他要过的具体生活。在黑格尔看来，它们都是现代社会世界所提供的基本生活选择。它们代表了现代人在其中进行个体选择的主要领域。① 同时，我们可能还值得指出的一点是，即使有人选择不结婚或不工作，或者没有能力找工作或结婚，他的基本生活选择依然还是由社会世界构造出来的，他的地位依然还

157

---

　　① 黑格尔的社会世界与我们的社会世界有一个很明显的差别，那就是我们的社会世界使我们在国家之中进行选择的领域要广阔得多。相比黑格尔的时代，我们的时代更能接受不结婚。在我们的时代，存在着许多不同的家庭生活形式和爱侣之间的彼此承诺，它们在黑格尔的生活世界中是根本不适用的。但是，背后隐含的意思是一样的。例如，今天人们面对的一个基本的个人选择就是，他们既可以选择结为夫妻而建成一种承诺关系，也可以选择结为情人而建成一种承诺关系，这在很大程度上归因于社会世界中的变化，它所提供的可能性发生了转变。

是由制度化的术语来界定的（例如，失业的、结不到婚的）。[1]

黑格尔认为，主要社会角色极为重要的第三个原因是，如果人们拒绝它们的话，他们所付出的个人代价就会非常高昂。如果有人在思想中拒绝这些角色——例如，拒绝通过它们来设想自身——那么他的自我理解就会变得抽象与贫乏。例如，如果有人拒绝把自己看成是一个公民，或者拒绝承认人们可以把自己看成是一个公民，那么他就不能理解，为什么他会为祖国的外交政策感到尴尬与愤怒。[2] 在一个秩序良好的社会世界中，如果有人在实践中拒绝这些角色（例如，如果他拒绝参与到家庭、市民社会和国家中来），他的生活就会变得抽象与贫乏。除了放弃参与到这些制度之中所带来的善之外，他也不能认识到一些基本的潜能，不能满足一些更为根本的需要（如需要一种最为深厚与稳定的个人关系，需要认识自己独特的天赋与能力，需要以自觉与理性的方式追求共同的善）。黑格尔论证了，在这两种情境中对这种必然产生的抽象与贫乏所做的解释是完全一样的：人们拒绝主要的社会角色也就是拒绝他们自己人格与品格的主要特征。在拒绝它们的时候，人们也就是在拒绝可以给他们的生活提供内容与意义的东西。

我们指出下面这一点也是非常重要的，黑格尔认识到，确实存在着一些历史情境，在这些情境中，人们从社会世界中脱离出来也是合理的。例如，他说："当现存的自由世界对于一个更完善的意志来说已经变得不可

---

① 请比较下面这段话："从传统上讲，婚姻是社会给妇女所施加的宿命。大多数妇女结婚了，或者已经结婚，或者计划要结婚，或者因为没有结婚而痛苦不堪。独身的（如单身的）妇女（la célibataire）都是通过婚姻而得以解释与界定的，无论她们是否对这种婚姻制度感到沮丧、反抗它抑或对它漠不关心"（Simone de Beauvoir, *Le deuxième sexe II：L'Expérience Vécue*, Paris, Editions Gallimard, 1949, p. 9；Parshley H. M., *The Second Sex*, New York, Vintage Books, 1989, p. 425）。

② 请注意 Thomas Nagel 的如下评论："公民身份是一种极强的纽带，哪怕对我们当中那些爱国情感较弱的人来说亦是如此。我们每天对国内报纸报道的东西感到愤怒与恐惧，这与我们读到在其他国家发生的罪行的感觉是完全不同的。"Thomas Nagel, (*Mortal Questions*, Cambridge, Cambridge University Press, 1979, xii)

相信，那么这个意志也就不再能在这个世界中所认可的那些义务之中找到自身，它就必须在理念的内在性质中找回已在现实性中遗失掉的和谐性"（PR，§138R）。他认为，苏格拉底和斯多葛学派所生活的社会世界为这种历史环境提供了一个真实的例子。所以，黑格尔并不认为，有一种超历史的东西可以保证人们总是能够在现存的社会角色中找到意义。

158

　　我们强调下面这一点也是很重要的，黑格尔认为，不能仅仅因为这些角色深深扎根于现代人的人格与品格之中，并为之提供了基本要素，同时也构成了与他们所生活的基本生活形式，因此现代人就应当接受这些主要的社会角色。黑格尔也认为，不能仅仅因为拒绝它们个人所要付出的代价太高，因此现代人就应当接受它们。尽管黑格尔认为，这些考虑确实为接受这些角色提供了理由，但他也认为，我们如果能够表明这些社会角色通过反思之后依然是值得接受的，也是很重要的。《法哲学原理》的一个主要目标就是要表明，我们可以通过表明社会安排——家庭、市民社会与国家——本身是在人们反思之后可以被接受的，从而表明家庭成员、市民社会成员与公民这些角色也是人们反思之后能够被接受的。黑格尔方案的这一层面内容我们将在第六章着手处理。

　　我们已经考察了，现代社会角色在非形而上学的意义上是很重要的，除此之外，黑格尔还认为，在一种特定的形而上学意义上，这些角色也是很重要的。由于我对黑格尔进行重构的时候，其中一个目标就是为了避免进入黑格尔理论的形而上学层面，所以我不想大篇幅地考察这一点。但是，由于黑格尔在一种形而上学的意义上认为主要社会角色是重要的，我们就必须解释这一事实。对于这种形而上学的意义，我们要有一个基本的理解。

　　首先要澄清的一点是，它到底不是什么。在一种形而上学的意义上，主要的社会角色是重要的，黑格尔所要处理的问题并不是那种对于分析的心灵哲学家来说极为核心的问题，即对于一个人的持续存在来说，何者是必要的。黑格尔对此根本不感兴趣。

黑格尔感兴趣的东西很不一样。他在哲学上关注的问题是，到底要具备哪些条件，人们才能够把自己实现为类的存在物。黑格尔认为，人在根本意义上作为类存在物就是精神，他的意思是说，他们是最为根本的社会存在与文化存在。[①] 相应的，黑格尔认为，在形而上学的意义上，主要的社会角色是重要的，这里的形而上学意义是指，现代人为了把自己实现为精神，这些角色都是他们必须践行的。

这种观点建立在他的如下观点之上，即现代人为了把自己全面实现为精神，他们必须参与到那种能够表达出对人类精神的正确理解的人类社会生活形式之中。他认为，这种人类社会生活形式可以在由市民社会、现代家庭与国家所构成的社会安排系统之中找到。因此，现代人参与到这些安排之中，通过践行家庭成员、市民社会成员与公民这些角色，将自己作为精神而得以实现。

黑格尔并不认为，践行这些角色是把自己全面实现为精神的一个充分条件。参与到艺术、宗教与哲学之中也是必要的。我在这里所强调的一点是，他确实认为践行这些社会角色是把自己全面实现为精神的一个必要条件。

对于主要社会角色是重要的这一点在形而上学与非形而上学的意义上都是很重要，我们在前面关于黑格尔对这两种意义的理解已经有所解释。我相信，这种解释很清楚地表明了，黑格尔的现代社会成员身份的观念是很强的。在他看来，家庭成员、市民社会成员与公民角色并不仅仅是"外在的"角色，与生活在其中的人们的人格、性格与本质毫无关联。相反，它们构成了人们的人格与品格的核心特征，为他们的基本生活形式提供基本要素与结构，与把他们的本质实现为精神是不可分割的。因此，正如黑格尔认为的一样，我们可以合理地认为现代人是成熟的社会

---

① 精神的观念与人就是精神的这一观点已经在第二章第一节进行了讨论。

成员。

我将对黑格尔的现代社会成员身份的观念与另外两种观念进行对比，从而结束这一基础性的讨论：一个观念是他关于古希腊社会成员身份的观念，另一个是他关于社群主义的（communitarian）社会成员身份的观念。

黑格尔关于古希腊社会成员身份的观念代表了他如下观点的另一面，即古希腊人并不是强意义上的个体。[①] 由于古希腊人没有那种可以脱离社会角色的自我观念，他们的社会成员身份是"直接的"（immediate），因为它并不需要自我观念作为中介。当黑格尔说："因此，（希腊世界的）个体是在普遍目的（如维护共同体）之中无意识地结合在一起的（*in umbefangener Einheit*）"（VG，249/202），他的意思表达的正是这一点。

160

对于这一观点，我们依次有两点评论。当黑格尔说古希腊人没有自我观念，这种自我是指脱离其社会角色的自我时，他的意思并不是说，他们不能把自身看成是那种弱意义上的个体，或者他们不能进行反思性的思考。他只是说，他们不能设想自己具有那种从给定的社会角色中脱离出来的能力。黑格尔的意思也不是说，由于古希腊人的物理构造天生缺乏些什么东西，所以他们不能把自己从社会角色中脱离出来，相反，他认为，他们缺乏这种能力，这是因为他们在抚养长大的过程中从不以此为目标。他非常合理地假定，这种从社会角色中脱离出来的能力是教育与培养的结果，即教化的产物。他也假定，确实存在一些社会，生活于其中的人们从未被教导去努力脱离其社会角色，我依然认为这一点是合理的。无论我们是否接受黑格尔关于古希腊的观点，它所表达的社会成员身份的观念——一种直接的社会成员身份的观念——也是可能的。

在社群主义的社会成员身份观念中，人（包括现代人）本质上是社会性的，因为他们认为，社会角色与群体成员身份对于他们的本质来说是关键

---

① 参阅注释 9。

性的。他们是在如下意义上认为这些角色和对群体的依附（attachments）对于他们的"身份"来说是关键性的，即他们相信自己没有能力拒绝它们。①

　　这种观念背后有一个直觉，人们认为，他们的社会角色与对群体的依附对于他们的自我理解来说非常关键，一旦脱离了这些角色与对群体的依附，他们根本不知道如何理解自己。社群主义者指出，许多人相信，如果他们放弃了这些角色与对群体的依附，那么这就会在某种程度上给他们带来转变，他们就成了彼此不同的人。②

　　从表面上来看，社群主义的社会成员身份的观念与黑格尔对古希腊社会成员身份的理解是极为相似的，二者均包含了不能将自己脱离其社会角色的看法。但是，它们还是极为不同的。如果人们不能脱离其社会角色和对群体的依附，他们就是在直接的意义上的社会成员。如果人们相信，他们不能拒绝其社会角色以及对群体的依附，他们就是共同体意义上的社会成员。因此，按照这种理解，社群主义的观念并不承诺如下看法，即现代人没有能力脱离其社会角色。③ 社群主义的社会成员身份观念与黑格尔的现代社会成员身份的观念在四个方面有所不同。第一，尽管它也适用于现代人，但它并没有在古代与现代社会成员身份之间做出区分，相反，它只是泛泛地讲社会成员身份。④ 第二，它假定，现代人明确地以其社会角色与对群体的依附来看待自己，现代人认为这些角色与对群体的依附对于他

──────────

　　① M. J. Sandel, *Liberalism and the Limits of Justice*, Cambridge, Cambridge University Press, 1982, p. 150.

　　② 同上，62，150，179；参阅 John Rawls, 1985. "Justice as Fairness: Political Not Metaphysical."in *Philosophy and Public Affairs* 14，1985（3），pp. 223 − 251，241 − 242；Harry G. Frankfurt, "The Importance of What We Care About." in *The Importance of What We Care About : Philosophical Essays*, Cambridge, Cambridge University Press, 1988, pp. 80−94.

　　③ 人们有时会发现，社群主义者认为，现代人不能脱离他们的社会角色（例如，脱离了这些社会角色，根本就不存在着一个自我，他能够对这些角色进行评价）。因此如果这样理解的话，社群主义的现代社会公民身份观念本质上与黑格尔关于希腊社会成员身份的观念是一样的，或者更准确地说，它把黑格尔关于希腊社会成员身份的观念的基本特征扩展到现代社会成员身份。

　　④ 请参见 Alasdair MacIntyre, *After Virtue : A Study in Moral Theory*, Notre Dame, University of Notre Dame Press, 1981.

们的自我观念来说非常关键。^① 尽管黑格尔同样认为社会角色与对群体的依附在现代人的自我观念中起到很关键的作用，但是他反对如下假设，即现代人通常会明确地通过这些术语来看待自己。他会说，有些现代人会明确地以这种方式看待自己，但并不是所有人都会如此。他认识到，现代社会世界中的许多人都以原子化的方式看待自己，因此被看成是强意义上的个体，而非社会成员。我们应当强调的一点是，黑格尔的目标并不是要使人们相信现代人不会把自己理解成强意义上的个体，相反，他的目标是要确立如下看法，即只要进行恰当理解，这种自我观念与那种根据主要社会角色来理解自己的看法是相容的；同时又要表明，将自我理解成强意义上的个体与社会成员，这两种观念是如何能够结合在一起的。与社群主义者不同，黑格尔很明显是强意义上的个体性观念的朋友。

让我们更仔细地考察黑格尔的如下看法，现代人把自己看成家庭成员、市民社会成员与公民，这种观念通常是黑格尔所默认的。更具体地说，黑格尔认为，现代人的特征就是以家庭成员、市民社会成员与公民的方式来看待自身。举个例子来说明一下可能会有所帮助。某个人给他女儿去买鞋子，哪怕他不能明确地认识到他把自己看成是一位父亲，但这个人对自己与世界都会有一定的理解，换言之，哪怕他没有明确认识到他具有父亲这一角色，但他的目的、他的责任感以及他对自己与家庭成员的关系的理解都是他父亲身份的表现。他具有这些目标、责任与理解就是因为他是父亲，他之所以把自己看成父亲，是由于这些目的、责任与理解等构成要素。一个人可以从家庭成员、市民社会成员或国家成员的角色来看待自身，但不需要明确地把自己看成是一个家庭成员、市民社会成长或公民；事实上，甚至不需要认识到，人们要以一个家庭成员、市民社会成员或公民的方式来看待自身。

162

---

① M. J. Sandel, *Liberalism and the Limits of Justice*, Cambridge, Cambridge University Press, 1982, pp. 150, 179.

在《法哲学原理》中，黑格尔的一个主要目标就是要帮助读者认识到，他们事实上可以把自身看成是家庭、市民社会和国家的成员。黑格尔采用了如下策略，他首先向读者表明，他们可以像家庭成员、市民社会成员和公民那样看待自身。只要他们理解了这一事实，他们就会认识到，他们隐含地将自身视为家庭成员、市民社会成员与公民。只要他们理解了这一事实，随后他们也会慢慢明确地以这种方式来看待自身。因此，从一个黑格尔主义者的立场来看，社群主义者一开始就认为现代人明确地根据他们的角色来看待自身，这实在是走快了一步。现代人一开始并没有明确地以这种方式来看待自身；这恰恰是他们最终止步的地方。① 在黑格尔看来，慢慢地把自己看成是一个家庭成员、市民社会成员与公民，这是主观和解过程中的关键一步。

163　　　第三点不同如下，社群主义的现代社会成员身份观念认为，人们一般都相信他们不能拒绝自己的社会角色。② 但是，黑格尔否认这一点。黑格尔认为，现代人一般都认识到，他们有能力脱离——与拒绝——他们的社会角色，这是现代社会生活的一个本质特征（参见 VPG，308/252）。当然，黑格尔也认识到，在现代社会世界中，有些人相信他们不能拒绝他们的社会角色。但在黑格尔看来，他们实在是弄错了。可以说，这些人只是不愿意拒绝其社会角色，这完全是可以理解的，但是他们用不可能性来表达了这种不愿意，他们事实上有能力拒绝任何既定的社会角色（参见 PR，§5）。

正如我们已经看到的，黑格尔认识到，拒绝任何一种主要的社会角

---

① 黑格尔认识到，向人们表明他们把自己（暗暗地）看成公民，要完成这一任务是非常困难的。一个原因就在于，他们在现代政治国家中的参与是非常有限的。而且，现代政治国家本身也极难理解。因此，《法哲学原理》的一个核心任务就是要为现代国家与现代公民身份提供一种解释，能够使人们理解到他们就是公民，并且逐步明确地把自己看成公民。

② 社群主义的思想中还有另一个组成部分，它并不否认人们会拒绝他们的社会角色，但是事实上，它认为他们不应该这样做（M. J. Sandel, *Liberalism and the Limits of Justice*, Cambridge, Cambridge University Press, 1982, pp. 62, 179, 182），或者他们应当有一些深层的承诺，"这些承诺对于确定他们的本质来说是非常深刻的"。（同上书，p. 182）

色，所付出的代价都是非常高的。[①] 但是，他认为，这种代价是人类能够
承受的。他认为，现代人之所以能够拒绝这些角色，是因为在他看来，人
类否定外在决定性的能力是自我之中最深层、最稳固的一个特征（PR，
§5；EG，§382，Z）。例如，"在意志的这种要素（它有能力脱离出来）内
在地包含如下这一点，即我能够使自己从一切东西中解放出来，能够否认
一切目的，能够脱离一切东西。"（PR，§5，Z；VPRG，111；VPRHO，
112）当黑格尔说，现代人能够拒绝主要社会角色时，他并不是极力贬低这
些角色的深度或意义。[②] 相反，他是在肯定人类自由的价值。

　　第四点不同在于，社群主义的现代社会成员身份的观念倾向于强调较
小群体（如家庭）与较小共同体（如邻居）中的成员身份，而黑格尔则强调由
家庭、市民社会和国家所构成的较大结构中的成员身份。[③] 诚然，黑格尔
认为，这些较大结构中的成员身份通常表现为某个家庭成员、某个市民社
会和某个国家中的一员的形式，但是就黑格尔的观点来说，这些成员身份
会在具体的地方得到体现，不过它具体在哪些地方体现并不具有根本的重
要性。[④] 对黑格尔来说，如果我成了这个国家的公民，那么这里最重要的
一点是，我只要成为某个特定国家（这个国家或那个国家，视情况而定）的
一员，我才能成为国家（the state）的成员。就此而言，黑格尔对现代社会
成员身份的理解要比社群主义更具有普遍性。

164

---

　　① 社群主义的思想中还有另一个组成部分，它并不否认人们会拒绝他们的社会角色，但是
事实上，它认为他们不应该这样做（M. J. Sandel, *Liberalism and the Limits of Justice*, Cam-
bridge, Cambridge University Press, 1982, p. 179），或者他们应当有一些深层的承诺，"这些承诺
对于确定他们的本质来说是非常深刻的"。（同上书，p. 182）

　　② 参见同上书，pp. 62，179，182。

　　③ 必须承认，社群主义者也强调国家中的公民身份，但是我认为，社群主义的思想中有一
种很强的倾向，即即使以更大结构中的公民身份为代价，也要强调小集团或小共同体中的公民身
份的重要性。这一规则也有一个例外，那就是 Bellah 等人所提出的（1992），它标志着社群主义思
维方式的一种发展。

　　④ 参见同上书，p. 179。

第三节　个体性与社会成员身份的兼容性

我们已经考察了黑格尔关于现代个体性与现代社会成员身份的观念，现在我们将考察他对二者关系的理解。首先，黑格尔认为，现代个体性与现代社会成员身份是相容的。这可以发展成如下观点，即现代人在原则上既是强意义上的个体，又是现代家庭、市民社会与现代国家的成员。黑格尔关于现代个体性与社会成员身份的观念使得这种观点具有明显的合理性。黑格尔似乎找到了一种方式，据此，我们就可以把一种成熟的个体性形式与一种成熟的社会成员身份的形式结合起来。我们可以得出结论说，黑格尔成功地做到了这一点，但是在做出这一结论之前，我们有两个担忧需要处理。

第一点担忧来自黑格尔的如下看法，他认为，这些主要的社会角色对于现代人确定自己的身份来说是非常重要的，但是现代人还是能够拒绝这些主要的社会角色。从表面上来看，这种观点很明显不是内在一致的。如果这些主要的社会角色是可以随时拒绝的，那么何以谈得上它们对于现代人来说非常重要呢？

让我们回忆一下，黑格尔在讲主要社会角色非常重要的时候，他到底是什么意思。他并没有说，无论在形而上学的意义上还是在非形而上学的意义上，这些主要的社会角色都是重要的，所以我们不能拒绝它们。在非形而上学的意义上，它们是极为重要的。但是，正如我们已经看到的，黑格尔认为，无论它们有多么重要，现代人都可以拒绝它们。在形而上学的意义上，如要现代人为了把自己全面实现为精神的话，他们就必须践行这些角色。但是，这并不意味着，现代人不可避免地要践行这些角色。它的意思只是说，除非他们践行了这些角色，否则他们不能把自己全面实现为精神。而且，黑格尔认为，现代人能够拒绝任何给定的社会角色，包括那些对于实现他们的本质来说非常必要的社会角色。因此，黑格尔对于主要社会角色很重要这一观念的解释包含了以下两层意思，它既可以把这些角色看成是很重要的，也认为现代人可以拒绝这些角色。

第二个担忧是，人们是否会把自己既看成是强意义上的个体，又是主要社会制度的成员。黑格尔论证了他们可以这么做。他认为，把自我看成是个体利益的承担者(PR，§§189—207)、个体权利的拥有者(PR，§§209—228)与良心的主体(PR，§§136，Z，137，R，Z)，这一点内在于市民社会成员这一角色之中。任何人按照这种线索来思考自身，其实也就是在以市民社会成员的方式思考自身。黑格尔进一步认为，市民社会提供了某种恰当的制度领域，以使这些有关自我的观念能够得以表达。正是在市民社会中，人们追求着个体利益、坚持个体权利、按照自己的良心而行动。① 因此，一方面把某人看成是个体利益的承担者、个体权利的拥有者与良心的主体，另一方面把他看成是市民社会的成员，这二者之间没有什么不相容的地方。而且，黑格尔论证了，现代社会世界就是按照如下方式构造起来的，即人们既是市民社会的一员，同时也是家庭和国家中的一员(PR，§145)。因此，他认为，一方面把某人看成是家庭成员与公民，另一方面把他看成是个体利益的承担者、个体权利的拥有者与良心的主体，这二者之间也没有什么不相容的地方。

然而，有人可能会疑惑，把某人看成是家庭、市民社会与国家的一员，这一点与某人把自己看成是一个自我是否是相容的呢？这一问题之所以出现，是因为黑格尔认为，把某人看成自我，也就是把他看成是独立于、不同于他所承担的角色。一个人何以能够既以这种方式看待自己，同时又根据他的角色来看待自己呢？

黑格尔的答案依赖于他对"独立于"与"不同于"的观念所做的解释。他

166

---

① 这里的意思并不是说，黑格尔认为家庭与国家不是私人良心评价的对象。相反，他的《法哲学原理》的一个主要目标就是要表明，这些制度是经过反思之后被接受的。他认为，在一个秩序良好的社会世界中，市民社会——不同于家庭与国家——将会构成一个领域，人们在这一领域中通常会被号召起来，并在良心的基础上做出伦理选择。我将在下面着手处理这一点。

是这样解释的，某人认为自己独立于、不同于他的角色，只要求他认为自己具有某种从任何给定的角色中脱离出来的能力。这种解释的显著特征是，它使得人们既能够根据角色来看待自己，又有可能使自己独立于、不同于这些角色。例如，我既能够把自己看成是一个公民，同时又可以认为自己能够脱离这一角色（例如，能够放弃我的公民身份）。人们既可以根据某种给定的社会角色来看待自身，也可以认为自己具有从这种给定的社会角色中脱离出来的能力，这两者之间没有什么不相容的地方。

可以肯定的是，就能够脱离某种社会角色这一点来说，人们可以认为自己"外在于"这一角色。同时，人们也就能够质疑、评价、接受或拒绝这一角色。同样可以肯定的是，就能够脱离某种社会角色这一点来说，人们可以认为这一角色是外在于自身的。它正是人们能够质疑、评价、接受或拒绝的东西。那么，它也就证明了，从角色中脱离出来这一行为本身就包含了某种通过反思从而将自我与其角色分离开来的过程（参见 PR，§5）。事实上，人们有可能会说：这是一个异化的过程。这反过来又会导致人们产生疑惑，一方面人们实际上践行着把自己从社会角色中脱离开来的能力，另一方面又要根据这些角色来看待自身，那么这二者之间是否就是根本相容的？

黑格尔可能会做出如下回应，确实存在着某种分离的过程，事实上就是异化的过程，这种过程内在于从角色中脱离出来这一行为之中，但是，这种分离不必是永恒的。当一个人对于某个给定的角色提出如下问题，"这一角色适合我吗？"或者"我想要承担这一角色吗？"时，原则上我们都可以对这些问题做出肯定回答。我认为，当人们在对这些问题做出肯定回答时，他也就通过反思使自己认同这一角色（参见 PR，§7）。

正如黑格尔所认为的，反思认同（reflective identification）是一种认同形式，因为它包含了根据某人的角色来看待自身。例如，一个人可以对自己说："我是一个姐姐，我承认自己作为姐姐的这一角色"。反思认同之所以是反思性的，是因为人们通过反思行为，使自己从某种社会角色中抽离出来，从而对这种角色进行评价。因此，它与"直接认同"（immediate identification）是极不相同的，黑格尔认为，直接认同这种形式在古希腊得到了具体体现。我们之所以称它是直接认同，因为它根本不需要自我观念作为中介。相比之下，对于反思认同来说，它是通过自我观念作为中介的。某人通过反思，认同自己的社会角色，这也是他作为自我来认同它们的。因此，反思认同提供了某种（黑格尔可能会说是唯一的一种）反思手段，架构起了自我与其角色之间的鸿沟，这一鸿沟本身也是通过反思性的抽离行为而造成的。反思认同不用放弃反思，也能够克服内在于反思之中的异化过程（参见 PR，§147R）。

　　现代人有能力通过反思从而认同他们的社会角色，这对他们来说是一个明显的事实。这意味着，内在于反思之中的异化不必是最终的①，也意味着，人们既能够反思他们的社会角色，也能够认同他们的社会角色。黑格尔之前的哲学家们已经注意到了如下事实，即人们能够从他们的社会角色中抽离出来（康德的现代主体观念在关键意义上依赖于这一事实）。但是，据我所知，在黑格尔之前，没有哪一个哲学家注意到了如下事实，至少是以某种比较清楚明确的方式注意到它，即人——现代人或其他人——能够在反思之后认同他们的社会角色。黑格尔对这种能力的发现是他的一个最伟大的洞见。

第四节　社会成员身份使个体性成为可能

　　除了论证现代个体性与社会成员身份的相容性之外，黑格尔也认为，现代社会成员身份——或者最好说现代社会世界——使得现代个体性成为

---

　　① 参见 Jean Paul Sartre，*Being and Nothingness*，Translated by Hazel E. Barnes，New York，Washington Square Press，1966.

可能。现代个体性所具有的独特的现代特征均可以纳入强个体性的范围内。黑格尔认为，对强个体性的内容所做的理解（把自己看成是一个自我、个体利益的承担者、个体权利的拥有者与良心的主体）都隶属于作为市民社会成员的人所具有的自我观念（PR，§§189—207、209—228、242）。他认为，市民社会为这些自我理解的践行提供了合适的领域；这一领域与家庭不同，它可以适合于人们追求自己的个体利益、坚持自己的个体权利。

168

黑格尔还认为，这些自我理解也是由市民社会的实践所造就的。正是由于参与到市民社会之中，现代人才逐步把自己看成是个体利益的承担者（参见 PR，§§189—207）。① 参与到市民社会之中，也是把自己从家庭成员与公民的角色中脱离出来（PR，§§182Z，238；VPRG，472），在工作世界中追求个体利益（*die System der Bedurfnisse*）（PR，§§189—207）。这些利益为主持正义的行政机构所颁布的法典（*die Rechtspflege*）（PR，§§209—229）和公共权威（*die Polizei*）所保护（PR，§§231—255）。人们通过进入正规的法律关系（如订立契约）并利用法律系统（如提起诉讼），逐步把自己看成是权利的拥有者。在黑格尔看来，正是在市民社会之中，人们才最有可能面对一些会涉及良心发挥作用的伦理情境（PR，§242），因为，在这一领域（他认为，这是从对家庭与国家相比照的意义上讲的）之中，② 人们不能依据习俗来决定自己应当做什么。相反，人们不得不求助于私人性的道德反思。结果便是，通过参与市民社会，通过把自己实现为市民社会的一员，人们才把自己实现为强意义上的个体。

然而，黑格尔并不认为强个体性只会在市民社会中产生。现代家庭的一个重要功能就是抚育小孩，并使之成为市民社会的成员（参见 PR，

---

　　① 我们必须指出，在黑格尔看来，妇女并不参与市民社会。这一点将在第六章第一节和结论部分着手处理。

　　② 很明显，人们普遍承认黑格尔的国家观这一方面，至少可以说，过于乐观了。

§§177、180、238节），这在很大程度上也就是要抚育他们，使他们具有强意义上的个体所具有的倾向（例如，追求个体利益、坚持他们的权利、以良心为立足点来看待一切），使他们能够把自己看成是强意义上的个体。现代国家的一个基本功能就是要维护与支持市民社会的框架，现代人在这一框架之中能够把自己实现为强意义上的个体（PR，§§260，Z，287；VPRG，635；VPRHO，717）。① 因此，正如黑格尔所认为的，现代家庭　169
与现代国家都在与市民社会合作，以加强和造就强意义上的个体。

第五节　个体性的社会维度

事实上，我们已经进入到了本节所讨论的主题：现代个体性的社会维度，因为前几节所做的解释已经表明，黑格尔对强个体性的理解是极具社会性的。通常认为，现代人作为强意义上的个体行动时，他们就是作为个体而非社会成员而行动的，但事实并非如此，很明显，他们也是作为市民社会的成员而行动的。对于黑格尔来说，真实的情况是，如果人们要把自己实现为强意义上的个体，他们就必须生活在社会（某种社会形式或其他社会）之中——这是一个哪怕持原子式的个体主义观念的人都会承认的事实。黑格尔也认为，现代人必须生活在一种极具确定性的社会中：一种包含着市民社会的社会世界。而且，黑格尔论证了，现代家庭与现代国家都是强个体性的前提条件。为了成为强意义上的个体，人们必须在现代家庭之中得以抚育，因为在黑格尔看来，现代家庭最适合于为人们提供情感教育，而且人们为了成为强意义上的个体，他们必须具有这种情感教育。他认为，现代政治国家为保持市民社会的存在提供了必需的制度维护与支持（PR，§§260，Z，287；VPRG，635；VPRHO，717）。没有政治国家的

---

① 这一点将在第六章进行处理。

支持，人们能够把自己实现为强意义上的个体的制度领域——市民社
会——就不能够得以维护与再生。

　　我们在这里还要谈的一点是，黑格尔认为，强意义上的个体性只是现
代意义上的个体性的完整结构的一个组成部分。正如黑格尔所认为的，
"完整意义"上的个体性也包含了现代家庭与国家中的公民身份。对黑格尔
来讲，成为完整意义上的个体也就成为现代家庭、市民社会与国家中的一
员。人们正是通过参与到这些安排中来，才把自己实现为完整意义上的
个体。

　　正如我们所见，黑格尔认为，那些内在于家庭成员角色中的态度、习
惯与理念都扎根于现代人的个体性与品性之中。我们知道，黑格尔也认
为，现代人一般都会以家庭成员的方式来看待自身，哪怕他们并没有明确
地把自己看成家庭成员。他们会很看重家庭责任，把维护家庭看成一个重
要的最终目标，为了家庭而做出一些个人牺牲等。这些考虑都会促使黑格
尔认为，家庭成员身份在现代个体性中发挥了关键作用。他认为，如果我
们想要理解现代人到底是什么样子，我们就必须理解家庭成员身份在他们
的生活中所发挥的作用。

　　关于国家中的成员身份，黑格尔也做了一个类似的论证。他认为，内
在于公民角色之中的态度、习惯与理念都扎根于现代人的个体性与品性之
中（参见 VG，52—53/46，111/94）。他认为，现代人通常会以公民的方式
来看待自己。他们会看重自己对国家的责任，把维护国家看成一个重要的
目标，为了国家的安全而做出一定的牺牲——甚至在战争时期牺牲自己的
生命（PR，§324）。黑格尔认为，如果我们想要理解现代人是什么样子，
我们就必须理解国家中的成员身份在他们的生活中所发挥的作用。

　　我们还要谈到的一点是，黑格尔认为，现代人的个体性与品性通常会
被培育他们的具体国家的精神——习俗、实践与理念——所塑造。例如，
美国所培育出的人所具有习俗、价值与理念通常是美国式的。众所周知，

许多美国人也会拒绝美国生活方式中的一些主要特征。但是，他们拒绝这些特征所采用的方式一般也会落入典型的美国模式。那些到非洲或欧洲去寻根的美国人，他们的标准体验则是，不管怎样，他们发现自己是美国人，而不是非洲人或欧洲人（参见 PR，§195Z；VPRHO，598）。

尽管黑格尔本人没有强调这一点，但是他对于现代人的个体性与品性以及培育他们的具体家庭之间的关系提出了类似的观点。每个具体的家庭都有自己的精神，自己的习俗、价值与理念。在某个具体的家庭中成长，也就是在一定程度上为它的精神所塑造。确实，有许多人会拒绝他们所在的家庭的精神，但是这种拒绝从来不是彻底的，这种拒绝的轨迹也是由他们力图拒绝的习俗、价值与理念所塑造出来的。在黑格尔看来，人必然是特定家庭的产物，也必然是他们所出生的特定国家的产物。到了一定的时候，他们就会认识到，他们共享了培育他们的家庭的精神，这一特定时刻就是他们结婚的时候。结婚可能会以最亲密、最强烈的方式遇到另一个家庭的精神。对于每一个具体的婚姻来说，它不仅仅是两个个体的婚姻，也是两个具体家庭的习俗、价值与理念的婚姻。

黑格尔认为，家庭成员身份与国家中的成员身份构成了现代人的个体性的组成部分，当然，有人可能会对此展开争论。这些角色毕竟都是人们所承担的角色。不过，我们在这里有必要指出，黑格尔反对常识的做法，即把个体性等同于古怪与标新立异。他认为，尽管事实上这些角色为人们所承担，但这些角色——如计划、品格与身体特征——依然能够成为人们个体性的一部分。我认为，这是一个非常合理的观点。

请大家思考一下某个有意识地把自己等同于父亲角色的人。这一角色为许多人所承担。但是，如果我们想要理解，就其个体性来说，这个人是谁，我们必须认识到，他是一位父亲，而且把自己当成父亲看待。他之所以是一个个体，这一事实背后的最大原因就在于，他是一个具体的人。这一事实也在他的情感、自我观念与个人世界观中——他的主体性中——发挥了重要作用。可以肯定的是，要想成为父亲，有着众多的方式，但是他成为父亲的方式是独一无二的、原创性的；要想成为父亲，其中一部分工作就是要调整角色使之符合自己的脾气与环境。但是，对他来说，最重要的事实并不是他成为父亲的方式是独一无二的，而在于像其他的父亲一样，他也是一位父亲，并把自己当成父亲来看待。

这个例子背后所表达的哲学观点是，黑格尔认为，个体性(Einzelheit)存在于特殊性(Besonderheit)与普遍性(Allgemeinheit)的统一体之中(PR，§7R；EL，§§163－165；参见 PR，§258R)。从黑格尔的立场来看，这个人的"普遍性"(部分地)存在于他的父亲角色之中(参见 PR，§303R)。他的特殊性(部分地)存在于他以具体的方式所体现的这一角色中，他是这个孩子的父亲，他体现了父亲角色这一类概念等。"单就普遍性来说"，我们不能理解这个人是谁，除非我们思考如下事实，即他承担了这一"普遍性"的角色。"单就其特殊性来说"(某人以具体的方式承担了父亲这一角色)，我们也不能理解他是谁，除非我们思考他如何承担这一角色，并以自己独特的方式成为父亲。所以，黑格尔坚持认为，个体性只有同时通过特殊性与普遍性才能得以理解。可能值得我们指出的是，黑格尔认为，按照这样的理解，个体性体现了他所讲的概念(Begriff)的结构(EL，§§163－165；WL，2：273－301/600－622)，黑格尔把它看成是理性的基本结构(参见 PR，§258R)。

第六节　社会成员身份的个体性维度

最后，我们回到现代社会成员身份的个体性维度上来。这一维度中最明显的组成部分就是市民社会成员的角色。正如我们所见，现代人能够成为市民社会的成员，在这一过程中，他们才能够把自己实现为强意义上的个体。按照黑格尔的理解，古代社会世界与现代社会世界之间最显著的差别就在于，现代社会世界包含了一个领域，人们在这一领域之中不仅能够而且也应当追求他们的个体利益（PR，§§185R，260Z；VPRG，635；VPRHO，718）。正是通过在市民社会之中追求个体利益，现代人才把自己实现为市民社会的成员，并满足彼此的个体利益（PR，§§184，Z，199；VPRHO，571）。因此，强意义上的个体性才是市民社会的命根子（PR，§§185—186）。

　　但是，市民社会的成员这一角色并不是现代社会成员身份的个体性维度的唯一组成部分。对于黑格尔来说，家庭成员与公民这些现代角色都同样是这一维度的组成部分。我们可以思考一下现代家庭。在黑格尔看来，父母的目标就是抚育小孩使之成为强意义上的个体（参见 PR，§§177，238），小孩的目标则是离开家庭并成为强意义上的个体（PR，§§175，238）。一个现代公民的自我观念中的一个重要组成部分就在于，他能够理解国家的一个最终目标就是其成员的个体性（PR，§261，Z；VPRHO，719）。尽管黑格尔认为，一个人无需通过反思认同自己的家庭成员或公民的角色，也可以成为一个完美的家庭成员或公民，但是他还是坚持认为，反思认同代表了社会成员身份的最高阶段（参见 PR，§147，R）。在他看来，一个人为了把自己全面实现为社会成员，就必须在反思之后认同自己的家庭成员、市民社会成员与公民这些角色。在经过反思后认同这些角色的时候，他就把这些角色吸纳进了他的主体性之中，因此通过他的个体性来实现社会成员身份。按照我们刚才所描述的方式，有些人通过他们的社会成员身份来实现他们的个体性，通过他们的个体性来实现他们的社会成员身份，可以说，这些人都是在把自己实现为个体化的社会成员。黑格尔关于个体性与社会成员身份的观念可以被看成个体化的社会成员身份观念。

173

第六章

家庭、市民社会与国家

174 　　黑格尔对现代社会世界的解释代表了其和解方案的高潮。在这里，他力图表明现代社会世界事实上是家。我在本章及下一章的目的就是要为他最后阶段的论证提供某种重构。在这一章里，我将陈述黑格尔对现代家庭、市民社会与现代国家的结构的解释。我将解释，根据黑格尔的观点，这些制度何以能够使现代人把自身实现为个体与社会成员。

　　在整个讨论过程中，我们谨记下面这一点是很关键的，即黑格尔对现代社会世界的处理，既不是对现存的现代制度的现实特征做出一种纯粹描述性的说明，也不是对这些制度应当如何做出一种纯粹规范性的说明。正如我们在第二章和第四章看到的，相反，黑格尔的现代社会世界的理论是对家庭、市民社会与国家的"现实性"的说明，这里的现实性是他的专业术语。换言之，一方面，他的现代社会世界理论是对这些制度的内在本质的说明，只要这些本质是在现存的制度与团体中得以实现的；另一方面，它

175 又是对现代制度与团体的说明，只要它们能够实现它们的本质。

　　在讨论黑格尔的现代家庭、市民社会与现代国家这些观念的时候，我将依次考察它们。

第一节　家庭

(一)家庭观念的第一个方面

黑格尔的现代家庭观念在许多方面是我们所熟悉的。这种现代家庭观念是核心家庭式的、资产阶级的与家长制的。现代家庭是核心家庭，因为基本的家庭单位都是由父亲、母亲和他们所生的孩子所组成的。这种家庭单位是基本的，因为它构成了一种本身就是完备的、自足的家庭。因此，现代家庭与更广阔的亲缘团体（Stamm）（PR，§§168，172）是相分离的。就这一方面来说，它与传统家庭是不同的（例如，中世纪的家庭），在这种传统家庭中，基本家庭单位构成了更大的团体，这种团体在今天看来可以称为是"扩展之后的"。与古希腊的家庭相比，现代家庭并没有扩展到跨代的程度上来。[①] 在现代世界中，当小孩到了一定年纪后，他们就会离开最初的家庭，形成属于自己的家庭（PR，§177）。"每一次婚姻都是对之前家庭关系的一种放弃，并确立一种全新的、自足的家庭"（PR，§178）。

黑格尔认为，现代家庭是资产阶级的，因为它与传统家庭不同，它并不是一个独立的经济生产单位，相反，它是一个消费单位。它内在的经济生活所具有的特征是购买与享受商品，而不是具有像在农场中工作那样的生产能力。在现代家庭中，市民社会而非家庭才是经济生产能力的核心，现代家庭依赖于这一领域来满足其成员的物质需要（PR，§238）。因此，现代家庭本质上是市民社会这一资产阶级世界中的一部分（参见 EG，§523）。它对这个世界来说也是很重要的。如果现代家庭需要市民社会为其成员消费提供物质必需品，那么市民社会也就需要现代家庭来购买其成员所生产的产品。市民社会也要依赖于现代家庭为其提供成员。人的生产

---

① 对希腊家庭的讨论，请参见 W. K. Lacey，*The Family in Classical Greece：Aspects of Greek and Roman Life*，Ithaca，Cornell University Press，1968.

要在家庭中发生，而不是在市场上发生，现代家庭有抚育小孩的义务，为
他们参与到市民社会中去提供必需的能力、性格与态度。

现代家庭是资产阶级的，还有另一方面的原因，资产阶级生活的特征
就在于具有某种形式的富有情感的个人关系，而现代家庭恰恰为这种特征
的存在提供了一种制度背景。黑格尔认为，现代家庭是典型的私人化的、
自给自足的、情感化的单位，家庭成员为彼此提供情感支持与承认（PR，
§§158，Z，164；VPRG，420）。黑格尔指出，现代家庭之所以逐步形成
这种特征，就是因为它为了应对市民社会的出现而经历了一种结构转型
（PR，§§180，R，238）。随着市民社会的出现，家庭从更广阔的亲缘团
体中撤退出来，并放弃了他的生产能力。它变成了一个更小的、更紧密
的、更私人化的单位，在这种单位里，情感关系特别强烈。① 然而，黑格
尔并不认为爱对现代家庭来说是某种独一无二的东西。例如，他明确地认
为安提戈涅也爱波吕尼刻斯。但是，黑格尔认为，家庭把重心放在个人情
感上这是非常现代的。事实上，他认为，现代家庭所具有的一个最显著、
也最具有吸引力的特征就在于它提供了一个框架，只有在这种框架中，人
们才能为他们心理上的特性找到情感承认。

因此，很明显，黑格尔会拒绝近年来非常流行的一种观点，即家庭的
结构转型代表了一种可悲的败退。② 相反，他会认为，这种转型构成了一
种发展，正是通过这种转型，家庭才最终达到了它的成熟形式。黑格尔承
认现代家庭相比传统家庭更为特殊，但是他论证了，正是由于这种特殊
性，才满足了现代人的一种需要，即为他们所具有的特性找到情感承认。
而且，黑格尔认为，从总体上讲，在满足人们的物质需要这一问题上，市

---

① 类似的表达参见 Lawrence Stone，*The Family，Sex，and Marriage in England*，New
York，Harper & Row，1979，pp. 1500—1800.

② 参见 Christopher Lasch，*Haven in a Heartless World：The Family Besieged*，New York，
Basic Books，1977.

民社会比传统家庭更为有效。他的观点是，随着市民社会的出现，情感领域与经济领域发生了分离，另外，为了最大程度地满足情感与物质需要，家庭也要发生结构转型，这些都是应当给予肯定的。

　　现代家庭是家长制的，因为父亲是家庭的首脑，家庭的法定代表人，控制与管理家庭资源的负责人，同时也是一般意义上的家庭关爱者(PR，§171)。另外，妻子也掌控着家庭生活，主要负责小孩的抚养，就这一事实来说，这也是家长制的(PR，§166)。当然，黑格尔并不认为家长制是现代家庭独有的特征，但是他认为，相比传统家庭来说，现代家庭具有某种特殊的现代家长制形式。

　　正如黑格尔所理解的，现代家长制本质上是有所限制的。例如，尽管他认为父亲作为家庭首脑具有管理家庭资源的责任，但是他从情感上非常反对如下观念，即这些资源只属于父亲。黑格尔认为，家庭中的所有财产都是公共的，这其中的原因，我们将在后面进行考察。另外，黑格尔非常明确地反对妻子是丈夫的财产这一观念。黑格尔认识到，女人也是人(Personen)——个体权利的拥有者——因此，她们并不是那种可以被当成财产的存在者(参见 PR，§§42，44)。在他看来，如果一个丈夫把他的妻子当成财产一样来对待，那么他的行为就是不道德的(*unsittlich*)，这种家庭也是有缺陷的。他沉痛地指出，在罗马家庭中，小孩的地位实际上就是奴隶(PR，§173)，如果现代家庭中的父亲们也这样看待自己的孩子，根本就没有任何意义(PR，§§40R，175，R，180R)。他明确且不断指出，罗马法是有缺陷的，因为在父亲针对孩子的问题上，它赋予了父亲太多权威，甚至掌控着孩子的生与死。当然，这并不表明黑格尔反对家长制的一些核心特征。正如我们所见，黑格尔肯定了性别分工的传统观点。他为什么这么做，我们很快将会考察。

　　(二)家庭观念的第二个方面

　　现在让我们转到黑格尔的现代家庭观念的另一个方面，我们对这一方面不是那么熟悉，即激进的群体主义（communalism）。我们最好通过考察他对婚姻契约的地位所做的理解来把握这一点。黑格尔反对如下观点，他认为这一观点与康德有关联，即婚姻"仅仅只是……一个公民契约"（PR，§161Z；VPRG，425）。然而，他并不否认婚姻是契约性的。他也并不认为婚姻契约是一种非本质的形式。相反，他认为，这种契约作为自由同意（*freie Einwilligung*）的一种合法的形式化表达，构成了婚姻的"客观来源"（*objective Ausgangspunkt*），这种契约是不可或缺的（PR，§162）。（男女作为个体权利的拥有者）正是通过订立契约才变成了"丈夫与妻子"，这些男女自由地进入了婚姻（PR，§§75，R，163，R，164）。黑格尔也认为，婚姻契约是很独特的。在他看来，"这种契约超越（*aufheben*）了一般意义上的契约"（PR，§163R）。正是在这一点上，我们看到了黑格尔的家庭观念所具有的群体主义的一面。就"一般意义上的契约"来说，人们都可以被看成是个体权利的拥有者。但是，当人们通过立约而进入婚姻关系之后，他们就"超越"了这种一般意义上的契约，彼此同意而进入了某种关系中，在这种关系中，他们并不是作为个体权利的拥有者而发生关联。在黑格尔看来，这正是婚姻契约所包含的一个重要部分。他认为，（现代的与传统的）家庭的内在生活均在个体权利的领域之外。

黑格尔之所以这么认为，有以下两点理由。第一是因为与家庭成员的自我观念有关，这种自我观念适合于家庭。"（适合于家庭的）性情就是人们在这一统一体中对自己的个体性有一种自我意识……所以，人们并不是作为孤立的人（*eine Person für sich*）存在于家庭之中，而是作为一个成员"（PR，§158）。某人把自己看成是一个家庭成员，也就是把自己看成是家庭中的一员，而不是一个独立的、特殊的个体。这也就是把家庭看成是本身为善的东西，看成是一种最终的目的。黑格尔进一步认为，家庭成员关系的规范结构是由家庭功能的责任与理念所决定的，而不是由他们作为个体的人所具有的权利所决定的。我的哥哥没有载我去急诊室，可能是因为

178

我有某种个体权利反对他这么做。但他载我到急诊室，恰恰是因为他是我的哥哥。黑格尔会说，把家庭成员作为个体权利的拥有者来看待是不合适的。这样做的话，事实上就是把他或她仅仅看成市民社会中的一员。黑格尔会论证，以这种方式对待人并不适合于家庭。这是社会式的，而不是家庭式的，这是鞋匠对待其客户的方式，而非丈夫对待妻子、父母对待孩子或者兄弟姐妹彼此对待的方式。然而，这并不是说，黑格尔认为在家庭之中人们根本就没有任何权利。他认为，人们在家庭之中拥有他所讲的"家庭权利"，这种权利源于他们在家庭中的地位。例如，"孩子有权要求家庭付出代价对其进行抚育与提供支持"（PR，§174；同时请参见 VPRG，424）。

黑格尔给出的第二个理由其实我们在前面就已经碰到过。"尽管每个家庭成员对于共同所有的东西都拥有某种权利，但是没有谁拥有个人财产"（PR，§171）。这种观念是黑格尔如下观点的自然流露，即家庭成员之间并不是作为个体权利的拥有者而发生关系的。事实上，某个人把自己看成是个人财产的拥有者，也就是把自己看成是个体权利的拥有者，因此，也就不是家庭成员。正如黑格尔所认为的，家庭的规范结构与私有财产是不相容的，因此他的结论是，家庭之中的所有财产都只能是共同拥有的。家庭资源是"共同财产"（PR，§171）。当然，这并不是说所有家庭财产都不能为个体分别占有（例如，所有的衣服都是共有的），而是说，当家庭成员分别占有家庭财产时（如衣服），他们也只是作为家庭成员来表现这种能力。如果我把自己看成是黑格尔意义上的家庭成员，那么我不会把自己所拥有的东西看成是我的私有财产。相反，我会把它们看成是我们所拥有的东西，我只是在利用它。因此，当黑格尔说家庭之中的所有财产都是共同拥有的时候，他并不是在倡导一种激进的群体主义式的现代家庭观。相反，他只是在倡导以一种激进的群体主义方式对现代家庭生活概念进行重新建构，黑格尔认为，他同时代的那些人都赋予自身以个人财产权，这种自我理解虽然也非常深刻，但是他本人的理解应当更为准确。

但是，我们说现代家庭的内在生活处于个人权利的领域之外，这并不是说现代家庭完全外在于这一领域。正如我们所见，现代家庭也是市民社会世界的一部分，而市民社会是个人权利的领域。黑格尔认为，从社会的角度来看，现代家庭代表一个单一的法人（PR，§162）。当一个男人与一个女人同意结为夫妇时，他们也就是同意变为一个法人，他们的孩子一直是这个法人中的一部分，直到他们长到一定年纪为止。通过把家庭与婚姻配偶看成个体，市民社会就能够在个体主义的框架内兼容婚姻和家庭所构成的极为非个体主义的结合体。

然而，黑格尔虽然把婚姻配偶看成个体，但他并没有把这种个体看成一种法律虚构。他认为，在结婚的时候，丈夫和妻子"同意结成一个单个的人，并在这种结合中放弃他们的自然人格与个体人格"（PR，§162）。就这句话来说，我们对前半句话可以这样来解读，它只是说，当人们结婚的时候，他们同意接受一种特殊的外在法律地位。但是后半句话清楚地表明，黑格尔认为婚姻包含了一种转变，它既有人们的共同地位的转变，也有个人的自我观念的转变。在他看来，婚姻严格来说并不是一种合伙关系——在这种结合体中依然保留了双方的独特性——相反，它是一种更为深刻与彻底的结合，双方的独特性均得到了克服。我们可能会对这种观点持保留意见，但重要的是我们要认识到这是黑格尔所持有的观点。他认为，婚姻"源于男女双方自由地放弃彼此的个性"（PR，§168）。虽然黑格尔在这里说到放弃个性，但我们不要误解他的这句话。他的意思并不是说，一方要放弃他或她自己的观点、欲望与利益，完全接受对方的观点、欲望与利益。黑格尔明确地说，"放弃个性"必须是相互的：婚姻"源于男女双方自由地放弃彼此的个性"（PR，§167）。另一方面，他并不认为丈夫与妻子应当采纳全新的、双方之外的观点、欲望与利益。相反，他认为，夫妻双方应当认为自己在追求一种共同的生活计划，他们彼此不同的个人方案完全只是他们所共享的更大生活的一部分。他们所组成的"单个的人"正是那个追求这种共同生活的"人"。

毋庸置疑，相比今天大部分人想要接受的生活来说，黑格尔的婚姻与家庭生活的观念更具有群体主义色彩。虽然有些人也认为婚姻不能还原为一种公民契约，家庭关系与公民关系极为不同，但他们也不会对婚姻与家庭持黑格尔式的群体主义观。但是，我认为，黑格尔的观念是可以理解的，它的诉求也是可以理解的。然而，为了全面地理解它的诉求，我们必须考察一下，在黑格尔看来，现代家庭是如何调和个体性与社会成员身份的。

（三）家庭观念所强调的事情

我们必须强调的第一件事是，黑格尔的现代家庭观念包含了一种个体性的维度。只不过，如果人们体会到他的现代家庭观念极为群体主义化，他们就会怀疑这种观念能否为个体性提供任何空间。实际上，正如我们所见，黑格尔认为，男女通过个人的自由选择而进入婚姻（PR，§162）。尽管黑格尔也赞成被人安排的婚姻（PR，§162R），但他坚持认为没有人可以被强迫结婚（PR，§176）。如果婚姻"就其本质基础来说"并非一种契约关系（PR，§163R），那么婚姻就包含了某种东西，它对于订立契约这一"时刻"来说是非常重要的。进而言之，婚姻提供了某种制度背景，在这种背景之中，男女在原则上能够满足彼此对性与浪漫之爱的需要，也能实现黑格尔所说的"特殊个体找到自我满足的权利"（PR，§124R）。

但是，在黑格尔看来，现代家庭调和个体性与社会成员身份的主要方式就是提供某种制度背景，在这种背景中，人们能够发展并找到对他们个体性的心理维度的承认：他们的情感需要和心理特性。现代家庭是一种制度背景，在这种背景中，个人的情感非常重要，以一种情感的方式与他人发生关联是合适的。在家庭之中，人们能够合理地期待其他人将会理解与关心自己的心理，并对他的实践需要做出情感上的反应。在家庭之中，人们能够希望自己作为一个特殊的人而得到关爱。在家庭之中，人们能够希望找到这种直接的、无条件的爱。

值得我们指出的是，黑格尔认为，人们在家庭之中所找到的这种情感接纳，同他们作为家庭成员所找到的情感接纳是不相同的。在现代家庭之中，一个人接受家庭成员为家庭成员，所采用的方式就是接受他们的情感习性与心理需要。因此，在现代家庭之中，某人作为有情感的个体而得以接纳，同时作为一个家庭成员而得以接纳，这二者是可以结合在一起的。在这种结合中，个体性（理解为情感特殊性）与社会成员身份（理解为家庭成员身份）得以调和。

再回过头来，我们就能够明白，在黑格尔看来，对于现代社会世界所带来的个体性与社会成员身份的调和来说，现代家庭所提供的个体性与社会成员身份的调和是绝对必要的。在他看来，除了家庭之外，根本就没有任何制度领域能够允许人们实现并接纳他们个性中的情感方面。很明显，现代政治国家并不能提供这样的一个背景。相比国家来说，市民社会也并没有表现得更适合于实现这一功能。在市民社会中，个人情感并不重要，而天赋、技能与成就才是重要的。正因为这一原因，希望在这一领域中找到直接的、无条件的情感接纳就是不合理的。人们在这一领域中所能希望找到的接纳完全建立在对他们的天赋、技能与成就的客观评估之上，更进一步说，这种接纳一般来说在家庭之中是不适用的。

现代家庭非常重要，还有另一个原因，就是在现代社会世界中，还没有哪一个领域的核心功能是在情感层次上调和个体性与社会成员身体的。黑格尔确实认为国家所提供的和解包含了某种情感成分，即爱国主义（*Patriotismus*），① 他把这种情感成分描绘成表达信任的思想感情（*Gesinnung*），

---

① 参见 Merold Westphal，"Hegel's Radical Idealism：Family and State as Ethical Communities." In *The State and Civil Society：Studies in Hegel's Political Philosophy*，ed. Z. A. Pelczynski，Cambridge，Cambridge University Press，1984，p. 88.

"或者是一种意识，它认为，我所具有的真正的个体利益在他者（这里是指
国家）的利益与目的中得以保存，而且这个他者是作为一个个体与我处于
某种关系之中"（PR，§268）。① 但是，在黑格尔看来，在情感层次上调和
个体性与社会成员身份并不是国家的核心功能（PR，§257R）。黑格尔坚
持认为，在情感层次上的调和是家庭的主要任务（PR，§158）。因此，从
黑格尔的观点来看，如果现代家庭被市民社会所吸纳——如果家庭关系变
得与市民关系不可区分——那么个体性与社会成员身份的调和就失去了一
个绝对重要的方面，现代社会世界也就不再是家。

　　另一方面，尽管黑格尔认为现代家庭所提供的调和非常重要，但他也
认为这是非常有限的。从形式上讲，它的有限性是因为它仅仅停留在情感
层次上。尽管现代家庭有可能使人们感受到，他们既是个体也是家庭成
员，但是他们不可能在认知的层次上把握到这一点。人们当然能够反思家
庭的本质，但是正如黑格尔所理解的，反思并不是现代家庭生活的一种内
在特征。相比之下，反思是黑格尔的现代政治生活观念的一个内在部分。
他认为，现代国家希望有可能使人们能够在认知的层面上把握如下这一
点，即国家的结构能够使他们既把自己实现为个体，同时也把自己实现为
社会成员。他认为，在其理性形式上，现代国家包含了一个代议机构——
国民会议——它的功能是让他们能够意识到这一事实（PR，§§301—
315）。

　　黑格尔认为，从内容上讲，现代家庭所提供的调和也是非常有限的。
尽管人们能够在其结构范围内实现表现他们特殊性的心理层面，但是他们
不能把自身实现为个体权利的拥有者，也不能追求他们的个人利益。而
且，现代人需要一种社会领域，在这一领域中，他们能够获得对他们的客

183

---

① 　我们一定要记住，黑格尔否认如下观点，即只要理解正确的话，爱国主义从根本上讲就
体现在"做出超凡的牺牲与行动的意愿之中"，认为"它本质上就是一种意向，在正常的生活条件与
环境中，具有这种意向的人就会知道，共同体才是真实的基础与目的"（PR，§268R）。

观天赋、技能和成就的承认，这是家庭所不能够提供的。从黑格尔的观点来看，如果一种社会世界，包含了家庭的群体主义但却缺乏市民社会的个体主义，那么对于现代人来说，它不可能是家。黑格尔认为，现代家庭与现代国家一起为市民社会的个体主义提供了一种非常重要的平衡力量。他指出，对于他们的社会世界，现代人必须理解的最重要的一点就是，市民社会、家庭与国家的彼此关系所具有的互补性质（PR，§145）。

最后，黑格尔认为，现代家庭所提供的和解就其范围来说也是有限的。因为它所提供的社会成员身份的形式是有限的。作为一个家庭成员，某人只属于共同体中的某一特殊团体，而不属于作为整体的共同体。为了与作为整体的共同体得到和解，他就必须转到家庭之外的制度领域：市民社会与政治国家。黑格尔认为，家庭所提供的和解只是一个更大的和解过程中的一部分，这一更大的和解过程发生在现代社会世界之中。黑格尔的大致观点是，三种主要的社会制度——家庭、市民社会与国家——在执行调和个体性与社会成员身份这一任务时，都起到部分作用，彻底的社会和解过程需要这三个制度领域的合作。

（四）家庭与社会中的性别角色

我将详细处理黑格尔关于家庭与社会中的性别角色的相关观念，并以此结束对黑格尔的现代家庭观念的讨论。正如我们所见，黑格尔关于家庭内部劳动分工的观念是非常传统的。丈夫是家庭的首脑与养家糊口的人，妻子是家庭主妇，是孩子的主要照顾者。家庭中的这种性别分工反映了在现代社会世界中更广的性别分工。黑格尔认为，家庭的私人生活构成了妇女的社会领域，市民社会与国家的公共生活构成了男人的社会领域（PR，§166）。妇女在家庭中生活。男人则在市民社会和国家中追求他们的生活。无论我们发现这种观点多么不具有吸引力，我们都应当谨记，它并不是怪异的。黑格尔那个时代的大多数理论家都持有这种观点。

黑格尔对传统性别分工的辩护来源于他对男女差别所持有的更为传统

的观念。他认为，男人的特征就是具有"个体的自足性"（*personliche Selbständigkeit*；PR，§166）。他们本性上就是"强有力的""主动的"，能够运用概念思维的（*begreifender Gedanken*，例如，理解抽象关系与原则问题），本质上就是要以"客观"与"普遍"为导向的（例如，科学中的客观研究以及市民社会和国家所具有的那种非个人化的关系特征）（PR，§166）。相比之下，女人本质上就是要以"具体"（例如，具体的个人关系）为导向的。她们的主要认知能力是情感化的（*Empfindung*）：她们特别擅长理解个人关系中的情感层面，并以一种情感上适当的方式对其做出回应。她们本性上就是"被动的"和"主观的"（PR，§166）。黑格尔写道：

> 因此，在国家中、在学习中等，男人成就了自己现实的独立生活，也可以在同与外在世界与自身工作和斗争的过程中成就自己现实的独立生活，因此，唯有通过这种分工，他才能用自己的方式努力与自身形成自足的统一体。在家庭之中，他对这种统一体有一种平和的直觉，有一种情感化的、主体化的伦理生活。然而，妇女在家庭之中本身就有一种独立的使命，她的伦理取向就在于这种（家庭化的）虔敬。（PR，§166）

黑格尔甚至走向更远，他说："当女人控制政府的时候，国家就处于危险之中，因为她们的行为并不是建立在普遍性的要求之上，而是建立在偶然的爱好与意见之上"（PR，§166Z；VPRHO，525）。

然而，黑格尔对女人的看法并非完全轻蔑。他认为，女人有能力对个人关系所具有的特殊性做出情感上的反应，这是一种很独特的伦理能力，就此而言，她们通常比男人更优越。他的基本看法是说，男人和女人所具有的伦理能力是互补的，因此，如果要达到伦理上的完整状态，男人和女人就彼此需要对方。他认为，婚姻的一个好处就在于它能够使男人和女

185

克服双方在伦理上的片面性，这对于双方来说都是很关键的。还值得记住
的一点是，黑格尔所崇拜的一个最伟大的英雄——安提戈涅——就是一个
女人，他崇拜她的一点就在于，她有勇气肯定家庭虔敬的要求以对抗国家
中具有男性特征的要求。[①] 我相信，黑格尔对女人的尊重是真诚的、深刻
的。不过，人们通常也认为，黑格尔对女人的看法从根本意义上讲是不平
等的。然而，无论他对女人的看法有多高深、有多真诚，但有一点是绝对
清楚的，即黑格尔认为她们在智力在比男人要略逊一筹，她们不能参与到
公共生活中来。因此，他认为，把她们从公共领域中排除出去，在家庭中
给予她们从属地位，这是比较合适的(PR，§166Z；VPRG，444)。

　　我猜大多数读者当然都会拒绝这种女性观。女人也是自由且平等的存
在者，完全有能力参与公共生活，这对于女性主义者和思想开明的人的普
通认知来说都是确凿无疑的。很明显，只要这种传统的女性观遭到拒绝，
黑格尔对在家庭和作为整体的社会领域中传统的性别分工所做的辩护就没
有什么力量。那么人们也就自然地得出结论，黑格尔在《法哲学原理》中所
描述的社会世界对于女人来说根本就不是家。当然，这个问题并不只是针
对黑格尔的。我们今天所面对的一个最紧迫的政治问题就涉及我们的社会
世界应当如何转变，才能使它对女人也是家。但是，我在这里竭力主张的
只是一种历史观点：黑格尔关于男女的能力和使命的传统观念尽管可能是
应当反对的，但它有可能使我们能够理解他关于性别分工的观点。从这一
观念中，我们就可以知道，男人天生适合于公共的工作领域与政治领域，
女人天生适合于私人性的家庭生活。男人通常希望进入市民社会和国家的
生活，通常具有这些领域所要求的资质与能力。同样，女人通常希望结婚
生子，具有这些活动所要求的资质与能力。我们可以根据黑格尔的观点指
出，其关于现代家庭的观念内部具有不同的层级的观点，并不是武断的，

---

　　① 参见 Allen W. Wood, *Hegel's Ethical Thought*, Cambridge, Cambridge University Press,
1990, pp. 244—245.

而恰恰是男女所具有的天然差别的一种反映。

很明显，黑格尔会反对政治理论家奥金（Susan Okin）所讲的"无性别的社会"——正如她所指出的，在这种社会中，"一个人的性别相比眼睛的颜色或脚趾的长度，并不具有更多的重要性。"①黑格尔认为，使现代社会世界成为家正在于如下事实，即现代社会世界的主要社会制度清晰地表达了性别差异。黑格尔认为，为了使男人作为男人生活在社会世界中就是在家中，使女人作为女人生活在社会世界中就是在家中，这些差别就要以制度化的方式得以表达。性别差异的制度化表达是社会世界成为家的一个条件：一个没有满足这一条件的社会世界从性别维度来看就是异化的。

但是，即使我们同意，黑格尔关于性别差异的观念使得他的性别分工观能够得以理解，但他把女人从市民社会中排除出去这一点依然是真实的。这一点很重要，正如我们前面所了解到的，因为这意味着女人不能把自己实现为强意义上的个体。在黑格尔看来，只有市民社会才有可能使人们把自己实现为强意义上的个体。

黑格尔可能会这样回应，女人能够享受家庭所提供的个体性与社会成员身份的和解。他可能会说，作为女儿、姐妹、妻子与母亲，女人能够在她们的个体性中找到情感承认。他也可以论证，家庭事实上为女人提供了与市民社会极为相似的一个领域，在这里她们能够发展与践行她们独特的女性能力、天赋与技能（例如，照顾家、繁殖和照顾小孩）（参见 PR，§166）。但是，这并没有改变如下事实，即在黑格尔所认可的社会世界中，女人已从这样的一个领域中被排除出去了，这一领域仅凭自身就有可能使人们把自己实现为强意义上的个体。这里出现的问题是：如果女人不能在现代社会世界中把自己实现为强意义上的个体，那么从黑格尔的观点来看，她们何以能够达到在社会世界中就是在家中呢？

---

①　Susan Moller Okin, *Justice, Gender, and the Family*, New York, Basic Books, 1989, pp. 171, 184.

187   这里的一个理由是，黑格尔关于什么样的世界才会是家的观念可能比它最初看起来没有那么强的个人主义味道。在继续这一话题之前，我要说，接下来的讨论必然是非常具有思辨性的。我在这里所关心的并不是要为黑格尔关于女人或农民的社会地位的相关观点做辩护，而只是要深化对其社会哲学基本特征的理解。关键的问题是：黑格尔并不认为，现代社会世界必须对共同体的每一个成员来说都有可能把他或她实现为强意义上的个体。他所想的可能是共同体内的一种可能性——至少对共同体的某些成员来说是有可能的。我们需要考察一下这到底是什么意思。

       我们要说的第一点是，从黑格尔的观点来看，对于某一特定的个体或由个体所组成的某一特定团体来说，它们可能并不具有强意义上的个体性，这一点并不令人纠结。与密尔不同，黑格尔并不把强个体性看成是一种普遍的人类使命，或看成是每个个体的目标。① 他也不会认为，某人把自己实现为一种强意义上的个体是过上完满人类生活的一个前提条件。相反，黑格尔认为强个体性只是众多人类可能性中非常重要但却有所限制的一种。他可能会说，农民与家庭主妇都实现了有意义的人类可能性，但公

188   民却没有。就此而言，公民的生活与农民和家庭主妇的生活一样也是单面的。没有哪一个人的生活本身就是完整的。② 一个完整的人类生活也必然是一种有限的生活。因此，黑格尔接受了洪堡的观点，"人类的宿命在于只能在一定程度上得以教化，因为当他把自己的精力引向多元存在的对象时，他只会精力衰竭。"③黑格尔认为，人类个体要想过上完整的人类生活，只能通过采纳社会中一些有意义的既定位置，并追求由这些位置提供的可

---

    ① John Stuart Mill, *On Liberty*. ed. Elizabeth Rapaport. Indianapolis, Hackett, 1978, pp. 53—71.

    ② 类似表达参见 Rawls, John, *A Theory of Justice*, Cambridge, Harvard University Press, Belknap Press, 1971, 520—529.

    ③ Alexander Humboldt, *The Limits of State Action*, ed. J. W. Burrow, Cambridge, University Press, 1969, p. 16；在 John Rawls, *A Theory of Justice*, Cambridge, Harvard University Press, 1971, pp. 523—524，注释 4 中也有引用。

能性（参见 PR，§207，R，Z；VPRHO，636）。他对女人及农民角色所做的解释，部分意思就是要表明这些角色是有意义的，女人和农民在践行这些角色的时候就能够过上完整的人类生活，哪怕在事实上这些角色的践行恰恰使他们不能把自己实现为强意义上的个体。

如果更深入地考察黑格尔的观点，我们就能够看到很重要的一点，即黑格尔关于社会世界就是家这一观念背后有一个最基本的自我实现的理念，这一理念是群体主义式的——因为这一理念就是要把某人实现为共同体的成员。黑格尔把强个体性的实现等同于在市民社会中生活的一种生活形式，他的意思就是要让我们明白，某人把自己实现为强意义上的个体，并不是要取代把自己实现为一个社会成员，相反，也是把自己实现为共同体成员的一种方式。对于黑格尔来说，市民社会中的人们能够把自己实现为强意义上的个体，这一事实所具有的最根本意义，并不是这些特殊的个体享受了强个体性之善，相反，正是通过他们，共同体才能够实现强个体性的可能性。根据黑格尔的看法，理解市民社会地位的最终的哲学方式就是把他们看成是共同体的代表，这个共同体的任务就是实现某种生活形式。

如果我们更加深入地考察黑格尔的观点，我们就可以说，对黑格尔来说，最关键的并不是特定个体的实现，而是共同体的实现。现在，为了使一个现代共同体完全实现自身，它必须尊重个体的权利，推进强个体性的实现（PR，§§209R，260，Z；VPRHO，717）。因此，在某种意义上，黑格尔的群体主义具有显著的个体主义色彩。但是，从黑格尔的立场来看，最重要的需要是提供一个社会领域，在这里人们能够把自身实现为强意义上的个体，并不是作为共同体成员的个体的需要，而是共同体本身的需要。

黑格尔认为，在一个得以全面实现的现代共同体中，不同的现代社会生活原则（例如，男性与女性的原则，城市与乡村的原则，实体性与反思的原则)均依据不同的制度得到了表达。他认为，只有通过这种方式，每一种原则才能得到全面实现。也只有通过这种方式，共同体的自我实现才会是完整的。① 黑格尔反对如下观念，即现代社会生活的不同原则能够在每个人那里和谐一致地结合在一起。因此，黑格尔敏锐地意识到了个体自我实现的不可避免的限度，除此之外，他相信这些原则的全面发展要求不同的制度能够最大程度地得到具体实现。这就是他为什么会同意性别分工以及把现代社会分为不同等级的原因。最后，我们还要提到，黑格尔认为，正是在大家共同分享的共同体生活中，这些原则才得以和解。个体作为有限的社会成员通过参与大家共同分享的共同体生活就能够享受这种和解。

第二节　市民社会

(一)市民社会的范畴

正如黑格尔所理解的，市民社会(*bürgerliche Gesellschaft*)一开始可以被看成是社会领域，以区别于家庭与国家(PR，§182Z；VPRHO，565)，在这一领域中，行动者——更具体地说就是人——追求他们的私人利益(PR，§§182—183)。② 这一特定的现代领域不同于家庭式的私人活动，它的出现是与资本主义的发展、工业主义的开始、资产阶级的出现相一致的。由于李德尔(Manfred Riedel)的著作的影响，现在人们一般都承认黑格尔所运用的 bürgerliche Gesellschaft 这一术语指的就是这一领域，它代表一种剧烈的概念革新。③ 黑格尔之前的哲学家，从亚里士多德到康

---

① 类似表达参见 John Rawls, *A Theory of Justice*, Cambridge, Harvard University Press, 1971，pp. 520—529.

② 参见前一节中关于将妇女从市民社会中排除出去的讨论。这一点也将在结论部分进行处理。

③ Manfred Riedel，1974. "Hegels Begriff der bürgerlichen Gesellschaft und das Problem seines geschictlichen Ursprungs." In *Materialien zu Hegels Rechtsphilosophie*, ed. Manfred Riedel, Frankfurt，Suhrkamp Verlag，1974.

德，包括洛克，都运用了"市民社会"这一术语，它的同源词（*koinonia politiké*，*societas civilis*）可以与"政治社会"互换。对于他们来说，市民社会就是政治社会。黑格尔把市民社会与政治社会做了区分，他认识到了一种新的社会构造的出现：一种独立的、私人化的社会领域，在这一领域中，行动者只为自身而生活，不参与政治生活。这一新领域的核心就是现代市场经济。它的生活形式——是与国民生活相对的资产阶级的生活——从根本上讲是由资本主义经济关系塑造的（PR，§190；VPRW，108）。①黑格尔对市民社会的理解受到了他所精通的古典政治经济学家的理论的影响：李嘉图、赛伊、斯密与斯图尔特。

马克思从黑格尔那里借用了市民社会这一术语，但他把这一术语限定于经济学中，因此，我们极容易认为"市民社会"仅指市场体系。但是，黑格尔的市民社会观念要丰富得多，我们能理解这一点是非常关键的。在黑格尔看来，市民社会有一种独特的社会、文化与伦理特征，它不能完全通过经济关系加以理解。而且，市民社会不仅是人们追求个人利益的领域，同时也是人们能够形成自愿联合并享受自由的公民联合体生活的领域。

中欧与东欧的知识分子注意到了对"市民社会"的这种广义理解，并且近来大力提倡复兴这种观念。② 他们认为，市民社会存在于各种组织所形成的网络之中，它包括工会、专业协会、社会运动组织、教会与邻里关系。这一领域中存在大量不同的意见，这一领域所具有的组织型的生活形

---

① 黑格尔通常用法语词 citoyen 和 bourgeois 来区分德文词 Bürger 所具有的两种意义，即作为公民的 Bürger 和作为市民社会成员的 Bürger（VPRW，93—94，108；但是参见 PR，§§187，190 节）。这里的基本思想是，bourgeois 视自己为私人，主要关心自己的福利（PR，§187），而 citoyen 视自己为国家的成员，将国家的持续存在看成是最终目的（PR，§§258，260，260R）。这一区分所具有的说服力，我们将在第三节对国家的讨论中予以研究。

② 当代对市民社会观念的有益讨论，请参见 Michael Walzer，"The Idea of Civil Society：A Path to Social Reconstruction."*Dissent*，1991，Spring，pp. 293－304 和 Jean L. Cohen，Andrew Arato，*Civil Society and Political Theory*，Cambridge，MIT Press，1992.

式尽管也有所局限，但是它本身是值得拥有的。这种从广义上理解的市民
社会，正是生活在新兴的欧洲民主国家的人希望在一种民主社会秩序的框
架内予以重建的。尽管按照黑格尔的表达，市民社会并不包括社会运动，
但是社会运动对于 20 世纪最后二十年的中欧与东欧来说一直都是非常重要
的，不过，黑格尔所理解的市民社会的制度范围还是非常广阔的。① 它不
仅包括现代市场体系，同时包括法律与司法体系、负责社会与经济管理以
及提供福利的公共权威、自愿结合而成的工会体系。让我们依次考察这些
作为组成部分的制度。

1. "需要的体系"

黑格尔所讲的"需要的体系"(*das System der Bedürfnisse*)是关于劳
动、生产与交换的现代市场经济。② 这一体系中的个体都是需要的主体，
他们作为这一体系的参与者(例如，经济主体)，只关心自我利益的满足。
当黑格尔说"在市民社会中，每个人以自身为目标，对他来说，其他的一
切都只不过是手段"(PR，§182Z；VPRHO，567)，黑格尔心里所认为的
市民社会其实就是这种体系。③ 不过，每个人在需要的体系中所具有的个
人需要促使他们进入到经济关系中去(PR，§§182，Z，183，185)。他们
应该进入市场购买商品，进入工作间劳动以谋生计。这也是当黑格尔说
"每个人都想实现自己自私的目的……最后却建立了一种彼此全面依赖的
体系"这句话时心中所想的(PR，§183)。

---

① 然而，波兰团结工会的经济与政治功能与黑格尔同业公会(corporation)的经济与政治功能
之间有一定的类比性。

② "劳动、生产与交换"这一短语源于 Pelczynski 的相关说法。

③ 之所以强调，只能通过参与需要体系，也只有在被看成是需要体系的市民社会中，个体
才会一门心思地关心自己的目的，我的理由是，黑格尔并不认为市民社会中的个体只是一门心思
地关心自己的需要(参见 John Rawls, *A Theory of Justice*, Cambridge, Harvard University Press,
Belknap Press, 1971, p. 521)。他的市民社会观念有一个主要特征，即它包含了一种组织形式——
同业公会——它培养人们的公民责任感以及对他人的关心。为了把重点放在需要体系上，我们只
强调市民社会的一个方面(经济)和自我的观念(经济人)。

黑格尔认为，人们在需要的体系中追求个人利益的满足时，也不可避免地要满足其他人的需要。他认为："在推进我的目标时，我也在推进普遍的目标(例如经济)，它反过来又推进了我的目标"(PR，§184，Z)。因此，"主观上的自私最后却对满足其他人的需要做出了贡献"(PR，§199)。工人生产其他人消费的商号与服务；消费者则购买其他人生产的商品与服务(PR，§184Z；VPRHO，572)。无论哪种情况，他们都增进了共同善。因此，需要的体系体现了斯密所说的"不可见的手"，它在引导那些由自私的动机所推动的个体走向共同善。① 需要体系中的个体推进了共同善，这并不是偶然的。相反，它是这一体系的结构所导致的结果。黑格尔认识到，需要的体系看上去是无政府式的、不可把握的(因此看上去也客观异化的)。但是他认为，实际上这一体系是根据古典经济学的法则而架构的，它的发展使我们有可能看到现代经济生活背后所隐藏的合理性(PR，§189，R)。

192

黑格尔认为，这种现代的需要体系产生了高度发达的劳动分工，这是现代社会的一个特征。按照他的理解，这一体系主要是各种需要得以形成的体系(PR，§§189－195)，它导致了人类需要的无限多元化与不同(PR，§§190－191)，这最后会导致个体之间越来越彼此依赖，经济任务也越来越专门化(PR，§198)。黑格尔认识到，正如谢林所认为的，现代劳动分工似乎会导致"人性的内在统一性"的"分裂"(zeriss)(因此它似乎是客观异化的)。但是他论证了，现代社会世界所提供的许多职业都允许人类的个性得以展现，并且形成许多自然且统一的群体：农业、商业与公共服务业(PR，§§202－205)。因此，在他看来，现代劳动分工是内在一致的。

黑格尔进一步认为，现代世界是由许多不同的社会集团——即他所说

---

① 然而，黑格尔与斯密(或者自由放任的自由主义者)不同，他认为市场需要政府(通过公共权威)管理(PR，§236)；市场的正常运作必然会导致大多数人的贫困(PR，§243)。后一点我们将在本书第七章第三节中予以讨论。

的"等级"（Stände）——所构成的，这一点也反映了现代劳动分工。这些社
193　会集团或社会等级给予了现代社会世界一个确定的、有组织的结构，它有
助于现代社会世界成为家。正如黑格尔所表达的，主要的社会等级有三
个。① 他所说的"实体性"等级（der substantielle Stand）是农业阶层（PR，
§ 203）②；他所说的"贸易与工业"的等级（Stand des Gewerbes）是由技术阶
层（Handwerkstand）、制造商阶层（Fabrikantenstand）和贸易阶层（Handel-
stand）所构成的（PR，§ 204）；最后，还有一个具有行政管理职能的"普遍
等级"，它的成员都是公务员（PR，§ 205）。

　　黑格尔指出，每一个等级都有属于自己的确定的生活方式，有自己的
一套实践、价值以及看待世界的方式。因此，尽管整个社会是由劳动分工
所形成的不同等级相互衔接而构成的，因此它具有物质基础，但是这绝不
意味着这种社会衔接就只是物质的。黑格尔的等级并不是马克思的阶级。
他所说的实体性等级既包含地主也包含农民（PR，§ 203），贸易与工业等
级既包含被雇佣者也包含雇主（PR，§ 204）。任何等级的成员都不是由于
同生产手段的某种共同关系而结合在一起的，相反，他们是由于共同的社
会生活形式结合在一起的。

　　让我们考察一下这三种生活形式。根据黑格尔的观点，由实体性等级
的成员所共享的生活方式是非反思性的、乡村式的、父权式的。黑格尔满
怀乡愁地写下如下一段话：

----

　　① 严格来说，黑格尔的观点中包含四个主要的社会等级，因为他认为，一个秩序良好的国
家还要包含一个军事等级（Militärstand），这是一个"勇猛的等级"（Stand der Tapferkeit），由职业
军人所组成（PR，§ § 325—328）。黑格尔最初在描述等级的时候忽略了这第四个等级（PR，
§ § 201—207），因为他认为，通常来讲，军队在国家的内在生活中并没有什么主要作用。黑格尔
对军事等级的讨论主要是在"外在主权"这一主题下展开的。

　　② 黑格尔分别在广义和狭义上谈论市民社会。从这一术语的广义（严格意义）来看，"市民社
会"包含了"实体性等级"（因此既有农民也有市民）的农业生活。从"市民社会"这一术语的狭义和更
为通常的用法来看，它指的是生活在城市中的人的贸易与工业生活。这样理解的话，实体性等级
与普遍性等级都不是市民社会的一部分。我一般都是在这种狭义的意义上使用"市民社会"这一术
语的。

(第一等级)通常都会保留父权制的生活方式，以及与这种生活方式相联系的真实倾向。生活在这一等级的人总是以一种直接的情感去接受他所接收到的东西；他会因此感谢上帝，生活在坚信这种善还将继续的信念之中。他所接收到的东西对他来说就足够了；他将之耗尽，因为它不久将会重新来到。这是一种简单的不关心财富获得的倾向；这也可以描绘成旧贵族的倾向，他们会消费掉自己拥有的一切。(PR，§203Z；VPRHO，625—626)。

194

相比之下，贸易与工业等级的成员的生活方式是城市化的、反思性的。这是现代市民的生活方式，他们在现代城市中追求自己的私人利益。这一等级"依赖于工作、反思与理解而生活，最重要的是依赖于它对其他人的需要与工作进行调解"(PR，§204)。在这一等级中，"个体必须依赖自身，这种自我的感觉与一种有要求的内在性相关联，在这种条件下，权利能够得以维护"(PR，§204Z；VPRHO，629)。

像贸易与工业等级一样，普遍等级的生活方式从广义上说也是反思性的。[①] 但是，根据黑格尔的表达，与现代市民不同，公务员的职责是公共服务。这一等级"把普遍的社会利益作为它的事业"(PR，§205)。这一等级的成员具有如下特征：关心共同善、接受过较高层次的教育、具有法律与政治意识(PR，§297，Z；VPRHO，787)。

值得强调的是，尽管黑格尔认为这种等级划分是固定不变的，尽管他

---

① 黑格尔在《精神哲学》(EG，§§253—291)中也谈到了一种法哲学，黑格尔在这里也做出了一个明确区分，这种区分在1821年《法哲学原理》中也存在，只是在相比之下，不是那么清楚。在他的后期著作中，他把贸易与工业等级描述为"自省的"(reflektiert)等级，普遍等级被描述为"思维的"(denkend)等级。他认为，贸易与工业等级通常表现出与"知性"(der Verstand；大致而言，是一种做出抽象区分的能力)相关的那种反思；普遍等级通常会运用与理性(die Vernunft；大致而言，它是一种能力，可以把由知性所分离开的各种决定统一起来)相关的思想形式。参见 Jon Elster，*Sour Grapes*：*Studies in the Subversion of Rationality*，Cambridge，Cambridge University Press，1983，pp. 79—82.

认为现代个体要通过某一具体等级中的成员身份来实现自己的个体性，但他同时认为，现代个体有权选择自己的职业与等级（PR，§§206，308R）。他指出，有许多特性能够使"主观特殊性"和"整体的有组织性"可能达成和解——即社会可以通过不同等级进行衔接——自由选择就是其中之一（PR，§206R）。

2. 司法与需要体系

黑格尔认为，司法（*die Rechtspflege*）为需要体系的调节提供了必要的法律架构。这一法律架构包含一个公共的法典（PR，§§211，215）与一个司法体系（PR，§219）。法典在法律的框架下将个体所拥有的权利加以具体界定（PR，§213），司法体系——其特征就是具有公正无私的法官（PR，§§219，220）、公开的审判程序（PR，§224）与法律判决（PR，§§228，R，Z）——则加强这些权利（PR，§208）。

从更一般的意义上说，黑格尔认为，司法把保护财产与契约作为它的主要目标（PR，§208）。它构成了需要体系的基本规范框架。这一框架授予需要体系的参与者以法人地位，授予他们生产、交换与消费的对象以财产地位（PR，§218）。在需要体系中，个体之间的关系既是法律的也是经济的。他们受到需要的束缚，也受到契约的束缚。个体在订立契约并尊重契约的时候，也是把彼此当成人来尊重的。他们在追求个人需要的时候，要受到法律所具体规定的个体权利的框架来管制，这种法律就是为司法机构所编纂、颁布与实施的。

3. 公共权威

公共权威是关于市民社会的管理与控制的公共管理体系。① 它的功能包含了警察部门的功能，我们可以用当代术语来表达：预防与侦察犯罪、

---

① 黑格尔从广义上使用 Polizei 这一词，反映了他那个时代德国人的通常用法。直到 19 世纪中叶，这一词才在更有限的意义上使用，类似于英文同源词"police"。参见 Allen W. Wood，*Hegel's Ethical Thought*，Cambridge，Cambridge University Press，1990，p. 283.

拘捕嫌疑犯、维持公共秩序（PR，§§232—233）。它的功能也包含大量的公共服务，这完全处在我们所讲的警察部门的职责之外，但是这些公共服务很明显也是由现代社会世界中的公共制度所提供的。这些服务包含：公共工程的供给与操作（PR，§235）（如街道和桥梁建设；PR，§236Z；VPRHO，695）、市场的管理（如通过价格调控）（PR，§236）、保护消费者（PR，§236）、公共医疗（PR，§236Z；VPRHO，695）、公共教育（PR，§239）、福利、预防失业（PR，§242，R）。

公共权威的最大任务就是要纠正需要体系内部所产生的可预见的偶然性，它们并不能由司法所杜绝，例如犯罪、失业和贫穷（PR，§231）。正如黑格尔所认为的，公共权威是一个全能的纠偏机制。也提供了大量的公共物品（例如保护大家免于罪犯侵害、道路维护、教育），这是个体作为市民社会的成员所需要的。最重要的是要把公共权威所提供的彼此不同的服务统一起来，它们都是人们作为市民社会的成员所需要的服务。当黑格尔说，公共权威（和团体）"把公共利益作为一种特殊的（particular）利益来关心"（PR，§188），他心里所想的正是这一点。每个个体在享用维护良好的街道时，都有自己的特殊利益，但是公共权威（比如说，它不像一个私人性的道路维护公司）并不会把这种特殊利益作为私人利益来关心（即人们作为消费者所具有的那种利益）。相反，他会把这种利益当成是人们作为市民社会的成员所具有的利益。公共权威在提供这些服务的时候，也就在市民社会的私人王国中产生了一个公共的市民领域，具有自己的私人关注。

或许，黑格尔对公共权威的理解所具有的最突出的特征在于，公共权威扩展了社会给予其成员的那种承认。他认为，司法通过保护人们的法律权利为人们提供一种承认——法律承认。这一点是非常重要的，因为它意味着存在官方机构为社会成员的个体性（承认了他们作为个体权利拥有者的地位）在形式上给予承认。但是，正由于司法所提供的承认是个体主义

196

的，因此也是有限度的。司法只是在最形式化的意义上承认社会成员是市民社会的成员(*Mitglieder im System der bürgerliche Gesellschaft*)。① 正如黑格尔所阐述的，公共权威承认市民社会的成员是市民社会的成员(PR，§§238、240)，因此也就克服了这种有限性。

197 　　黑格尔认为，公共权威通过扩展社会所承认的权利的范围，使之能够包含人们所讲的"积极社会权利"——市民社会的成员作为市民社会的成员所具有的、与市民社会相对立的权利(参见 VPRG，604)，正是通过这一过程，公共权威才承认市民社会的成员为市民社会的成员。黑格尔论证说："如果一个人是市民社会的一位成员，他在与市民社会的关联中就具有权利与要求，就像他在与家庭的关联中具有权利与要求一样。市民社会必须保护其成员，维护他们的权利，正如个体对市民社会的权利也负有某种义务一样"(PR，§238，Z；VPRHO，700)。黑格尔认为，更具体地说，作为市民社会成员的个体对于全面社会参与的基本要求具有某种积极的权利：工作与生活(PR，§238；VPRW，138)。实际上，从黑格尔的观点来看，对于公共权威要提供福利这一点来说，最重要的并不是说公共权威的出现就是为了保护社会成员的福利，尽管这一点也很重要。② 相反，公共权威的出现是为了确保每一个社会成员都具有物质前提，从而能够全面参与到社会之中。

　4. 同业公会

　　按照黑格尔的理解，同业公会(die Korporationen)就是一些协会或

---

　　① 这里有一个非常明显的不对称。如果一个社会不能保护某一团体中成员们的法律权利，例如，美国社会在民权运动之前就没能保护非洲裔美国人的法律权利，那么我们就可以说，该社会没有承认这些个体是社会成员，因为它没能为其成员提供社会所赋予的最低程度上的承认。我们从黑格尔这里所学到的一点是，如果社会承认这些个体是其成员，它也必须保护他们的福利。

　　② 黑格尔认为，如果一个现代社会没有用制度化的形式提供公共福利，那么它对其成员的需要只会是一种敌视的或漠不关心的态度，因此，它就是客观异化的。

组织，国家承认其为法人实体（PR，§§252，255Z，288；VPRHO，711）。① 从这一术语的广义来看，同业公会包括了教会（PR，§270）与市政府（PR，§288）。但是，黑格尔所强调的同业公会是专业性的、行业性的组织，它在许多方面类似于现代工会。同业公会与工会的不同之处就在于同业公会既包含了雇主也包含了雇员。黑格尔把这些同业公会描述为中世纪行会在现代社会的传承。它们推进其成员的职业利益，这些成员都是它们招募、教育、培训和认定的（PR，§252）。② 它们从贸易与工业等级中吸引成员，并且围绕这一等级的主要部门（例如，商业、手工业等）加以组织，这些现代同业公会反映了劳动分工，因此也就反映了市民社会内部的不同部分之间的关联（PR，§§250，311）。那么，黑格尔所讲的"同业公会"很明显不是我们所理解的"商业公司"。他心中所想的同业公会并不是有限责任公司。

　　黑格尔认为，同业公会"就像第二个家庭一样""出现"在市民社会中（PR，§252）。与"第一个家庭"（即人们所由以出生的家庭）不同，同业公会是人们通过自由选择行为而进入的一个组织。它们是非常卓越的、建立在人们自愿基础上的组织。③ 相比婚姻，成为同业公会的成员并不意味着

198

---

①　Knox 说，我们所使用的 Korporation 这一术语在今天看来是非常古老的，它源于古罗马时代劳动者之间的伙伴关系（T. M. Knox, "Translator's Notes." In *Hegel's Philosophy of Right*, translated with notes by T. M. Knox, New York, Oxford University Press, 1952, p. 360）。Heiman 将原初的罗马同业公会描述为"由众多志趣相投的个体所组成的群体，这些个体结合在一起，推进、保护与管理一些共同而又有限的利益"（G. Heiman, "The Sources and Significance of Hegel's Corporate Doctrine." In *Hegel's Political Philosophy：Problems and Perspectives*, ed. Z. A. Pelczynksi, Cambridge, Cambridge University Press, 1971, p. 115）。有意思的是，《牛津英语词典》告诉我们，和 Korporation 一样，英文词"corporation"源于拉丁词 corporātiōn，过去用来指"由交易者所组成的有限责任公司，这些交易者（一开始）可以垄断与控制在市镇或其他地方发生的具体交易；或者贸易行会；或者城市商业公司。"

②　"招募、教育、培训与认定"这一表达出自 Allen W. Wood, *Hegel's Ethical Thought*, Cambridge, Cambridge University Press, 1990, p. 241.

③　事实上，从进入婚姻的立场上来看，黑格尔并不认为这是一个出于自愿的联合。他认为，从最根本的层次上讲，婚姻并不是一个自愿的联合。与同业公会不同，在婚姻中，人们不能想退出来就退出来。

要放弃自己的个体权利。同业公会是由不同的个体形成的组织，他们作为个体彼此发生关联，同时又具有一些共同的利益与关注点。它们所提供的社会生活形式并不是以亲密或爱为特征的家庭生活，而是以友谊、共治和团结为特征的专业组织生活。同业公会与"自然家庭"也不同，因为它们客观上承认其成员的技艺、能力与成就(PR，§253)。同业公会与自然家庭也有相似的地方，它们的成员都具有共同的观点，有共同的看待自身与世界的方式。总之，他们具有共同的精神(然而，这种精神是由共同的组织生活形式产生的，而不是由血缘关系与共同的家庭生活所产生的)。同业公会与自然家庭还有另一点相似之处，它们所具有的结构特点就在于关心成员，也关心自身。如果同业公会的成员生病或者由于经济衰退而失业，他们就可以转而向同业公会——他们的"第二家庭"——寻求帮助(PR，§252)。

同业公会在提供这种帮助的时候，其实与公共权威也很相似，公共权威负责提供福利。然而，同业公会是私人性的，而不是公共体，它们所提供的帮助与公共权威所提供的帮助在许多方面都有所不同。这种帮助来自某个组织，组织的成员会把这种帮助看成是属于他们的，而不是来自国家的外在行动(PR，§183)。提供这种帮助的人并不是公民服务机构中的官员(因此，也是一个完全不同的等级的成员)，而是同业公会的成员，至少在理论上，这些成员能够理解其他同人的具体的客观环境，他们也能够理解，处于这种职业或贸易中的人需要帮助，这在主观上到底意味着什么。①

这并不是说，黑格尔认为，公共权威与市民社会成员之间的关系从根本上讲是有缺陷的。相反，他认为，公共权威在提供福利的时候，在制度

199

---

① 当然，人们可能会担忧，同业公会的领导层可能与它的成员之间没有什么联系，这种现象在现代行业工会中非常普遍。黑格尔坚持认为，这些领导是受到国家的监管的，因此这就可以避免这种情况的发生(PR，§§255Z、288、289R)。参见 Michael Walzer，"*The Idea of Civil Society：A Path to Social Reconstruction.*"1991，Spring，p.302 的类似说法。

设计上要保证对每个人都一视同仁，这是一个秩序良好的现代社会的本质特征。在他看来，如果一个社会不能体现这种一视同仁的关怀，那么它也就是对其成员的需要敌视或冷漠，因此它也就是客观异化的。但是，黑格尔认为，一个秩序良好的社会所提供的一视同仁的关怀，同样需要同业公会所提供的更为具体化、私人化的帮助予以补充。

同业公会所执行的一个主要社会任务就是，为其成员提供一种确定的、能得到社会承认的身份。他认为，同业公会成员都切实地参与到某种对社会有用的职业或行业中来，他们都受过培训、有能力且非常专业化，社会也是这样看待他们的（PR，§253）。社会的每个成员"都没有必要通过任何更多的外在证据来展现他的能力、常规收入与生活来源——例如，他到底是谁"（PR，§253）。然而，同业公会中的成员身份不应当仅仅被理解成一种社会地位。相比学习行业的技巧和在社会中获得某种位置来说，进入同业公会可能具有更丰富的内涵。正如黑格尔所表达的，这一过程包括了将同业公会的目标与价值进行内化，逐渐把它的利益看成是自身的利益，逐渐采取那种与自身的职业或行业相适应的生活方式（正如人们过去常说的，"与自己的位置相适应的"生活方式），逐渐具有黑格尔所说的"属于这个等级的荣誉感"（*Standesehre*）（PR，§§252，253R）。它也包括了逐渐把自己看成是同业公会中的一员。因此，成为同业公会中的一员也就是让这种成员身份对于自己的自我观念来说非常重要，对于自己认清自己是谁非常重要。

同业公会为其成员提供了同业公会成员的身份地位，同时也对社会给予其成员所承认的范围做出进一步扩展。因为他们能够认识到，同时也有可能使其他人认识到，同业公会的成员就是具有确定的社会身份的社会成员。公共权威也能够实现某种非常重要的作用，即承认人们是市民社会的成员。不过，黑格尔认为，公共权威所提供的承认是非常抽象的，因为公共权威不会在通常所讲的"社会特殊性"（social particularity）的意义上承认人。也就是说，它不会把人们看成某种确定的社会地位的占有者，看成是确定的社会身份的拥有者（PR，§253；同时请参见§308）。黑格尔并不认为这是一个缺陷，因为正如我们所见，他认为，有一个官方机构能把人们普遍地看成是市民社会的成员，是非常重要的。但是，他也认为这确实有所局限。在他看来，市民社会中的人不仅仅只是一般意义上的市民社会的成员；因为他们在这一领域中也占据着一个确定的位置，他们具有某种确定的社会身份。这些东西也在一定程度上造就了他们的市民社会成员身份。如果市民社会要想完全承认它的成员就是市民社会的成员（如果市民社会要想成为家，这一点是必需的），它也必须同时承认他们的社会成员身份所具有的这些具体层面。黑格尔认为，这也正是同业公会把其成员看成是同业公会的成员时所做的。当它们赋予同业公会中的成员身份以权利与特权的时候，它们是以一种形式化的方式做到这一点的，因此也就是在社会世界中给予其成员一个确定的位置；当其成员有需要的时候，它们为其成员提供帮助，这是以更具体的方式做到这一点的。

　　同业公会还有另一个很重要的功能：它扩展了社会成员认同他人的能力。当一个人成为同业公会的一员时，他会认为同业公会中的其他成员与他共享了共同的行业、视野与生活方式。当一个人为了同业公会的利益执行某种活动，这种活动属于同业公会成员的常规责任时，那么他就能体会到成员彼此之间的关联性、忠诚性与友爱（PR，§255Z）。事实上，在黑格尔看来，同业公会赋予其成员这一任务，其中的一个原因就在于能够帮助他们认识到，他们在追求一个共同的目标，分享一个共同的计划。当同业公会的成员逐渐认识到目标与计划的共同性，他们就不再只是为了自己（或者为了其家庭的好处）而行动，而是为了同业公会的其他成员与同业公会本身而行动。

　　同业公会也具有一个重要的政治功能。它们是各个社会成员与国家的政治机构之间的中介。[①] 黑格尔认为，在一个秩序良好的社会中，个体不用直接选举他们的政治代表——他们的代理人（Abgeordneten）。市民社会的成员，或者更具体地说，贸易与工业等级的成员，都是通过他们的同业公会进行选举的。每一个同业公会选举自己的代理人，代理人的任务就是在等级会议中——政府的代议机构——代表同业公会成员共同的利益。黑格尔为什么提倡这种以同业公会为中介的代表制度，其中一个主要的原因就在于，他认为，每个人都具有自己的社会特殊性，他们要通过这种制度得以代表（他们能够认同同业公会的目标与态度），他认为，这其实也是给予他们的个体性以具体内容（PR，§308R）。同业公会代表制就是要确保，同业公会成员的基本利益、价值与态度能够在国家之中以系统的、明确的方式得到代表（PR，§§308，309，Z；VPRG，718）。

最后，除了这种直接的政治功能外，同业公会还有一个重要的准政治功能。我们将看到，黑格尔认为，在现代政治条件下，普通公民在国家的共同事业中至多只能发挥一种非常有限的作用（PR，§255Z；VPRHO，709）。政府机构得以运转的真正工作主要依赖于来自普遍的公务员等级中的那些培训有素的专家（PR，§§287-297）。由此而导致的结果是，政治意义的国家不会提供某种环境，以使普通公民为了公共目标而积极工作。那些普通的雅典公民能够通过参与政治制度，从而积极地、直接地参与到共同体的公共生活中来；现代社会世界中的普通公民则不能。这种环境造就了一种制度性的鸿沟。现代公民既需要也希望能够积极地、直接地参与到共同体的公共生活中来。但是，他们在国家

---

① 关于在今天的民主社会中，这种处于从属地位的组织所具有的政治功能，有一个颇富启发性的讨论，请参见 Joshua Cohen, and Joel Rogers, "Secondary Associations and Democratic Governance."in *Politics and Society* 20，1992(4)，pp.393-472.

之中做不到这一点。他们也不能在需要的体系中做到这一点。黑格尔认

202 为，这一鸿沟至少可以通过参与同业公会从而在一定程度上得以填补。同
业公会提供了某种制度环境，人们可以在这种环境中追求公共目标（PR，
§255Z；VPRHO，713）。同业公会成员为同业公会服务，其实也就是"在
他们的私人之外，为他们提供了一种普遍的活动"（PR，§255Z；
VPRHO，713）。尽管这种活动在某种意义上讲不是政治性的，因为它并
没有要求直接参与到政府机构中去，但是它在另一种意义上又是政治性
的：它要求参加公共活动，以谋求公共目标。因此，同业公会在市民社会
的社会领域之中开启了某种准政治的空间。它们将市民社会转变成了公共
参与的核心场所。①

（二）市民社会制度的分类

我们可以把市民社会的制度分成两类：第一，由需要体系与司法所建
构起来的"私人活动领域"；第二，由私人社会的成员加上公共权威和同业
公会所建构起来的"公民共同体"。我们可以把黑格尔对市民社会的解释分
成两个阶段：第一，把市民社会解释成一种私人活动的领域；第二，把市
民社会解释成一种公民共同体。所谓"私人活动的领域"，我所指的是一种
社会生活形式，在这种生活形式中，人们把自己看成私人，而不是社会成
员，他们的活动是由私人性的而非社会性的目标所推动的。② 在私人活动
的领域，每个人都是以纯粹工具化的方式与其他人以及社会制度发生联

---

① 参见 Walzer 所讨论的这种公共活动，从理论上讲，这种公共活动可以在市民社会中予以
追寻："研究国家理论的学者们所讨论的各种'行动'必须为某种极为不同的东西所补充（并非取
代）：这种东西更像联合组织，而非政治动员；更像学校中的教导，而非议会中的争辩；更像种族
联盟中的活动或者支持女性主义的团体，而非选举中的游说；更像是对公司预算的规划，而非对
国家财产政策的决定"（Michael Walzer，*The Idea of Civil Society：A Path to Social Recon-struc-
tion.*，Spring，1991，p. 303）。

② 参见 John Rawls，*A Theory of Justice*，Cambridge，Harvard University Press，Belknap
Press，1971，p. 521. 我的"私人领域"这一术语与他的"私人社会"这一术语是相对应的。

系，把他们看成是达到自己私人目标的手段，而不是本身就应当得以维持与追求的最终目标。所谓"公民共同体"，我指的是另一种社会生活形式，在这种生活形式中，人们都把自己看成是社会成员，由社会性的目标所推动，把社会看成是一个统一体，其中包含了许多组织，它们都代表了最终目标。

很明显，需要体系仅就其自身来讲，构成了私人活动的领域，正如我们所见，作为这一体系的参与者，每个人都没有把自己看成是市民社会的成员。相反，他们把自己看成是"私人"（private Personen），是独立自主的个体，具有自己的私人目标与关怀（PR，§187）。他们同其他个体和经济结构的关系完全是工具性的。同时不会为了推进普遍善而去参与经济，只会为了满足自己的私人目标才会这样做。

司法也可以看成是私人活动领域的一部分：它是管理经济所必需的法律结构。在这种管理制度下的个体，把自己仅仅看成是具有法律权利的私人，这种权利保证了他们有权追求私人目标。深谙此点的个体遵守法律，也仅仅只是为了避免法律惩罚，他们运用法庭也仅仅只是把它当成是追求私人利益的工具（例如，为了自己的利益去处理有关契约的纷争）。但是，司法也可以看成是一种过渡性的机构，黑格尔对这种制度的解释，也可以看成是一种理论上的推进，即把市民社会解释成一种公民共同体。司法具有一种重要的教育功能，它鼓励需要体系中的参与者能够采取一种主观上相互尊重的态度，因此他们就能避免侵犯彼此的权利，他们不再侵犯，不只是出于对法律制裁的恐惧，而是彼此把对方都当成人来尊重。即使这种对他人与法律的尊重缺乏共同体的性质，但它代表了向这一目标推进了重要一步。

黑格尔认为，正是公共权威首先使得人们有可能把市民社会看成是一个公民共同体。如果一个社会要想成为一个适于生活的好场所，那么公共权威所提供的公共善（例如，公共秩序、保持良好的道路、好的公共教育）就是它所必须拥有的。公共权威同时也发挥了一种重要的教育功能，它使得人们有可能把自己看成了市民社会的成员。当人们要求街道铺设良好、路灯明亮、或者街区学校要得以改进时，他们就已经（暗暗地）把自己看成是市民社会的成员。黑格尔还认为，当个体要求公共权威履行提供福利的功能时，他们并不是或不应当把自己看成是要求得到慈善关爱的私人，而是市民社会的成员，他们有权提出这种要求（PR，§238）。

但是，在黑格尔看来，使得市民社会成为公民共同体，同业公会发挥着决定性的作用。它们在家庭之外提供了一种社会领域，在这一领域中，个体不仅尊重彼此的权利，而且关心彼此的需要。它们构成了一种组织形式，其成员视这种组织形式为最终目标。它们引导其成员把自身看成同业公会的成员，从而形成某种具体意义上的社会成员身份。在这一过程中，同业公会也加深了其成员与作为整体的市民社会之间的关联。同业公会的成员逐渐把自己看成是某个特定同业公会的成员，这一特定的同业公会能实现某种特定的社会功能，在社会中占据某种特定的位置。同业公会成员也逐渐明白，这些同业公会实现着特定的社会功能，在社会世界中占据着某种确定的位置（PR，§253）。

我将对市民社会的调和个体性与社会成员身份的几个主要方式进行评论，并以此结束我对市民社会的讨论。让我们首先考察市民社会作为私人活动的领域所展开的调和方式，其次考察市民社会作为公民共同体所展开的调和方式。

黑格尔认为，如果我们把市民社会看成是一种私人活动的领域，那么市民社会中的人们就能够把自己实现为强意义上的个体。在需要体系中，他们通过追求自己的私人利益而做到这一点，在司法之下，他们可能通过践行个体权利而做到这一点。在需要体系中，他们通过工作、交换与消费过程，逐渐把自己看成是个人需要的主体（PR，§187）。在司法中，他们通过获取财产与订立契约的过程，逐渐把自己看成是个体权利的拥有者（PR，§§209，217）。

黑格尔还认为，个体通过参与需要体系，发展了他们的具体需要——他们独特的利益内容（PR，§§189－198）。同样，司法实现了人们仅仅作为人就具有的"抽象"权利，从而保护了个体所具有的法律权利（PR，§§210－212）。黑格尔不仅认为人们通过参与私人活动领域从而把自己实现为强意义上的个体，同时也认为，正是通过参与这一领域的活动，人们才逐渐成为强意义上的个体。因此，正是私人活动的社会领域——需要体系与司法——才使得强个体性成为可能。正是通过这种方式，作为私人组织领域的市民社会调和了个体性与社会成员的身份。如果某个现代社会世界缺少这一领域，它就不可能使人们把自己实现为强意义上的个体，因此这种社会世界也就不会成为家。

然而，私人活动的领域并没有使人们把自己实现为社会成员，哪怕是最弱意义上的社会成员。作为这一领域的参与者，个体仅仅是私人，他们只关心自己的目标与计划。他们不会把将他们包含在内的那种社会制度视为最终目标。这一领域也没有提供一种机制，使得人们有可能明白，正是他们参与到社会世界之中才使得强个体成为可能。因此，在私人活动领域中出现的和解，只会在人们参与之后才能够发生。就此而言，从根本意义上看，它是有限的。

作为公民共同体，市民社会提供了某种形式的社会成员身份，它可以使个体实现强形式的社会成员身份。公共权威通过提供一个公共领域，使得在这一领域中，个体能够作为市民社会的成员有意识地采取行动，从而有可能使个体把自己实现为市民社会的成员。

正如我们所见，同业公会为个体提供了某种形式的社会成员身份，它具体表现为个体性。同业公会成员把自己看成是特定同业公会的成员，认同同业公会的目标与价值，将长期形成的、适合于其成员的生活方式也看成是适合于同业公会自身。在组成一个同业公会的时候，个体就超越了自己作为私人的地位，而获得了某种确定的、为社会所承认的社会身份。

第三节　国家

(一)市民社会与政治国家

按照黑格尔的理解，国家，更准确地说，严格意义上的政治国家(*der eigentlich politische Staat*)，一开始等同于政府。黑格尔认为，具体的现代政府形式是立宪君主制(PR，§273，R)，就其理性形式而言，它包含了三个部分(PR，§273)：(1)君主，或君主权力(PR，§§275—286)；(2)行政机构(PR，§§287—297)，它由受过专业训练的官僚所推动运转，这些官僚都是普遍等级的成员；(3)立法机构(PR，§§298—319)，它包括两院制的立法议会，上议院的成员属于实体性等级(PR，§§305—307)，下议院的成员属于贸易与工业等级，他们是同业公会的代表者(PR，§§308—311)。将政治国家与政府等同，这马上对黑格尔关于市民社会与政治国家的关系的理解提出了一个问题。

问题在于，黑格尔过于强调市民社会与政治国家的区分(PR，§§182Z，258R；VPRHO，565)。实际上，他把这一区分的发现视为自己最高的哲学成就(参见 PR，§260)。但是，按照他的理解，市民社会包括两个公共制度，司法与公共权威，而它们通常被认为属于政府。事实上，黑格尔本人认为，这些制度确实属于政治国家(也属于市民社会)。他说："行政权……也包括司法权与治安管理权"(PR，§287)。但是，如果市民社会包含了两种国家制度或者说政府制度，那么如何将其与政治国家做出区分呢？另外，如果市民社会与国家确实不同，司法与公共权威如何又能够同时隶属于两个领域呢？[①]

207

有一个可能的解决方法，即尽管事实上司法与公共权威在市民社会中占据了一定位置，但是我们可以认为，它们实际上并不属于市民社会。这种解决方法与大家都极为熟识的一种做法相契合，即在市民社会与国家之间做出区分。市民社会通常被认为是"私人领域"（例如，市场，或者市场外加上市场之外的由私人自愿形成的组织而构成的网络），它与"公共领域"（它等同于政府或国家）是相对的。私人机构（不同于家庭）属于市民社会，公共机构（如司法与公共权威）属于国家。

还有可能值得注意的是，这种将市民社会与国家做出区分的方式，无论是自由至上主义者还是福利自由主义者都赞同。他们之间的争论主

---

① 事情变得更为复杂，是由于黑格尔像如下这样谈市民社会，他说："人们可以首先把这一体系看成是外在的国家（the external state）、需要的国家（the state of necessity）、知性的国家（the state of the understanding）"（PR，§183；EL，§25）。就我们的目的来说，在理解这句话的时候，最重要的就是不要把市民社会（在 PR，§§182－255 中讨论）等同于政治国家（在 PR，§257－339 中讨论）。相反，黑格尔是出于（或者认识到了）如下立场才说这句话的，即人们一直没有在市民社会与国家之间做出区分，市民社会的真正本质还没有为人们所理解。他说，正是从这一立场出发，需要体系、司法和公共权威才变成纯粹外在的权力。需要体系之所以看起来是外在的，因为它的成员完全以一种工具化的方式与它发生着联系（PR，§§182，Z，183，187；VPRG，472），他们是由于物质需要被推动才进入到工作世界中来的。需要体系之所以看起来是外在的，还有另一个原因，即它是在参与其中的人们的背后运作的（PR，§187）。这一体系中的参与者并没有认识到，他们在追求自己的私人需要时，他们也是在推进共同善。如果人们只是关心自己的需要，那么他们就必然会把司法看成是外在权威。而且，只有作为公民，人们才能参与到立法过程中去。正是这一立法过程才产生了司法所实施的那些法律（PR，§§310－311），也只有从政治国家的立场出发，他们才能深入了解政府的工作，而司法正是其中的一部分（PR，§§301，314－315）。同样，只要人们把自己看成是排他性的个体，公共权威也将只会是一种纯粹的外在机构。为了将其看成是对自我意志的表达，人们就必须把自己看成市民社会的成员，看成公民。当黑格尔说市民社会是"知性的国家"时，他的意思是说，知性不能抓住政治国家的真实本质。黑格尔认为，知性混淆了国家与市民社会，认为国家的目标是"维护与保护财产、个人自由与个人利益等"（PR，§258R）。但是，由于"维护与保护财产、个人自由与个人利益等"是市民社会的恰当目标，因此，市民社会就可以被看成知性的国家（参见 PR，§183）。

要表现在确定哪种国家干涉是合法的、国家干涉在何种限度内是合法的，而不是将市民社会与国家做出区分。他们都认为，司法与公共权威属于国家而非市民社会。[①] 事实上，自由至上主义者认为，司法与公共权威的法律执行功能为保护财产和契约提供了某种不可或缺的外在框架。但是，他们否认公共权威有提供福利的功能，他们将这种功能看成是国家对私人领域的入侵，这种入侵是得不到辩护的。另一方面，福利自由主义者认为，与保护财产与契约一样，提供福利也是国家的一个恰当任务。因此，他们认为，公共权威提供福利的功能，实际上是一种合法的、必要的国家功能。

那么，黑格尔倡导公共权威提供福利的功能，这一点通常被认为与福利自由主义者是相似的，因为他们都为市民社会之外的某种制度进行辩护，人们这么看待黑格尔一点也不令人奇怪。然而，事实上黑格尔认为，公共权威属于市民社会而非政治国家，这就使得这种解释与他自己的理解是相对立的。正如人们通常所认为的，黑格尔在精神上更接近于福利自由主义，而非自由至上主义。但是，自由至上主义者与福利自由主义者都承认市民社会与国家的区分，黑格尔与他们完全不同，他否认这种区分，而人们通常很少理解到这一点。

黑格尔可能会承认，自由至上主义与福利自由主义对这种区分的理解也包含了一些真理成分：即司法与公共权威都外在于需要体系。但是，他坚持认为，这些制度并不外在于作为整体的市民社会，因为他认为这一领域本身就具有一个公共维度，这一公共维度是由一系列与保护个人的权利与福利相关的公共制度所建构起来的。[②] 黑格尔认为，他对市民社会的发

---

① 然而自由至上主义者与福利自由主义有可能都会拒斥黑格尔所持有的一个很明显的反自由主义的观点，即警察监视与管理的范围没有固定的界限(PR，§234，Z；VPRHO，693)。

② 当我说，黑格尔认为市民社会包含了自身固有的公共维度，我的意思当然不是说，这一维度是完全独立于政治国家的。尽管黑格尔认为司法与公共权威是市民社会的有机组成部分，但他同时也认为，它们是政治国家的一部分。他的市民社会观念有一个重要特征，即它的维持与再生都需要政治国家的存在。

现，不是发现了一个纯粹的私人领域，而是发现包含了公共维度的私人领域，发现了既属于公民又属于资产阶级的社会形式。

如果我们问，黑格尔会接受在市民社会和国家之间做出清晰区分，同时把司法与公共权威看成是市民社会的一部分，而非国家的一部分吗？答案很明显是否定的。黑格尔绝不可能赞成人们通常的做法，即把市民社会等同于私人领域，而把政治国家等同于公共领域。就黑格尔的思想来说，司法与公共权威属于市民社会是绝对重要的。

在这一点上，至少有两个问题必须澄清。第一，黑格尔对市民社会与国家的区分不同于私人领域与公共领域的区分。第二，我们不能把黑格尔的区分理解为两种完全不同的制度。黑格尔并不认为，市民社会与国家之所以不同，原因在于它们没有共享任何相同的制度。事实上，正如我们将看到的，他认为，司法与公共权威所展现出来的制度重叠部分正好体现了政治国家与市民社会之间有一些关键性的联系。所以我们必须问：那么，黑格尔如何在市民社会与政治国家之间做出区分呢？

他是通过比较两个领域的"规定"（*Bestimmungen*）或基本原则来做区分的。黑格尔认为，市民社会与政治国家之间的区分主要就在于它们的规定不同。

根据黑格尔的看法，市民社会的规定就是要"通过普遍性形式做专门调解"（例如，需要体系的运作，以及带有司法与公共权威的同业公会的运作）来推进"特殊性"（个体与团体的私人目标）的发展（PR，§182）。市民社会作为一个社会领域，它给予每个人"从各方面发展与表达自身的权利"（PR，§184）。[1] 他认为，这正好标志着市民社会具有"自己的独特形式"，现代社会世界正好通过它能够实现"每个主体有权使自身的特殊性得以满足"（PR，§124R）。我们可以回想起来，黑格尔把这种权利看成是"古代

---

① 市民社会所推进的具体形式的特殊性就是私人利益以及法律所保护的特定权利，这与现代家庭中非常流行的"情感的"或"心理的"特殊性形成了对比。

与现代之间最关键的差别"(PR，§124R)。为什么司法与公共权威可以看成是市民社会的重要组成部分，主要原因就在于，它们特别关心市民社会成员的特殊性（他们的特殊权利与福利），同时也分享了这一领域的相关规定。

我们可以把现代政治国家的规定理解为推进共同体的共同善，也就是黑格尔所说的"普遍性"(*das Allgemeine*)。按照黑格尔的理解，"共同体的共同善"是一种与共同体成员的私人利益不同的善。黑格尔认为，现代政治国家具有这一普遍目标，这正是现代政治国家不同于市民社会的一个特征。市民社会的制度主要是要以推进个人与团体的私人目的的，它们并不以推进共同体的善为目的。

210   大家都熟知的契约主义国家观认为，政治国家的目的是要保证"财产、个人自由与个人利益的安全与保护"(PR，§258R)，对于黑格尔来说，这很明显地体现出现代人混淆了市民社会与政治国家。黑格尔认为，"个人利益"是市民社会的关注点，而不是国家的关注点。要想理解国家的独特之处，就在于我们要能够理解，国家作为一个社会领域，它只关心作为整体的共同体。

黑格尔认为，现代政治国家要推进共同善，其中一个最主要的方式就是要提供某种制度框架，在这种框架中，共同体能够确定自己的共同命运。市民社会使人们（总之是指男人）有可能依据他们的私人决定而行动，当然它最终有可能产生对共同体有利的后果，但它并没有提供一个框架，在这种框架中，共同体能够作为一个整体以一种自我意识的、理性的方式来决定并追求它的共同目标。因此，政治性的国家结构才是必需的。

黑格尔认为，政治自决——即共同体的政治自决——代表了共同体的共同善的最高"形式"。他认为，在同一个自决的政治共同体中的成员身份构成了人们所能享受的最高的实际善（参见 PR，§§153R，258）。至少从这一方面来说，黑格尔是一位共和主义者。有关古希腊民主制与罗马共和国，黑格尔最为崇拜的是，它们都实现了政治自决之善。在他看来，现代政治国家的意义主要在于，它的结构使得它有可能实现这种共和主义的理想，同时又与现代性的基本条件不相违背，这种基本条件包括必要的官僚制，以及人们投身于自己的私人事务的需要。

黑格尔认识到，一个现代共同体具有一系列真正的共同目标的观念是很成问题的。在他看来，市民社会本质上是一个多元化的力量（PR，§§182Z，184，Z，185Z；VPRHO，567，570，574）。他认为，它的社会生活形式产生了不同的利益与观点，这正是现代社会生活的特征。但是，他也认为，现代政治国家提供了某种制度框架，在这种框架中，现代社会世界的不同部分——实体性等级、贸易与工业等级与普遍等级——能够走到一起，贸易与工业等级中的不同同业公会之间的利益冲突能够得以克服。事实上，黑格尔认为，将这些不同的利益统一起来，正是国家的一个主要任务。

还有必要指出的一点是，黑格尔认为，共同体的共同目标本质上是特定的集体慎思过程的产物。它们之所以是共同体的共同目标，就因为它们是通过集体慎思的过程而形成的。在这一过程中，共同体力图作为一个共同体来决定它的目标是什么。事实上，正是通过这一集体慎思的过程，现代政治共同体才使自身形成了一个统一的政治共同体、一个具有一系列政治目标的政治共同体。黑格尔认为，现代政治国家为这种过程的发生提供了某种制度结构，从而使这种集体慎思的过程成为可能。

现代政治国家作为一个重要领域，具有推进共同体的共同善的特征，但这并没有穷尽它的所有特征。黑格尔认为，现代政治国家最突出的特征首先表现在，它能使其成员追求私人利益，其次，它能将这些私人利益（"特殊性"）与共同体的共同善（"普遍性"）统一起来（PR，§260）。现代政治国家通过维护并支持与其不同的一个社会领域——即市民社会——使其成员能够在这一领域之中追求他们的个人利益。黑格尔认为，现代政治国

211

家包含了这一领域，正因为这一特征，它能够很好地与古典国家区别开来。当他说在这些国家中"特殊性还没有解放出来"时（PR，§260Z；VPRHO，717），他表达的正是这个意思。古代国家并不包含市民社会领域，在这一领域中，人们被赋予了特殊性，"有权全面发展与表达自身"。在黑格尔看来，古代国家也没有"特殊性的自足发展……如果古代世界的国家中出现了这种发展，只会导致伦理的堕落，也是它们垮台的最终理由"（PR，§184）。从这种观点来看，现代政治国家最突出的一点就在于，它与古代国家不同，它包含了一个特殊性能够"获得解放"的领域（PR，§260Z；VPRHO，717）。

但是，对黑格尔来说，现代政治国家包含了一个能够发展特殊性的领域，但这会导致另一个问题，即这种特殊性能否"重新恢复到普遍性，如整体的普遍目的"（PR，§260Z）。这里事实上有两个担忧。第一个担忧是，我们是否这样理解现代政治国家，即它"调和"了共同体成员的私人利益与共同体的共同善。它能否提供一些机制以确保共同体的共同善与其成员的私人利益之间没有根本的冲突？它能否提供一些机制以确保这些成员的私人利益与共同善之间具有根本的一致性？第二个担忧是，现代政治国家是否有可能促使其成员推进共同体的共同善，同时又不需要放弃自己的私人利益。现代社会世界中的人是否能够把公民的生活与资产阶级的生活结合起来？①

当黑格尔认为，现代政治国家把共同体的共同善与其成员的私人利益统一起来了，那么他对以上这些问题的回答就是肯定的。他说过以下这段最值得追忆的话，这段话至少在一定程度上表达了这一点："现代国家的原则颇具力度与深度，因为它承认主体性原则，实现极为自足的个体特殊性，同时，它又使特殊性回到真正的统一体之中，并在主体性原则中保持

---

① 这是黑格尔阐述如下问题的一种方式，即调和古代人的自由与现代人的自由的可能性。

这种统一性"(PR，§260)。

到目前为止，我们一直在强调黑格尔对现代政治国家的制度方面的理解所具有的独特特征。然而，值得指出的是，除了制度方面外，黑格尔对现代政治国家的理解也是很独特的。黑格尔否认现代政治国家只存在于一系列的制度之中，它还包含一个很重要的主观维度。他认为，现代政治国家也是由他所说的政治倾向与态度(Gesinnung)所构成的，如果理解恰当的话，他认为这就是爱国主义(PR，§268)。当普通人带着一定的态度在家庭和工作间中践行日常活动的时候，他们就是现代政治国家的一部分。因此，对黑格尔来说，国家不只是"外在的"(只是一系列的政府机构)，同时也是"内在的"(在我们的习惯与看法之中)。而且，为了使现代政治国家获得全面实现，绝大多数成员都必须展现一定的"政治态度"。他认为，这是现代政治国家存在于世的一种最重要的方式。

我们已经零星地考察过这种政治态度的内容，但是在当前的讨论背景中再次予以考察是大有裨益的。"这种倾向一般来说是一种信任的倾向(可以变成有教养的观点)，或者意识到我所具有的真正的、特殊的利益可以在他人(这里说的是国家)的利益与目的中得以保存与包含，我是作为一个个体处于这种关系之中"(PR，§268)。我们现在能够明白黑格尔的意思。我的"真正的"利益，按黑格尔的意思来说，是我作为一个公民所具有的利益，同时我的利益处于政治共同体的共同善之中。我的"特殊的"利益，按黑格尔的意思来说，是我作为一个私人所具有的私人利益。因此，作为构成政治态度的信任，意思也就是相信政治国家的真正利益就在于推进我的真实利益与特殊利益。正是因为这种信任，政治国家才能按照如下方式得以组织，即它能使我过上一种既能把自己实现为公民也能实现为资产阶级的生活。

在结束对黑格尔的基本国家观念的阐述之前，我还想考察最后一点，黑格尔除了谈及"严格意义上的政治国家"之外，还谈到了广义上的国家，即政治组织共同体（politically organized community）。[①] 按照黑格尔的理解，政治组织共同体不仅包括政治国家，同时也包括家庭与市民社会。因此，严格意义上的政治国家只是作为整体的共同体（黑格尔认为是顶点）的一个组成部分，也仅仅只是一个组成部分而已。黑格尔认为，严格意义上的政治国家不等同于作为整体的共同体，家庭或市民社会也不等同于作为整体的共同体。但是，黑格尔认为，如果把国家理解为政治组织共同体，那么它就等同于作为整体的共同体。他认为，理解作为整体的共同体，最恰当的方式就是把它看成一个政治组织共同体，看成广义上的国家。最后，黑格尔认为，正是这种从广义上理解的国家才是最基本的伦理与政治的统一体。

（二）现代政治国家的宪法

现在，我将略述黑格尔对现代政治国家的宪法（*Verfassung*）——或者说，规范结构——所做的解释。我们已经看到，黑格尔认为立宪君主制是一种非常现代的政府形式，从理想层面上看，现代立宪君主制包括了三个部分：君权、行政与立法（PR，§273）。让我们依次简单考察这三个部分。

根据黑格尔的说法，君权（或者说，君主权力）是由世袭的君主与众多大臣组成的（PR，§§275，279－280，283）。黑格尔认为，君主是国家的首脑，他在形式上拥有政府中的最终决定权。他是政治国家的主权或最高

---

① 我相信，"政治组织共同体"这一术语源于 Charles Taylor, *Hegel*, Cambridge, Cambridge University Press, 1975, p. 387. 参见 Pelczynski, Z. A, "The Hegelian Conception of the State," in *Hegel's Political Philosophy: Problems and Perspectives*, ed. Z. A. Pelczynski, 1984b. 将更广义的政治组织共同体观念与更狭义上的政治共同体观念区分开来是非常有用的。正如我们所见，黑格尔的现代政治国家观念的一个显著特征就是，它是一个政治共同体的观念，这一共同体不仅包含了政府官员（非常狭义上理解的政治共同体），同时也包括了普通公民，他们展现出了黑格尔所说的"政治态度"。我建议我们用"政治共同体"这一术语来指这种（更狭义的）政治共同体，用"政治组织共同体"这一术语来指这种（更广义的）共同体，它是由家庭、市民社会与政治国家所构成的。

权威的承载者与化身（PR，§279），是政治国家的统一性与个体性的标志（PR，§279，R），是政治国家做出主观选择与决定的中心。国家的主要大臣对他提出建议——这些人都是一些专家，他们按照君主的意思，负责政策的制定以及启动立法（PR，§§283-284）。尽管从形式上讲，最终的决定权只在君主那里，但实际上是这些大臣而非君主执行着属于君权的各部门的具体工作。黑格尔甚至说，君主的个人品质与他对自身工作的履行是（或者应当是）不相干的。"在一个全面组织起来的国家中，只有形式上谁具有最高决定权的问题，君主制所要求是在众多的'我'之中，有一个人能做出决定；至于占据这个最高职位的人具有什么样的特殊品格，一点儿也不重要"（PR，§280Z；VPRHO，764；参见 VPRW，161-163）。

君主真正的政治意义就在于，他是一个主体，共同体只有通过他才能做出决定。黑格尔认为，君主是共同体自决的中心，是做出最终决定的地方。当君主说"我将会做某事"的时候，他就代表了共同体，他将自己的主观性（他说"我将会做某事"的能力）赋予了共同体。因此，通过他，共同体能够在形式上做出最终的决定。

黑格尔坚持认为，共同体的最终决定必须是由一个人（而不是一个集合体）做出的，这一点反映出了黑格尔对主观性的坚持。他论证道："主观性只有作为一个主体才能获得它的真理，只有作为一个人才能获得它的人格"（PR，§279）。他认为："所谓的道德人、社会、共同体或家庭，就其自身而言无论如何具体，都包含了一个个的人，这些人都被抽象地看成是其中的一分子。在这种道德人中，个人尚未达到其存在的真理"（PR，§279R）。

从黑格尔关于君主的观点一直追溯到他坚持主观性原则背后的哲学根源，可以帮助我们理解支持这些观点的哲学理由。然而，这并没有使得黑格尔对君主制所做的辩护具有说服力。但是，黑格尔坚持认为，政治国家的主观性必须通过单个的人得以实现，这种观点真正奇怪的地方在于，在

215

哲学史上，每一个哲学家都教导我们要去理解可以想象的各种主观性，它们都不是通过单个的人而是通过团体而实现的。因此，有人在这里会忍不住认为民主制——黑格尔明确否认这种政府形式，认为它不适于现代社会世界（PR，§§273R，279R，301，R；VPG，306—308/250—252，310—313/254—256）——有可能通过每个选民而实现主观上自由的决定。在民主制中，个体主观性的核心并不在君主，而在每个人自己，而黑格尔认为只有前者才是最关键的。选举行为是我本人做出的，但为什么我会认为君主才代表了政治决定的最根本的主观性呢？无论如何，即使我们承认黑格尔的看法，即政治国家的主观性必须在单个的人那里，也绝不会明显地看出这个单个的人必须是君主。事实上，今天已经没有谁会认为黑格尔对这一点的论证是有说服力的。然而，如果人们关心的是黑格尔政治国家内的权力分配，以及权力可能会如何分配，那么人们所要担心的不应是君主，因为他的权力受到了限制，而应当是官僚，他们才是黑格尔所认为的现代

216 政治国家的真正的权力所在。

这很自然地将我们引向行政部门（行政权，*die Regierungs-gewalt*）——现代政治国家的官僚中心与管理中心。政府机构通过行政权就会使得共同体作为一个整体采取行动。按照黑格尔的设想，这一政府部门是由一群受过高等培训的公务员与高层咨议官所组成的，他们主要致力于共同体的共同善（黑格尔的现代政治国家观念有一个显著的、却又令人不安的特征，即他对公务员的奉献精神与公德心极有信心）。行政部门的主要任务就是实施由立法机构制订的法律，执行由君权所确定的政策（PR，§287）。行政部门也要负责同业公会的管理与监督（PR，§§288，289，R）。正如我们所见，行政部门包括了司法与公共权威，把它们看成是附属性的权力（PR，§287）。这些制度既作为市民社会的机构发挥作用，也作为国家的机构发挥作用。当它们在私人领域中发挥作用时，能保护个体权利，将福利作为自己的目标，那么它们就是市民社会的机构。当它们从国

家中获得自身的权威时，它们以维持某种一般框架为目标，这个框架为共同体提供一个特殊性的领域，那么它们就是国家的机构。因此，行政部门是一个起调和作用的政府机构，将政治国家与市民社会联系起来（PR，§302）。它的任务就是要确保市民社会的制度一般能够稳定运作（PR，§287），更具体地讲，它的任务就是要确保那些具有自身特殊目的（PR，§§251，256）的同业公会不会把市民社会变成它们的利益服务的工具。

最后，立法机构（"立法权"，*die gesetzgebende Gewalt*）是负责制定法律的政府部门。立法机构通过的法律主要界定与保护财产权与立约权，因此是以法律的方式来确定私人领域的，并依靠国家来保护它（PR，§§212、217、298）。这一政府部门是由君权、行政、等级会议与公共舆论所组成的（PR，§300）。行政与君权都是在立法机器中起作用的部分，这一点正好表明了黑格尔总体上反对孟德斯鸠对权力分立的理解（PR，§§272R，300Z；VPRG，704）。黑格尔将政府分成不同的权力的动机并不是要保证每一种权力能够相互监督与限制，相反，他期待政府的主要任务能得到全面发展，并在制度上能够得到表现（让共同体能够作为共同体去思考、决定与行为）。行政权与君权在立法机器中发挥积极作用，表明它们在制度上是相互重叠的。这一点恰好表明，黑格尔认为不同政府权力之间的相互关联才是最重要的。他认为，如果没有这种关联性，本应是"单一整体"的政治国家就不能展现出这种统一性（PR，§272R）。

根据黑格尔的设想，等级会议是一个双院制的代表机构（PR，§303）。上议院是由地主贵族的成员所组成，他们依据出身在这里占有一席之地，从理想的层面看，他们至少代表了一个作为整体的实体性等级（PR，§§305—307）的观点。下议院由贸易与工业等级的代表所组成，他们是从同业公会中选举出来的（PR，§§308—309），反映了市民社会所具有的各种不同观点。

黑格尔认为，下议院的代表应当从同业公会中选举出来，而非直接就

217

是代表，他之所以这么看，背后的根本原因就在于他的如下看法，即等级
会议只是要提供一个机构来代表共同体，并使共同体可以作为一个统一体
来思考。根据黑格尔的理解，市民社会并不是一群私人的聚合，相反，它
是由同业公会所组成的一个有机整体，它代表了市民社会的不同部门（例
如，商业、手工业等）(PR，§311，R)。黑格尔说："如果我们称代表之
为代表，我们就应当是在一种有组织的、理性的意义上理解代表这一术
语，这些代表就不应当是组成乌合之众（例如，作为"没有具体形态的一群
人"）的那些个体的代表，而应当是重要的社会领域的代表，例如，代表了
它的主要利益"。(PR，§303R)当黑格尔说这些代表是"由市民社会所选
出来的"(PR，§311)，他讲的正是这个意思。这也是黑格尔说如下这段话
的理由：

> 只要这些代表是由市民社会所选出来的，很明显，当市民社会在
> 选举他们的时候，它就是作为其本来的状态去行为的。这也就是说，
> 它并没有分裂成不同的原子式的个体，这些个体只有在追求自己某个
> 单一的临时行为时才聚集到一起，随后也没有进一步的整合；相反，
> 他们彼此内在关联，形成组织、社区与同业公会，正是通过这种方
> 式，这些组织、社区与同业公会才获得政治涵义。(PR，§308)

218   等级会议应当是这样的一个机构，共同体在这里只会思考共同善，这
种观念也促使黑格尔提出了如下观点，即代表不应当因为这些社区或同业
公会选举他们，所以他们就成为了它们的代理人，为它们执行具体的任
务，或者接受它们的具体委托。相反，他们要给予"普遍利益"以"根本性
的支持"，即支持作为整体的共同体的善(PR，§309)。

黑格尔认为，等级会议形成了对政治事务进行公开讨论的主要场所
(PR，§309)。通过这一机构，公共观点能够得以澄清，能够以制度化的

方式得以表达，同时也能够与行政权以及君权取得沟通。也正是通过这一机构，公民能够了解政府的具体工作，从而也能够逐渐把自己当成公民看待(PR，§§314—315)。

在黑格尔看来，现代政治生活的一个主要特征就是，普通公民坚持理解并参与国家的公共事务。黑格尔认为，等级会议使得这一点成为可能。普通公民通过在等级会议中发生的争论与讨论，从而能够了解公共事务。正如法院公开审判能够使公民了解司法系统的运作一样，等级会议也会使公民了解政府的运作。普通公民可以参与一种更大的公共讨论，它包括了那些发生在等级会议中的观点交流与思考，这种更大的公共讨论形成了公共舆论(öffentliche Meinung)，普通公民可以通过参与它从而参与到国家事务中来。值得指出的是，这种更大的公共讨论本身就是现代政治国家的一个重要组成部分(PR，§§316—318)。我们已经考察了黑格尔关于现代政治国家的宪法观念，下面我将转向由这一观念所引发的另一个重要问题。

(三)"个体的使命就是要过一种普遍的生活"

黑格尔在《法哲学原理》中做出了一个最引人注目的论断，即"个体的使命就是要过一种普遍的生活"(ein allgemeines Leben，PR，§258R)。所谓"普遍的生活"，黑格尔指的是，那种超越了家庭与市民社会的私人领域的生活，那种人们可以把自己实现为公民的生活。这种生活主要致力于共同善，更具体地讲，致力于保护政治组织共同体。黑格尔断言，过一种普遍的生活是现代个体的使命，这一断言确实引人注目，但他还有另一个同样引人注目的断言，即现代政治国家有能力让他们做到这一点。如果我们将这两个断言结合起来，我们就会预料黑格尔可能会持有这种观念：现代政治国家应当按照如下方式加以组织，即让普通公民最大程度地参与到国家的运作中来。黑格尔在讲"普遍的生活"时，肯定会把普通公民的形象想象为政治共同体的成员，这些成员在政治上积极主动，全面参与政治生活

219

并做出决策。但黑格尔实际上所持有的绝不是这种现代公民观念。

黑格尔关于现代政治国家的观念有一点是很突出的，即他认为普通公民的参与是非常有限的。与古雅典或罗马共和国不同，现代社会世界的普通公民并不直接参与国家的决策。黑格尔的现代政治国家并不是一种民主制，而是立宪君主制，在这种体制中，真正的统治工作是由公务员来执行的。在黑格尔所描绘的国家中，普通公民的政治参与（例如，普通市民）仅限于选举（通过同业公会）、交税、参与公共讨论以及（在国家危急时刻）参军保卫作为政治组织的共同体（PR，§§299Z，311，316－318；VPRHO，791）。事实上，黑格尔明确地说："在我们的现代国家中，公民只是在有限的程度上分享国家的普遍事务"（PR，§255Z；VPRHO，709）。[①]

"公民只是在有限的程度上分享（现代政治）国家的普遍事务"，这一基本事实引发一个基本问题，即我们何以能够说现代政治国家为普通公民提供了机会，让他们能过一种普遍的生活，而黑格尔所说的这种普遍的生活具体是什么。这一基本事实也提出了另一个基本问题，即在和解方案中，国家发挥了什么样的作用。在黑格尔看来，家庭与市民社会调和个体性与社会成员身份所采取的主要方式就是，它们均为普通公民提供了一个领域，普通公民能够在这个领域中实现他们的个体性与社会成员身份。普通公民可以通过婚姻与生育全面地、直接地参与到家庭中来。他们还可以通过找到工作并成为同业公会中的一员，从而能够全面地、直接地参与到市民社会中来。但是，正如我们所见，普通公民不能全面地、直接地参与到政府事务中来。他们如何能够在政治国家中实现个体性与社会成员身份呢？政治国家从而何以能够调和个体性与社会成员身份呢？

---

① 参见 Walzer："就其本身来说，公民权在今天很大程度上是一个消极性的角色：公民成了他们所要选举之人的旁观者"（Michael Walzer，*The Idea of Civil Society：A Path to Social Reconstruction*."1991，Spring，p. 299）。

　　为了处理这些问题，我们首先可以考察一下，为什么黑格尔认为普通公民参与现代国家必然是有所限制的。黑格尔认为，现代民族国家的复杂性排除了公民的广泛参与。现代国家治理已经变成了一个高度专业化、技术化的事情，它要求大量不同种类的具有行政管理技能的专家参与进来（PR，§290，Z；VPRG，689－690）。普通公民缺乏政府事务管理所要求的才能、技巧与训练（PR，§301R）。更明确地说，现代政府要求官僚制。无论如何，现代民族国家实在是太大了，根本不适合于直接的公民参与（VPG，311/255）。

　　为什么黑格尔认为政府的主要任务必须分配给一群公务员，另一个理由就在于，普通公民根本不想投身于政治国家。工作的需要以及家庭、朋友和私人计划的要求都使得普通公民根本没有时间参与公共事务。普通公民有太多的其他杂事要处理，不能把主要精力投身于政治。在现代社会世界中，无论是私人事务还是公共事务，都成了专任的工作。参与到同业公会中来，也就代表了普通公民不太愿意直接参与公共事务。因此，黑格尔也就承认了贡斯当的一种观点，贡斯当认为现代社会特别需要一种免于政治干涉的私人生活。[①] 如果要求所有公民都积极地、直接地参与政府事务（例如，他们相聚在相当于雅典公民大会这样的一个机构中），哪怕抛开实际操作的可能性不谈，这从现代的视角来看也会是一种不可接受的繁重负担。更重要的是，这种要求也构成了对公民自由的一个严重限制：限制了公民以自己的方式追求私人利益的自由，尤其是限制了公民选择自己的行业与职业并以之作为生活重心的自由（PR，§206）。因此，黑格尔会否认卢梭在《社会契约论》中的提法，即"一个建造得越好的国家，在公民的心

---

　　① Benjamin Constant，*Political Writings*，Translated and edited by Biancamaria Fontana，Cambridge，Cambridge University Press，1989，p. 104.

目中，公共事务的重要性就远远超过了私人事务。"①尽管黑格尔非常崇拜

古希腊和罗马所展现出来的人们对公共生活的参与，但他并不认为现代社会世界能够或者应当按照这种方式来建构，从而强迫公民按这种方式来生活(PR，§§185Z，206Z，260，Z；VPRHO，578，718)。他认为，现代个体过一种资产阶级的生活，即过一种私人的、非政治的生活，是有可能的。

当然，为政府服务的那些专家也不是无中生有的。黑格尔认为，中产阶级(Mittelstand)中的许多人想要投身于公共事务(PR，§297，R)。正是这些人进入了普遍等级，并在现代政治国家中作为治国之士而产生作用。有必要提及的是，从某种重要的意义上讲，积极地、直接地参与政治生活是向所有普通公民开放的。黑格尔坚持认为，"(每个人)都可以进入到任何领域，包括普遍等级，只要他具有相应的才能"(PR，§308R)。没有谁——或者说没有哪个成年男子——从一出生就被禁止参与政府服务(PR，§291)。由于政府已经变得非常专业化，如果普通公民想要参与政府事务的话，那么这也就是说，他是通过自己的自由选择，从而使自己投身于公共服务。必须承认，这也就意味着普通公民的生活与公务员的生活发生了交换：一个投身于政府事务的人，不可能同时又过普通公民的生活。黑格尔可能会说，正是在这种意义上，我们才说这种选择对普通公民是开放的。公务员并不是一个固定不变的社会团体。

黑格尔在公务员(普遍等级的成员)与普通公民(贸易与工业等级的成员)之间所做的区分，恰好反映了他敏锐地意识到，现代中产阶级很明显包含了两种不同的、相反的趋势：一种是关心个人事务，另一种是关心公共事务。黑格尔所开展的部分工作就是尝试为这两种趋势提供空间。在他看来，市民社会为那些追求私人利益的个体提供一个领域，而政治国家为

---

① Jean-Jacques Rousseau, *The Social Contract*, *or Principles of Political Right*, Translated and edited by Charles M. Sherover, New York, Meridian Books, 1974, p. 159.

那些投身公共事务的人提供另一个领域。如果说政府的专业化可以使那些追求私人利益的人能够从政治的负担中解脱出来，那么它也可以为那些投身政治事务的人提供一个领域，他们在那里能过上一种全心全意投身于共同体的生活。

这些考察澄清了一点，即黑格尔认为，普通公民不能全面地、直接地 222参与政治国家的工作，这正是现代社会生活的一个基本的结构特征。从黑格尔的立场来看，现代政治哲学的任务就是要表明，既然现代政治国家要求官僚制，普通公民又不想过紧张的政治生活，那么这些普通公民如何能够过一种普遍的生活呢？我们有必要记住，对于黑格尔来说，主要的问题不是现代公民何以能够过上公民的生活，不是资产阶级的生活，而是说，现代公民如何能够像公民一样行为，而不是永远只是资产阶级。黑格尔肯定会承认，与希腊城邦、罗马共和国或者中世纪后期的城市国家所提供的政治参与相比，现代社会世界中普通公民的政治参与是有限的，但是他会否认如下说法，即现代公民的政治参与是不重要的。他认为，现代公民所需要的是一种真正有意义的政治参与，它并不妨碍他们过自己的私人生活。他论证说，只要我们进行正确理解，现代政治国家所产生的政治参与形式非常适合于普通公民（通过同业公会进行选举、参与公共讨论、交税、服兵役）满足这一需要。让我们考察一下为什么这么说。

黑格尔认为，通过同业公会进行选举代表了一种有意义的参与形式，这是因为它让同业公会的成员在政府中能发出真正的声音。他们所选举的代表表达了他们的看法，这是他们作为同业公会的成员所共有的看法（PR，§§309，Z，311；VPRG，718）。在等级会议中，这些代表的存在就能够确保他们的基本利益、价值与态度在协商过程中发挥作用，正是这种协商过程才使法律得以制定、政策得以采纳（PR，§309Z；VPRG，718）。相比之下，如果按照地理区划来选举代表，那么他们则代表了选区选民的各种不同的利益：这不能确保人们作为市民社会的成员所具有的独特利益能被代表。个体投票权还具有如下劣势，即它会减少每个人投票的重要性（同上）。通过同业公会进行选举就更具有影响力。通过同业公会选举还有最后一个优势，即它可以把同业公会成员的社会生活与政治生活联系并整合在一起（PR，§303，R）。黑格尔认为，个体投票权还会导致另一个不好的后果，它会把人们所具有两种身份割裂开来，即公民"身份"与市民社会成员"身份"（同上）。作为个体进行投票也就是作为一个"原子"进行投票（同上）。黑格尔认为，这也就意味着"将市民生活与政治生活相分离，可以说使得政治生活悬而未决；因为它的基础只是抽象个体所具有的武断意志与观点"（PR，§303R；参见§303）。然而，当人们通过同业公会进行选举时，他们是作为市民社会的成员来选举的，他们在社会中占有一个确定的、有意义的位置。市民生活与政治生活以这种方式真正联系在一起。

黑格尔认为，在现代社会世界中，参与政治事务的公共讨论构成了政治参与的一种重要形式，因为现代政治共同体本身就是通过对话的方式而形成的。政治共同体是通过对话才形成政治共同体的，因此参与对话也就是参与基本的政治过程。这一活动对于普通公民是开放的；尽管他们直接参与更大的公共讨论，等级会议的讨论只是这一更大公共讨论的一部分。而且，参与这一更大的公共讨论与人们自己的私人利益是相容的，因为这一更大的公共讨论是由一些具体的活动所组成的，例如读报纸、就政治与公共事务与朋友、邻居、同事和合作者进行交谈。很明显，它不需要人们废寝忘食地参与。因此，参与公共讨论是政治参与的一种形式，它使人们有可能作为公民而行动，但同时又不需要完全被卷入到国家事务中去。

当然，关于这种参与形式有一个很自然的忧虑，即它不具有任何真正的政治意义，对政治国家的制度决定没有任何影响。对此，黑格尔就引入了等级会议观念。等级会议并不只是让公民对政府的工作有所了解，同时它也为公民提供了一个可以阐明自己观点的机构，其中这些观点正是使得法律得以制定协商的一个重要组成部分（PR，§§314—315）。等级会议作为一个调解机构发挥作用，将更大的公共讨论带入到现代政治国家制度的运作中来，同时赋予这一更大的公共讨论以真正的政治意义。原则上讲，正是这一机构使得普通公民能够在现代政治国家中发出真正的声音，使得现代公民不再只是单纯的旁观者。

黑格尔非常现实地指出，纳税代表了一种非常适合于普通公民所处情境的公民参与形式（PR，§299R，Z；VPRHO，791）。这种说法是非常引人注目的，至少从表面上看，纳税代表了一种"抽象的、无生命的、无灵魂的"政治参与形式（参见 PR，§299Z；VPRHO，791）。可以肯定的是，如果仅把纳税看成把人们辛勤劳动所得的部分收入交给国家，那么纳税就是非常具体的。但是，如果把纳税看成是一种政治活动的形式，把它与直接参与政治决策制定的过程相比，那么它就是很抽象的。纳税并不具有参与雅典公民大会所具有的那种轰轰烈烈的性质，它是非常乏味的。所以，纳税作为一种政治参与的形式并不令人满意，这一点儿也不令人奇怪。

然而，黑格尔认为，正是纳税所具有的这种抽象性——缺乏广泛的个人参与——才使得它非常适合于普通公民所处的情境。① 相比其他更直接的政府服务形式，纳税具有很大的优势，它能够给国家以支持，同时又能够让普通公民过自己的私人生活。

当然，从资产阶级的立场来看，税收只是外在的政府施加在人们身上的沉重负担。资产阶级交税的唯一理由是为了避免逃税而带来的制裁。但是，根据黑格尔的观点，如果我们站在公民的立场（现代政治国家，特别是等级会议所造就的、适用于现代的一种立场）来看，这将会提供一种完全不同的理解方式。从这种立场来看，要求人们纳税的机构并不是一个外在的、异化的制度，相反，它是共同体的政治组成部分，公民正是这个共同体的成员。至少从理想的层面来讲，一个人所交的税收所支持的目标，

224

---

① 参见 Jean-Jacques Rousseau, *The Social Contract*, *or Principles of Political Right*. Translated and edited by Charles M. Sherover, New York，Meridian Books，1974，p. 159.

正是他作为共同体的一员所共同享有的目标。从公民的立场来看，税收不是负担，相反，它是民族共同体从自身中收集资源以支持自身的一个手段。税收使得民族共同体有可能成为自给自足的。黑格尔认为，作为一个公民，如果他被逼着去纳税，那么他也就并不是在纳税；一个纳税的原因就在于，他支持税收制度，支持确定税收的协商过程，同时支持税收所指向的共同目标。一个人交税的原因就在于他支持国家。

在国家存亡的时刻去服兵役代表了一种非常具体的公民参与形式。为了政治组织共同体，人们会被要求放弃自己的私人追求、拿起武器，哪怕时刻有生命之虞。黑格尔认为，在正常情况下，国家不会要求普通公民服兵役。他指出，保卫国家一般是职业军人的责任（PR，§§325，326，R，327，Z，328，R；VPRG，736）。这种劳动分工使得普通公民可以在正常情况下追求自己的私人利益，不让自己受到来自服兵役的干扰。但是在民族危急时刻，普通公民可以被号召去参军："只要国家的独立自存受到威胁时，所有公民都有义务集结起来以保护它"（PR，§326）。黑格尔认为这种服务形式是有意义的，因为当人们保卫祖国的时候，他们才会认识到对祖国所负有的义务有多深。由于人们生活在共同体之中，并接受了共同体的生活形式，所以他们对祖国就有了义务。为了政治组织共同体，随时准备牺牲自己，正是在这一过程中，人们以一种特别鲜活、敏锐的方式认识到自己就是这一共同体中的一员，把共同体的存在与独立看得比自己的生命还重要。

现在让我们回到这个问题上来，即根据黑格尔的看法，现代政治国家何以能够使普通公民过上一种普遍的生活。我们可以很坦然地说，现代国家可以提供我们刚才所考察的那些公民参与形式做到这一点。黑格尔认为，在国家的生存受到威胁的时候，参军就代表了普通公民要过的普遍生活的一个组成部分。他认为，交税与参与公共讨论也是他们的普遍生活的组成部分。理解黑格尔有关普遍的生活的看法，很关键的一点就在于，过这种生活主要并不是说能履行一系列特别的政治行为，而在于首先，能确定政治组织共同体的共同目标；其次，逐渐把自己在市民社会中的活动看成是支持政治组织共同体的方式。因此，现代政治国家何以能够使普通公民过一种普遍的生活的问题就被归结为另一个问题，即现代政治国家如何能够使普通公民首先确定政治组织起共同体的共同目标，其次把自己的私人追求看成是支持这一共同体的方式。

　　事实上，我们已经考察了黑格尔对这一问题的回答。为了回应第一个问题，黑格尔可能会说，现代政治国家通过提供一系列制度结构——特别是等级会议——使普通公民理解并确定这些共同目标，并将自己看成公民。据此，普通公民就有可能确定政治组织共同体所具有的共同目标。他可能还会说，现代政治国家提供了一些结构——立法机构——共同目标就是根据它们而形成的。为了回应第二个问题，黑格尔可能会说，现代政治国家通过提供一系列制度结构——行政机构——能够确保在家庭与市民社会中执行的私人活动会支持这一更大共同体的目标与存在。据此，普通公民就有可能能够把自己的私人追求看成是支持政治组织共同体的方式。他可能还会说，等级会议的一个功能主要就是能够使普通公民从这一方面进入到行政权力的运作中去。

　　当黑格尔谈及"过普遍的生活"时，他心中所想的部分意思就是做如下这些事情，例如参与对政治事务的公开讨论、交税、在民族危急时刻参军。当他谈及"过普遍的生活"时，他心中所想的部分意思就是确定政治组织共同体的共同目标。但是，当他谈及"过普遍的生活"时，他心中所想的最独特的事就是，带着一定的心境在家庭与市民社会中完成一些日常活动。人们可以把这些活动既看成是自己的私人追求，也可以看成是政治组织共同体——自己正是这一共同体的一员——实现自身共享的生活方式的途径。人们参与这些活动不仅为了自己，或者为了自己的家庭，也是为了政治组织共同体本身。人们在自己的私人生活中"意愿地普遍着"（参见

226

PR，§260）。

因此，黑格尔关于普遍的生活的看法就是，人们所过的生活有可能是普遍的，但同时也是资产阶级的。也可以说，人们所过的生活尽管是资产阶级的，但它同时也是普遍的。黑格尔认为，现代政治国家调和个体性与社会成员身份的最终方式就是，它有可能使人们过上一种既是资产阶级的又是普遍的生活。人们过普遍的生活，就把自己实现为国家的成员，即公民。人们过资产阶级的生活，就把自己实现为个体，即追求私人利益的人。人们过一种既是普遍的又是资产阶级的生活，那么在这种生活中，个体性与社会成员身份就得到了调和。

第七章

离婚、战争与贫穷

在本章中，我将讨论现代社会世界的一些特征，从黑格尔的视角来
看，它们都是些特别有问题的特征：离婚、战争与贫穷。我的目标就是要
考察，为什么在黑格尔看来，这些问题并没有对现代社会世界成为家这一
点构成伤害。我将按照一定的顺序对这些问题进行处理，即从和解的立场
来看，它们对和解所构成的威胁从弱到强的顺序进行考察。因此，我首先
考察离婚，其次是战争，最后是贫穷。

第一节　离婚

婚姻总是为离婚的阴影所萦绕。婚姻有可能会崩溃，现实生活中许多
人的婚姻也确实在崩溃，婚姻的这一特征给人带来一种失望之情，这种失
望之情也会让人们对婚姻制度本身产生怀疑。我们如何能够接受这种一样
充满风险的制度呢？我们如何能够接受这样一种如此脆弱的制度安排呢？
离婚所击碎的这些希望与期待并不只是主观上的（仅仅是隐秘的、私人化
的或心理上的），它们是由制度的本质所产生的。婚姻本身承诺了一种天

长地久。黑格尔的如下这些话都表达了这种意思，他说，婚姻"应当坚若
磐石"（PR，§176Z；VPRHO，555），它"从本质上讲就应当是坚固的"
229 （PR，§163Z；VPRHO，519）。为什么说离婚的可能性并没有违背制度
自身所蕴含的天长地久的承诺呢？为什么说离婚并没有表明婚姻制度本身
存在着很深的缺陷呢？

　　黑格尔通过深究这种制度的本质来回应这一担忧。他说，婚姻本质上
是一种情感统一体（尽管不是唯一的）（PR，§176，Z；VPRHO，554）。
爱是将妻子与丈夫联系起来的最基本的纽带（PR，§158）。但是，他认为，
感情在本质上是偶然的（PR，§§163Z，176；VPRHO，434）。将妻子与
丈夫联系起来的爱终究会死去，两个人最后形同陌路（*total entfremdt*）
（PR，§176）。这并不是说，结了婚的人没法采取一些手段去维持他们的
爱，也不是说，他们只能任由命运的安排。夫妻可以努力避免一些可能会
对他们的婚姻造成威胁的环境，共同面对与解决他们无法避免的一些障
碍。好婚姻中的配偶都是这么做的。但是，对于任何一对配偶来说，他们
是否会采取这些方法，完全是一件偶然的事情。他们最终能否成功也是一
件非常偶然的事情。哪怕是努力经营的婚姻也有可能会失败。因此，"由
于婚姻包含了情感，它不是绝对的，而是不稳定的，它本身就包含着解体
的可能性"（PR，§163Z；VPRG，434）。

　　如果一对配偶最终真的形同陌路，那么婚姻的内在纽带就断裂了，被
认为是精神与情感统一体的婚姻也就崩溃了。那么，在这种情况下，我们
就必须同意离婚（PR，§163Z；VPRG，434）。这也正是黑格尔说如下这
句话的原因。他说："婚姻确实应当坚若磐石，但是这种坚固性并不是一
种束缚性的义务"（PR，§176Z；VPRHO，555）。同意离婚只是代表了以
官方的形式公开承认如下事实，即配偶双方的分歧已经无法弥合，婚姻已
经崩溃。

　　根据黑格尔的看法，任何一个婚姻是否真的走到这个地步，最终要由

一个中立的、制度化的、有权威的第三方（例如，教会或法庭；PR，
§176Z）来决定。他反对如下看法，即只要人们不再想维持这段婚姻，就
应当允许他们离婚。他进一步认为，那些暂时性的冲突与分歧，无论它们
有多么痛苦，都不能构成离婚的理由。如果允许某对配偶离婚的话，那么
他们之间的不和必须是全面的——即深层的、广泛的和不可化解的，没有
任何和解的可能性。黑格尔对离婚的看法绝不是自由主义式的，但是，他
认为，如果这种（主观）条件在（客观上）获得了满足，那么，配偶离婚就应
当被允许。黑格尔写道："正如人们不能因为强迫而结婚，只要人们在想
法上和行为上都已经彼此反对、相互敌视，那么不能因为他们之间存在着
法律的或实际的纽带，他们就必须结合在一起"。（PR，§176）

　　黑格尔认为，使婚姻具有吸引的特征以及使婚姻变得非常脆弱的特征
之间存在着紧密关联，只要我们理解了这一点，就能够接受存在离婚的可
能性。婚姻之所以具有吸引力，就在于它是一种情感统一体，也正因为它
是一种情感统一体，所以它才是脆弱的。婚姻的偶然性源于情感的偶然性
（PR，§163Z；VPRG，434）。由于婚姻是一种情感统一体，那么婚姻的
长久就难以得到保证。黑格尔说："由于婚姻建立在主观的、偶然的情感
基础之上，它就可能会解体"。（PR，§176Z；VPRHO，554）当然，从法
律的角度来讲，离婚可能会被禁止，但是，即使这样，也不能确保婚姻作
为一种情感统一体能够长久存在。由于婚姻是一种情感统一体，所以我们
最多只能说它是差不多不可解体的，而不能说它是绝不能解体的。无论如
何，离婚的真正悲剧性不仅在于以法律的形式宣告了配偶之间的全面分
裂，同时也在于他们在离婚之前就已经彼此疏远。

　　因此，在黑格尔看来，如果我们要想全面理解婚姻的本质，那么我们
既要理解婚姻制度总是期待着天长地久，同时也要理解我们根本不能确保
这种期待能够实现。他认为，只要我们理解了为什么不能确保这种期待能
够实现，那么它也就不再让我们困惑。虽然我们还是会对一些具体的离婚

230

情况感到伤感，或者对经营婚姻总是失败这种一般性事实感到伤感，但这种失望之情不会导致我们对婚姻制度产生怀疑。相反，我们对婚姻制度的理解能够提供一种视角，从这种视角出发，我们就能够忍受这种失望之情。由于我们理解到，婚姻的本质之中包含着形同陌路的可能性，那么我们对婚姻的破裂也就不再那么焦虑。

第二节　战争

231　　　　国家政治生活的一个最令人困扰的特征肯定是战争现象，它所带来的恐怖众所周知。关于战争的事实——会发生战争这一事实——很明显给和解方案提出了一个问题。我们如何能够与一个发生战争的社会世界取得和解？对于黑格尔来说，这一问题的出现是相当尖锐的，因为他认为战争并不是对和平与和谐规则的背离，相反，是国家政治生活的一种一般特征。这并不是说，黑格尔否认战争的恐怖，或者对国家之间的武装冲突拍手欢呼。[①] 这更不是说，黑格尔通常赞同军国主义，认为国家应当积极主动地寻求战争。他并没有这样认为。相反，黑格尔认为，战争与和平一样，都是国家政治生活的一种一般特征。就像柏拉图一样，黑格尔认为战争是人类存在的一种永恒特征。在他看来，战争在现实的国家生活中发挥了一种核心作用，这是政治哲学应当认真对待的一个事实。他的如下看法是非常合理的，即如果我们必须与现实存在的现代社会世界取得和解，那么由于现代社会世界是一个会发生战争的地方，我们也必须与这个地方取得和解。

　　　　如果我们把黑格尔的表达顺序颠倒过来，我们就会认为黑格尔对战争的解释是分为两个阶段展开的，第一个阶段与国家之间的外部关系有关，

----

　　① 参见 Karl R Popper, *The Open Society and Its Enemies*, vol. 2. Rev. Ed. Princeton：Princeton University Press，1996，pp. 68—69.

第二个阶段与国家的内部生活有关。第一条论证路线源于普遍存在主权国家这一事实。黑格尔认为，主权的要求排除建立一种国际组织（黑格尔心中所想的，正如康德在《永久和平论》中提出的"和平联盟"）的可能性，这种国际组织能够保证国家之间可以和平地解决纷争（PR，§§324R，333，R）。他认为，主权国家多元存在的要求也使得不同的国家不可能形成一个共同的、主权性的世界国家，它可以避免战争的爆发。

黑格尔信奉主权原则，这主要源于他信奉政治独立自主的原则。我们说一个国家是"主权国家"，也就是说，它是独立的，在它之上没有一个更高的机构具有权威与权力监管它的行为；事实上，每一个主权国家都是自主立法的（PR，§333）。① 黑格尔认为，如果国家要实现政治上独立自主（与自由）的善，它们就必须是主权国家。如果某个国家隶属于另一个更高权力的权威，那么它就不能决定自己的命运，它的公民也就不能享受作为这一独立自主的政治共同体的成员之善。对于一个放弃了主权的国家来说，它也就放弃了能够为其成员提供的最高善，成员们能够享受的最高的实际善。因此，黑格尔的结论是，主权是国家必须予以保留的。

黑格尔提出了两个理由，以反对世界国家存在的可能性。第一个理由是，存在着众多民族，每个民族为了实现自身独特的"人类学原则"（anthropological principle）——表达自身独特的生活形式的原则——都需要建立自己的国家（VG，59/51－52）。一个将所有国家都包括在内的世界国家的存在是不可接受的，因为它不让各个民族表达自身独特的人类学原则。第二个理由源于黑格尔的一个假定，即国家就其本质来说是个体（PR，§§321－324，324R，Z；VPRG，735）。当黑格尔说国家是"个体"（In-

232

---

① 黑格尔认识到了国际法的存在（事实上，他把它看成是现代社会世界的一个根本特征），但是他认为，"因为在与国家相关的事务上，没有一个现实的权力能够决定什么是正当的，也没法具体实现国家的决定，因此这种关系［国家之间的法律关系］依然总是某种责任［Sollen］"（PR，§330Z；VPRHO，832－833）。这一点我们会做更深入的探讨。

dividuen)时，我们可以猜测，他的意思并不是说它们是在个体的人这种意义上的个体。例如，他不会认为国家是良心的主体；也不会认为国家是具有一些心理现象（如疼痛、颜色）的主体。当他说国家是个体时，这包含了如下观念，即任何政治组织共同体都有自身的目的，然后根据这一目的将不同的个体结合起来形成一个集合体。政治组织共同体的目的与作为其成员的具体的个人的目的完全不同，但是，其他国家也有自身的目的，那么从这些国家的角度来看，这种目的也可以被看成是一种独立的、特殊的目的。黑格尔说国家是个体，还包含了另一种观念，即国家可以把自身设想为个体，因为它们可以把自己设想为单一的、独立的和有主权的实体（参见 PR，§324）。①

无论如何，黑格尔认为，由于国家是个体，它们也就需要其他的个体（如其他国家），这样它们就能够将彼此区别开来，同时获得其他个体的承认（参见 PhG，145－155/111－119）。黑格尔信奉一个普遍的哲学观点，即只有当个体（个体人或个体国家）能够被与自身不同的其他个体所承认时，它们才能够将自己全面实现为个体。② 在黑格尔看来，某个人或国家成为个体的部分意思就在于，它能够为其他个体所承认，同时也认识到自己与其他个体是不同的。因此，建立一个世界国家意味着消解了一个条件——其他国家的存在——而世界国家要将自身全面实现为一个个体性的国家时，这个条件又是必须存在的。因此，世界国家不仅是不可取的，而且它压根儿也不会存在。

因此，在黑格尔看来，国际关系的基本环境就是：各个国家都具有主权，在它们中间没有一个更高的权力，能够对它们的争端以和平的方式做出裁决。主权国家之间能够通过一些协议去避免以暴力的方式解决争端，

---

① 群体可以是自我观念的主体，这一点已经在第二章有所讨论。

② 参见 Ludwig Siep, *Anerkennung als Prinzip der praktische Philosophie：Zu Hegel's Jenaer Philosophie des Geistes*，Munich，Alber，1979.

但是，由于没有一个国际机构具有履行这些协议的权威与权力。因此，这些协议的约束力最终依赖于具体国家的意志，所以是偶然的(PR，§333)。黑格尔的结论是，当国家之间面临着严重的冲突，又没有办法通过和平的手段予以解决，那么除了战争之外别无他法(PR，§334)。黑格尔认为，战争的可能性是由国际关系的基本环境所造成的。

黑格尔还认为，国际关系的基本特征不仅使战争成为可能，而且使战争成为现实，战争会切实地发生。我们在这里要理解黑格尔这一观点所具有的一般性的程度，是很关键的。在黑格尔看来，发生任何一场具体的战争，都只是一个偶然事实。也就是说，这场战争也有可能不会发生；或者发生的主要的、直接的原因并不在于国际关系的基本结构。相反，作为一个一般性的事实，战争终将爆发，这一点并不是偶然的。黑格尔认为，爆发战争是人类社会生活的一个必然特征，它的必然性可由如下事实加以解释，即国际关系的基本性质。另外，每一个国家都有自己的独特利益，它们很容易与其他国家的特殊利益发生冲突。正因为如此，偶然性必然出现，这种偶然性实际上必将导致战争(PR，§334)。

黑格尔对战争必然性的第二条论证路线源于他的如下看法，和平的广泛存在将会产生有害的后果(PR，§324，R，Z；VPRG，733—734)。他认为，如果国家经过长期和平，那么个体与国家之间的关系就会受到损害。个体越来越投身于市民社会的个体追求，将自身看成是独一无二的私人与市民。他们不再看重政治共同体的价值，开始忘记了财产与生命所具有的有限性与偶然性的特征，赋予自己的生命和财产以更多价值。黑格尔认为，这最终导致的结果是，个体会每况愈下，因为他们已经不再将自己完全实现为公民，政治组织共同体也会每况愈下，因为它已经不能享受其所具有的最典型的生活形式。最后，国家与市民社会之间的界限会变得模糊不清，同时存在着国家将消融于市民社会的危险。

黑格尔认为，战争具有纠偏的功能。当个体看到自己的祖国被敌人入

234

侵时，生命与财产的有限性和偶然性也就必然不再是一种抽象（PR，
§324，R，Z；VPRG，733—734）。当针对自己的国家的一些规定威胁到
他们的个体追求时，个体也才能够理解，唯有国家的存在，他们的个体追
求才是有可能的。当国家的独立与主权受到挑战时，个体就能够认识到，
他们共同的生活形式处于危险之中，因而最终能够理解他们作为公民所具
有的利益。正是在这些时刻，个体学会了理解国家的价值。他们能够理
解，国家的存在是他们获得个人目的与福利的前提条件，国家的共同生活
形式才是他们应当认为有价值的东西——事实上，他们应当认为，相比追
求个人目的与福利来说，国家更具有价值。黑格尔认为，也正是在这些时
期，政治组织共同体才恢复了伦理生活上的健康状态。

　　黑格尔还认为，在战争时期，国家才以最明显的方式将自身建构为不
同于市民社会的东西，也是优于市民社会的东西。在战争之中，处于危急
状态的不是生命与财产（这是市民社会的主要关注对象），而是人们赖以生
存的国家政治制度和共同生活的存在（PR，§324R，Z）。① 在黑格尔看来，
即使永久和平是可能的，但它也不值得欲求，因为国家内部生活的维持要
求战争的存在。我们在这里必须特别注意，黑格尔对战争的解释并不是要

235

---

　　①　黑格尔为区分市民社会与政治国家的现实性做出一个论证，即为了理解现代社会世界中
战争的可能性，就必须做出这一区分。如果现代政治国家只不过是为了保护生命与财产的一系列
制度安排（如果现代政治国家只不过是市民社会），那么这就无法解释公民会在战时准备参战。这
种制度安排的主旨就是要保护公民的生命与财产，公民为什么要不惜牺牲生命和财产去保卫它呢？
他们为什么不逃到另一个国家置身事外呢？黑格尔的如下这段话正好表达的就是这个意思，他说：
"如果国家只等同于市民社会，国家的终极目的只是为了保护个体的生命与财产，那么当国家要求
人们做出这种牺牲时（如牺牲生命与财产），人们真的做出牺牲，那么，这只说明人们做出了极为
错误的计算。相反，如果人们本应去保护的国家牺牲掉了，人们的生命与财产的保护也就是不
可能的。"（PR，§324R）。黑格尔论证道，现代公民在战时参军表明了他们对国家负有义务，国家
并不只是一种工具，现代政治国家的终极目的不再被理解成"只是为了保护个体的生命与财产"。
我们在这里区分两种论证是很重要的，第一个论证是，现代战争表明了现代政治国家不同于市
民社会；第二个论证是，战争也具有正面的补偿作用，它使人们意识到了国家的重要性。人们完
全可以把第一个论证看成是合理的，同时又不接受第二个论证。我对这一问题的处理受到了 Avin-
eri 的影响（Shlomo Avineri，*Hegel's Theory of the Modern State*，Cambridge，Cambridge University
Press，1972，pp. 194—197）。

表明战争是好东西。他想说的是："战争不应当被看成是一种绝对的恶"（*absolutes Uebel*；PR，§ 324R）。也就是说，他承认战争是一种恶，但否认它是一种绝对的或无可救药的恶。我们刚才所考察的两种论证路线均要确证如下看法，即战争是一种我们能够忍受的恶。

第一条论证路线力图表明，为了国家存在，战争是我们必须付出的代价。这并不否认如下事实，即战争的出现是一种必须偿还的代价——一种必须偿还的可怕代价。黑格尔相信，善必须通过战争得以保存，在特定环境下，对国家特别重要的善（例如，政治上的独立自主，以及过上一种一般生活的可能性），也只有通过战争才能得以保存，相比被战争所威胁的市民社会的善（生命与财产）来说，这些善更为优越。黑格尔认为，对国家特别重要的善优于市民社会的善，这也正好表明了黑格尔在某一方面与古代人站在一起，反对现代人。同时也解释了他如何回应人们对他提出的一个反对意见，即黑格尔论证了战争是国家存在的一个不可避免的后果。但这一论证本身又提供了一个反对国家的论证，因为国家的存在需要战争，而战争又会摧毁国家。

黑格尔的第二条论证路线力图表明，尽管战争是一种恶，但战争事实上又具有一种潜在的好处，从而使我们能够接受战争。它的意思并不是说，国家为了维持自身伦理生活的健康，必须参与战争（PR，¶ 13），相反，它要提供一种方式，以使我们能够理解国家参与到战争之中这一普遍事实。这条论证路线力图确立如下观点，即战争有可能造就真正具有价值的东西：得以全面实现的公民生活和国家伦理生活的健康状态。它假定了，除了战争之外，这些好处是不可能获得的。它还力图表明，战争有可能使人们能够理解一些具有根本意义的东西：他们是特定政治组织共同体的成员，相比保存他们的财产或个体生存来说，他们赖以生活的政治共同体的存活具有更根本的重要性。只要我们抓住了战争的代价是可补偿的，战争具有肯定性的一面，那么我们就能够接受战争。

236

第三节　贫穷

市民社会所造成的最严重的问题可能是贫穷。在黑格尔看来，贫穷是一种可怕的恶，它是由市民社会的基本结构引起的，对于这一问题还没有明显的解决方法。因此，很明显贫穷构成了和解方案的一个障碍，至少在某些层面上，它比由战争和离婚所造成的障碍要糟糕得多。那么，根据黑格尔的看法，我们如何能够与产生贫穷的社会世界取得和解呢？

我们首先考察，黑格尔所认为的贫穷是什么，为什么他会认为这是一种恶。当然，贫穷最明显的特征就是物质匮乏。贫穷是一种缺乏、渴望与需要的状态。这些东西肯定都是恶。但是，对黑格尔来说，最重要的是，物质匮乏无论如何是贫穷的最重要的特征。正如黑格尔所理解的，贫穷在最根本意义上取决于如下环境，生活在这种环境中的人缺乏一些必要的手段——资源与技能——他们如果想要有意义地参与到他们这个社会的公民生活与政治生活中的话，这些手段都是必需的（PR，§241；VPRHN，194－195）。

黑格尔相信，贫穷的水平事实上是由参与特定社会所要求的收入水平所决定的，因此，在不同的历史阶段与不同社会中，贫穷的水平是不同的（PR，§244；VPRG，608）。即使一个人拥有了维持肉体存活的基本手段，他可能也是贫穷的。只要他缺乏有意义的社会参与所要求的资源，他就是贫穷的。穷人"缺乏市民社会的必需品"，黑格尔的意思不仅是说穷人需要物质品，同时也需要别人承认他是一个成熟的社会成员（参见 PR，§§189，253，R），穷人"仍然……或多或少被剥夺了社会所提供的福利，例如获得一般的技能与教育的能力，以及获得司法、获得医保，甚至常常还被剥夺获得宗教抚慰的能力"（PR，§241）。

黑格尔认为，财富上的贫富不均会加剧贫困。因此，在他看来，市民社会的一个可怕之处就在于，有些人骄奢淫逸，有些人一贫如洗（PR，§243；VPRG，608）。他毫不留情地指出，市民社会是一个充满"极度奢侈和极度悲苦的地方"（PR，§185）。然而，黑格尔并不认为，贫困是由贫富不均所决定的。事实上，他也从未对社会不平等捶胸顿足。相反，黑格尔认为，市民社会的一个恰当的功能就是要提供一个场所，来表现人们在天赋、技能与努力上的差异。他认为，表现出这些不平等，其实也正是每个人表现个体性的一个基本方式（PR，§§200，R；同时参见 PR，§49R，Z；VPRHO，218）。因此，他反对如下观点，即社会应当确保社会平等，并且，社会平等是应当努力追求的理想价值。然而，他认为，社会必须确保每个成员都具有平等权利（这是司法与公共权威的任务），他也深刻地意识到，这一理想与穷人在现实生活中所处的地位之间之间存在着张力。无论如何，黑格尔并不认为，穷人之所以穷，仅仅只是因为他比其他人占有相对较少的资源，或者因为所占有的资源明显少于他人而变得可怜：对于黑格尔来说，穷人之所以穷，在于他们缺乏正常的社会生活所必需的最低水平的收入、技能与资源。

对于贫穷这一现代现象，黑格尔认为最令人困扰的一点在于，它会导致一个群体的出现，我们今天称其为下层阶级，马克思以嘲弄的口吻称其为流氓无产阶级（*Lumpenproletariat*），黑格尔也同样以轻蔑的语气称其为群氓（*der Pöbel*）。[①] 穷人中有一群人，他们作为群氓构成了社会的 　238

---

① 指出如下这点是很有意思的，即在第三版的《美国传统词典》中，对"流氓无产阶级"的第二个词条解释是"人口结构中的下层阶级"。根据《瓦里希德语词典》，德语词"Lumpenproletariat"（马克思用来指称无产阶级中那些缺乏［无产］阶级意识的、处于社会最底层的一帮人）源于德语中意指"暴民"的"Lumpen"，以及法语"prolétariat"。《瓦里希德语词典》还告诉我们，黑格尔所运用的德语词"Pöbel"，源于东部古法语 pobel（途经中古高地德语 bovel 和 povel），它的形成还受到了新法语 peuple 一词的影响，这个词的意思是"人民"。关于下层阶级这一概念的讨论，请参见 Ken Auletta，*The Underclass*，New York，Random House，1982；以及 William Julius Wilson，*The Truly Disadvantaged：The Inner City，the Underclass，and Public Policy*，Chicago，University of Chicago Press，1987.

最底层群体，这群人的成员都聚集在城市，但他们永远没有机会参与到主流的社会生活与政治生活中去。在群氓之中，弥散着一种我们今天称为贫穷文化的气息，①它最主要的特征就是表现出一种针对富人、政府与整个社会的愤懑与戾气等内在态度（PR，§244Z；VPRG，609）。黑格尔称之为"群氓心态"（*Pöbelhaftigkeit*），是群氓的显著特征。黑格尔认为，只要人们堕入群氓之中，他们就不仅贫穷，而且会带有这种敌视的心态（同上）。②

令人惊讶的是，黑格尔认为，这种态度反映出了对群氓客观环境的一种正确理解。更具体地说，他认为，群氓心态主要源于群氓把握了以下两个事实：其一，对于有效地参与市民社会所必需的手段，他们有权获得；③其二，他们没有这些手段，并不是由某种自然过程所导致的，而是由市民社会的组织方式所导致的（VPRHN，195）。黑格尔如下这段话正好表达了这一点：

在市民社会中，穷人要努力抗争的，并不是那种单纯的自然过程

---

① 关于"贫穷文化"这一观念的讨论，请参见 Oscar Lewis，"The Culture of Poverty."In *On Understanding Poverty*：*Perspectives from the Social Sciences*，ed. Daniel P. Moynihan with the assistance of Corinne Saposs Schelling，New York，Basic Books，1969，pp. 187—200.

② 尽管黑格尔一般运用"Pöbel"一词来指称那些既贫穷又有群氓心态的人，但至少在有一句话中，他认为群氓并不必然是贫穷的："群氓的成员与穷人[Armuth]是不同的；通常来说，群氓的成员也是贫穷的，但是也有富有的群氓"（VPRG，608）。然而，我认为，在这句话中，黑格尔是从一种非标准的、讥讽的意义上运用"Pöbel"一词，指称所有那些表现出群氓心态的人（他们不承认权利），这种人在穷人和富人中都存在。他说："尽管一方面，贫穷是群氓心态、不承认权利的基础，但另一方面，群氓心态也存在于富人之中。富人相信自己可以买到任何东西，因为他们狂妄自大，对金钱的权力极具信心。财富也同样会导致穷苦的群氓所展现出来的愚昧与无耻"（VPRHN，196）。当黑格尔说，群氓中的有些成员是富人，这并不是说，他会如此荒谬地认为，下层阶级中的有些成员是富有的，相反，他只是说，和穷人中最底层的那些人一样，有些富人也展现出了同样的群氓心态和道德堕落。当黑格尔说，无论贫富，"伦理腐化对二者都存在"，他所讲的正是这种道德堕落（PR，§185）。

③ 黑格尔将群氓心态与他所讲的幼稚的贫穷（unbefangene Armut）进行了对比，幼稚的贫穷指的是穷人所展现出来的一种意识，他们还没有"发展到对自己的权利有一种自我意识"（VPRHN，195）。

所带来的不幸。给穷人造成不幸的自然并不是一个纯粹的存在，相反，社会意志才是。穷人总是感受到自己与一个随意的意志联系在一起，与人的偶然性联系在一起；从最终意义上讲，这正是穷人感到愤懑的根源：正是通过这个随意的意志，他才被抛入到这个分裂成不同阶级的国家之中。（VPRHN，195）

在黑格尔看来，群氓们认识到，他们的处境最终是由社会的意志所导致的：社会希望他们能够接受某种社会组织形式，而这种社会组织形式又不会让他们参与到社会中来，因此，便激起了群氓的愤懑之情。

黑格尔虽然认识到，群氓的看法存在着客观基础，但这并不妨碍他对这种看法展开批评。事实上，他的一个基本观点是，群氓的成员都遭受某种道德堕落（*moralische Degradation*；VPRHN，194）。他认为，群氓的成员觉得社会亏欠了他们。他们没有工作的欲望，也没有自尊，因为只有通过自己的劳动而生活的人才能获得自尊，换句话说，他们根本没有工作伦理。而且，他们不务正业、慵懒散漫（*leichtsinnig und arbeitsscheu*；PR，§244Z；VPRG，609）。这种慵懒散漫，再加上他们认为自己是不正义的牺牲品，就完全摧毁了他们的正直与是非观（*Rechtllichkeit*；PR，§244），使他们变得邪恶（*bösartig*；VPRW，138）。这些有助于我们解释，为什么黑格尔以一种极为蔑视的方式运用"群氓"这一贬义词。

强调下面这一点对我们来说也是很重要的，黑格尔虽然认为群氓是非常邪恶的，但他并没有将这种看法扩展到所有穷人身上。同时，我们也有必要指出，他所认为的，群氓的邪恶性也是群氓生活的客观环境所导致的必然结果，在根本意义上，也是社会组织方式所导致的必然结果。① 因此，在黑格尔看来，现代社会的组织方式不仅剥夺了群氓的物质生活必需品，把他们排除在有效的社会参与之外，同时也使他们在伦理上变得极为堕落。如果群氓是邪恶的，那么这是整个社会的错，而不是他们自身的错。②

黑格尔为什么认为贫穷这一现代问题，以及群氓的产生，均对和解方案造成了一个严重的障碍，其中的一个原因就在于，在黑格尔看来，贫穷与群氓的产生是市民社会的固有特征。这些问题并不是由于个人堕落与邪恶而导致的，它们的出现也不是由于市民社会这一领域所具有的纯粹偶然的不完善性。他认为，只要市民社会经济结构的一些主要特征进行正常运作的话，这些问题就会出现（参见 VPRW，138）。其中的一个特征就是，市民社会具有零和博弈的性质，因此，富人变富就要以穷人变穷为代价（PR，§195）。还有一个特征就是，现代经济的发展一般都会导致分工越来越专门化，这必将使得更多的工人进入到那些沉闷、报酬低、吃力不讨好的工作中去（PR，§243）。其中有些人不能维持最低的生活标准，或者根本找不到工作，所以越来越多的人成为群氓（PR，§244）。而且，按照黑格尔的理解，现代经济同时伴随着生产过剩的危机：在这一阶段，人们所生产的商品远远超过市场的需要，生产这些商品的工厂就会缩小或倒闭，这也会使很多人丢掉工作，步入贫穷（PR，§245）。黑格尔还认为，贫穷的存在与群氓的形成决不是经济运行的一种障碍，它与经济的畅行无阻是完全相容的（PR，§243）。事实

---

① 我们能够清楚地看到，黑格尔对群氓的看法很难简单归为保守主义或自由主义。一方面，像许多当代保守主义者一样，黑格尔认为存在着一个下层阶级，并且非常强调其恶劣处境的文化面向，同时他还认为，下层阶级的成员不仅处于极不利的地位，而且道德上亦很堕落。另一方面，像许多当代自由主义者（和左翼主义者）一样，黑格尔认为，下层阶级的观点与行为都反映了他们的阶级地位，是社会组织的产物。黑格尔和当代美国人对下层阶级都有所讨论，但它们二者之间存在着一个很明显的差异，当代美国人的讨论中有一种种族视角，而这种视角在黑格尔的讨论中完全不存在。

② 黑格尔对群氓的根本态度是谴责的，而且他也明确承认这一点，那么我们就不难看到，黑格尔很容易受到一种指责，以今天时髦的话说，那就是"棒打落水狗"（blaming the victim）。

上，市民社会自发产生了一个极富阶层与一个极贫阶层，所以黑格尔才悲叹，市民社会是一个"极度富裕又极度悲苦"的地方(PR，§185)。

我们回想一下，黑格尔论证了，战争包含了某种救赎(redemption)，并且离婚或战争都对和解问题构成了障碍。我们现在能够理解，为什么在黑格尔看来，相比离婚与战争，贫穷对和解问题构成的障碍要严重得多。当然，我们也可以对此予以质疑。我们可以质疑，战争是否真的具有黑格尔所赋予的那种更高的教育功能。即使我们都同意，战争具有这种功能，我们依然可以质疑，这种功能是否是战争在通常情况下都具有的。同时，我们也有可能不会像黑格尔那样乐观地认为，我们总是能够知道事物的价值。我们可以质疑，黑格尔认为战争向我们揭示出来的那些东西，我们是否真的能够认识它们。政治共同体的存活可能没有保存公民生命来得重要。政治共同体的善有可能会被战争所必然带来的刻骨铭心的痛所淹没。黑格尔认为战争具有一些治疗性功能，我们也可以对此提出类似的质疑。战争真的能够恢复国家健康的伦理生活吗？即使我们假定它真的能做到这一点，那么这真的能构成对战争的充分辩护吗？我们同时也可以对黑格尔战争观的其他方面提出质疑。

但是，为了便于理解，我们可以说，如果我们赞成黑格尔对战争的好处所做出的一些基本假设，我们也就能够理解，他为什么会认为战争具有一种救赎性功能。不过，很明显，黑格尔并没有努力去表明贫穷也具有这种救赎功能。原因很简单，因为他根本就没法做出这种努力。贫穷根本就不具有救赎功能。为什么相比战争对和解方案所造成的问题来说，贫穷对和解方案所造成的问题严重得多，原因就在于，贫穷代表了一种严重的、没有救赎功能的社会的恶。

黑格尔反对赋予贫穷以某种救赎功能，这只是把贫穷与战争区别开，但还没有把贫穷与离婚区别开。为什么贫穷对和解方案构成的障碍比离婚对和解方案所构成的障碍更严重呢？

　　有一个基本的原因是，与贫穷不同，离婚以特定的方式展现了和解的必然性。黑格尔认为，离婚必然具有和解的属性，因为它以一种尤为直接的方式来源于婚姻作为情感统一体这一性质。只要我们理解恰当，没有离婚的婚姻制度是不可想象的。当然，也有可能存在一些类似于婚姻的制度安排——我们可以把这种安排称为婚姻——离婚在这里是不可能存在的。也有可能存在一些不可能离婚的最原始的婚姻形式。但是，这些安排都没有尊重人的主体性，因此，它们不能被看成是现代婚姻制度的恰当形式（参见 PR，§124R）。如果我们承认婚姻本来的面目，把它看成是情感统一体，那么我们也要承认婚姻是一种可以解体的统一体。黑格尔的观点是，如果我们逐渐认识到，我们最初所认为的婚姻中存在问题的地方（离婚的可能性），同我们认为婚姻具有吸引力的地方（婚姻作为情感统一体的性质）之间存在着紧密关联，那么我们也就会认为，我们最初认为婚姻中存在问题的地方是完全可以接受的，因此，这样也就获得了和解。

　　当然，在某种意义上，人们会说，黑格尔把贫穷与群氓的产生看成是"必然的"：即黑格尔认为它们是市民社会的固有特征。但是，黑格尔从来没有认为，它们的必然性具有像离婚的必然性所展现的那种调和性质：他并不认为，同时也不应当这么认为，理解了这些特征的必然性也就是与它们达成了和解。总之，贫穷与群氓的产生代表了市民社会的必然特征，这种看法也似乎为我们将这种社会形式看成具有根本缺陷提供了理由。

　　而且，黑格尔对待贫穷的态度与他对离婚或战争的看法明显不同。尽管他认为离婚与战争都是极有问题的，但他认为，它们最终都会变成现代社会世界所具有的、完全可以接受的特征。他相信，如果有人尝试消解离婚或战争的话，在根本上讲完全是错误的。① 但是，贫穷并不具有这种地

---

　　① 确实，黑格尔认为，我们应当从立法上使离婚变得"尽可能地困难"，以"维护伦理的权利，避免反复无常"(PR，§163Z；VPRG，434)，但是很明显，他并不认为这种立法应当完全禁止离婚。黑格尔认为，保证离婚有真正实现的可能是极为重要的。

位。相反，它是应当予以解决的问题。黑格尔对贫穷的这种看法可以通过如下事实表现出来，即他非常严肃地考察了一系列解决贫穷问题的方法，但他并没有以类似的方式考察解决离婚或战争的方法。

在我们思考黑格尔所提供的可能的解决方法之前，我们必须指出，在黑格尔看来，任何解决贫穷问题的方法，如果要想被人们接受的话，就必须满足三个条件：这些解决方法必须有效；尊重市民社会的基本原则（PR，§245）；通过公共行为产生出来（PR，§242R）。

尽管何种解决方法可以认为是有效的，这可能会存在不同解释，但是提出有效性这一条件，其背后的动机是浅显易懂的。任何一种针对贫穷问题的解决方法都不能违背市民社会的基本原则，这也是合理的。然而，对于公共行为这一条件，我们需要做些澄清。黑格尔认为，解决方法必须通过公共行为产生，他的意思是说，它必须通过公共制度的活动来产生。黑格尔提出这一条件，背后的主要原因来源于我们在第六章中所考察的一个观点，即市民社会中的人具有一种积极权利，他们可以要求市民社会为他们提供有效参与社会结构所必需的那些手段（PR，§246Z）。仅就贫穷问题来说，黑格尔一般性的看法是："如果公共条件被认为越完善的话，留给个人按照自己的私人观点（与之相对的，是按一种普遍的态度所做的安排）来采取行动的空间也就越小"（PR，§242Z）。

现在我们回到黑格尔所考察的各种可能的解决方法上去，一点也不奇怪的是，针对贫穷问题，黑格尔会否认私人慈善事业是一种可以接受的解决方法。毕竟，私人慈善事业是私人性的，它违背了公共行为的条件。[①]黑格尔还认为，私人慈善事业违背了有效性条件。由于慈善依赖于特定个体的私人决定，它就是偶然的，也因此是不可靠的。这并不是说黑格尔不同意私人慈善。他认为，人们应当对慈善机构做贡献。他的看法是，私人

243

---

① 类似的表达，请参见 Thomas Nagel, *Equality and Partiality*, New York, Oxford University Press, 1991, pp. 95－96.

慈善尽管非常重要并且有价值，但这种慈善式的捐赠并不能为贫穷问题提供解决方法。

黑格尔还考察了另外两种解决方法，不幸的是，它们虽然满足了黑格尔的公共行为这一条件，但是它们又与市民社会的基本原则相矛盾，或者违背了有效性条件。黑格尔首先考察了直接给穷人提供资金援助的可能性，这些资金可以来源于对富人施加的税收，或者来源于从各种公共机构中收集来的钱，如有钱的医院、修道院或基金会。但是，他否定了这一建议，因为这有违市民社会的基本原则，根据这一原则，人们都是通过自己的劳动来维持自身的。黑格尔所考察的第二种可能的解决方法是，国家通过市民社会的公共制度为穷人提供生产性工作。然而，这一建议又与有效性条件相冲突，使生产过剩的问题再次发生，而这正是贫穷之所以产生的一个基本原因（PR，§245）。①

考察的结果是，黑格尔找不到一种方法能够解决贫穷问题。对他来说，贫穷依然是一个需要解决的问题，但是又根本不存在明显的解决方法。在考察了各种可能的解决方法之后，他得出结论："尽管有财富过剩，但这表明市民社会并不是足够富裕的——例如，它自己的资源并不充足——以至于可以防止贫穷的大量出现以及群氓的形成"（PR，§245）。黑格尔在1824—1825年所做的关于法哲学的讲演中还对这一点做了扩展，他说："怎样治疗贫

① 我们通常会认为，黑格尔并没有考察凯恩斯所提出的增加公共工程建设以扩展就业的方法，但是这种方法所代表的一种解决路径在原则上是有可能为黑格尔所采纳的。这种方法的优点就在于，它能够避免生产过剩的问题。然而，我们也难以肯定，这一方法从长远来看是有效的。这并不是说我们今天已经解决了贫穷问题。黑格尔并没有考虑到但却有可能持有的一种解决方法是开拓殖民地。黑格尔在讨论完贫穷之后，紧接着讨论了开拓殖民地在市民社会生活中的作用。市民社会可以将多余的工人派出去组建殖民地，从而能够解决贫穷问题。然而，开拓殖民地并没有在英国解决贫穷问题——当然，有没有解决，在多大程度上解决，这个标准是可以讨论的。即使开拓殖民地在母国的确解决了贫穷问题，但只要新的殖民地形成了自己的市民社会，同样的问题又会出现。而且，我们还可以推测，经过一段时间之后，这些问题在母国还会重新出现。开拓殖民地本身就具有一些不吸引人的特征，而且即使根据黑格尔本人的观点，它也并非是对贫穷问题的一个合理解决方法。

穷这一问题极难回答；正是因为财富的过剩，市民社会才变得越穷，从而更没有能力解决群氓大量出现的问题。"（VPRG，611）①正是这种悲观情绪导致黑格尔沮丧地指出，"（处理贫穷问题）的最佳手段就是让穷人接受自己的命运，并指引他们去乞讨"（VPRG，612；参见 PR，§245R）。

　　尽管黑格尔在这些段落中的语气非常悲观，但如果我们得出结论说，黑格尔认为对贫穷问题压根儿找不到任何解决方法，也是不对的。他虽然认为贫穷与群氓的形成是市民社会的固有特征，但他并不认为它们是不可消除的，相反，它们是由市民社会的正常运作所产生的；不会阻碍市民社会经济活动的顺畅运行。尽管黑格尔认为，群氓的形成助长了财富的出现（PR，§243），但他并没有承诺如下观点，即财富的出现绝对要求群氓的存在。尽管他认为，市民社会的基本原则会排除掉一些解决贫穷问题的方法，但他从来没有说，市民社会的基本原则对所有可能的解决方法都设置了障碍。黑格尔有一句话："一般而言，贫穷的出现是市民社会产生的后果，市民社会在总体上必然会导致贫穷。"（VPRHN，193）但是，我认为，他的这句话表达了如下意思，即市民社会体现了一种产生贫穷的惯常趋势，而不是说贫穷是不可消除的。黑格尔以一种较为灵活的方式运用"必然"（notwendig）一词决非罕见。

　　然而，这也并非表明黑格尔所思考的看法实际上是乐观的。例如，我们没有理由假定，黑格尔和他的学生及同事甘斯（Eduard Gans）同样持一种乐观主义的态度，甘斯写道，贫穷阶层的存在"只是一个事实，不涉及对错问题，我们有可能找到这一事实背后的基础，然后消灭它"②。相反，

245

---

①　黑格尔公开承认贫穷问题是不可解决的，这也并没有什么不正常（参见 Shlomo Avineri，*Hegel's Theory of the Modern State*，Cambridge，Cambridge University Press，1972，p.154）。正如我们已经在第三章所讨论过的，黑格尔的和解方案本身就内在包含了这一点，他的和解方案是要将人们与现代社会世界进行和解，而且这种社会世界本身就内在地包含了一些问题。

②　Eduard Gans，*Naturrecht und Universalrechtsgeschichte*. ed. Manfred Riedel. Stuttgart，Klett-Cotta，1981，p.92；转引自 Allen W. Wood，*Hegel's Ethical Thought*，Cambridge，Cambridge University Press，1990，p.248.

我所主张的观点是，黑格尔切实地、深深地感受到了一种悲观情绪，但是至于能否为贫穷问题找到一个可以接受的解决方法，这个问题对黑格尔来说是开放的。

最后，我要考察贫穷问题对于黑格尔的和解方案所具有的含义，并以此结束本章以及对贫穷的讨论。我必须考察的具体问题是：贫穷问题依旧不可解决，但这一事实是否意味着社会世界不是家？和解方案是否由于贫穷问题而导致失败？

如果我们更仔细地考察穷人（包括群氓）的境况，这个问题就会变得更为紧迫。我们回想一下，黑格尔将贫穷定义为一种情境，在这种情境中，人们缺乏有效地参与社会生活与政治生活所必需的技能与资源。这也就意味着，穷人（在客观上）根本不能够参与现代社会世界。这也就意味着，他们不能将自身实现为个体与社会成员。反过来又意味着，他们是异化了的。而且，他们不仅是主观异化的——就像有反思能力的资产阶级成员，构成了黑格尔的最基本的读者——同时也是客观异化的。正如黑格尔所表达的，贫穷的真正之恶在于，贫穷意味着异化。贫穷是一种异化的环境。穷人在社会世界中，但不能在家中。他们不能获得和解。

至于黑格尔是否清楚地理解了这一点，可能存有疑问。我们可以认为黑格尔并没有理解这一点，原因在于，据我所知，他从来没有明确地说，贫穷是一种异化的环境。目前，仅就这一考虑本身来说，它还不是特别有说服力，但是如果我们考虑到黑格尔构造和解方案的方式，它就能获得一定说服力。正如我们在第四章看到的，黑格尔似乎清楚地认为，现代的异化问题是主观异化，而不是客观异化。正如我们在那里看到的，他似乎也认为，那些需要和解的人都是有反思性的资产阶级成员，而不是穷人。如果黑格尔清楚地把贫穷问题看成是异化问题，那么，我们就可以推测，贫穷问题在和解方案中应当占据一个更为重要的位置。如果黑格尔的方案是

246

清晰的，那么主观异化——而非贫穷——才是它所要处理的主要问题。另外，黑格尔也从来没有明确地说贫穷问题是异化问题，这也就提供了一个非常有力的理由，我们据此可以认为，黑格尔并没有清楚地认为贫穷问题是异化问题。

黑格尔没能把贫穷理解为异化问题，这种看法似乎特别令人吃惊。因为人们通常认为，黑格尔在马克思之前就已经认识到这一点了。[①] 我们应当说，确实有很多理由可以使我们认为黑格尔在马克思之前就理解了这一点。黑格尔关于异化的一般观念，以及黑格尔对贫穷本质的具体说明，都可以使我们直接得出贫穷是一种异化形式的结论。而且，贫穷具有的一些特征最使黑格尔感到困惑，正因为贫穷具有这些特征，它才能被认为是一种异化形式。然而，黑格尔有可能没有理解或完全把握自己的观点所具有的含义。贫穷是一种异化形式，这对我们来说是显而易见的，但我们不能据此得出结论说，这对黑格尔来说也是显而易见的。极有可能的情况是，贫穷是一种异化形式，黑格尔虽被这一事实深深困扰，但是黑格尔并没有清楚地、明确地理解正是这一点困扰着他。

如果说第一个清楚地认识到贫穷是一种异化形式的人是马克思，而不是黑格尔，这也不完全令人惊讶。马克思的主要问题毕竟是无产阶级的客观异化，而不是资产阶级的主观异化。事实上，问题从资产阶级的主观异化转变成无产阶级的客观异化，也正是从黑格尔到马克思的转变。 247

事情极有可能是这样的，马克思发现了贫穷的真正意义就在于它是一种异化形式，同时他的这一发现影响到了其后的思想家们理解贫穷问题，从而使得我们今天也不得不以这种方式来看待贫穷问题。[②] 因此，我们可能

---

① Shlomo Avineri, *Hegel's Theory of the Modern State*, Cambridge, Cambridge University Press, 1972, pp. 87—98.

② Karl Marx. (1844) 1956. *Oekonomisch-philosophische Manuscripte aus dem Jahrn* 1844, In *Marx Engels Werke*, Ergänzungsband: Schriften bis, 1844 Erster Teil. Berlin: Dietz Verlag, 1978b.

在读了马克思之后，很容易就认为黑格尔把贫穷理解成一种异化形式。如果说，相比黑格尔，我们更能清楚地认识到贫穷的真正问题在于它是异化问题，这并不是因为我们比黑格尔聪明，这要得益于我们对马克思的阅读。

我本人的看法是，我们一点也不清楚黑格尔是否清楚地把贫穷问题理解成异化问题。不过，我愿意指出，认为黑格尔把贫穷问题看成异化问题，是解读黑格尔的最佳方式。这种方式可能使我们更深入地探究黑格尔的社会哲学，使他的观点更加有趣。而且，认为他所表达的贫穷问题构成了一种异化形式，这也算不上是什么惊天之论。无论黑格尔是否认识或理解这一事实，有一点是很清楚的，即贫穷问题中最令他困扰的特征正好构成了一种异化形式。而且，黑格尔有丰富的理论资源，可以使他把贫穷问题当成异化问题来处理。

所以，我们的问题就会变成如下问题：既然贫穷问题是一种异化，而且这一问题还没有得到解决，那么黑格尔何以能够继续认为现代社会世界事实上是家呢？为什么穷人已经异化这一事实不能摧毁他的和解方案呢？

有人可能会认为，贫穷的客观存在很明显已经使得黑格尔所描绘的社会世界不再是家。如果穷人生活在现代社会世界中，而不能生活在家中，那么我们就不能说，任何人生活在现代社会世界中，就是生活在家中。只要人们把贫穷问题看成异化问题——反对意见就会随之而来——那么按照黑格尔所表达的思想，现代社会世界很明显就不是家。因此，和解方案就失败了。

然而，黑格尔并没有承诺如下理论，即如果任何一个人（anyone）都可以生活在家中，那么必须是每个人（everyone）都生活在家中。正如我们在第二、第三章中所知道的，黑格尔的观点是，如果现代社会世界要成为家，那么一般来说，它必须保证生活在其中的人也就生活在家中。他认为，在《法哲学原理》中所提供的关于现代社会世界的解释已经表明这一条件获得了满足。也许我们以为这一理论太过无力，但是，能够认识到这正是黑格尔所持有的立场，对我们来说是很重要的。这有可能使我们认识到，至少在黑格尔自己的理论框架内，他会承认，现代社会世界中的穷人并不是在家中，也不可能在家中。但这并不意味着，他必须放弃现代社会世界是家这一理论。

不过，把贫穷问题理解成异化问题，确实给黑格尔的观点造成很大的压力。当我们讲贫穷的时候，这并不是说，存在着随机的一群人，他们很穷，并生活在现代社会世界中，但不能在家中。相反，贫穷问题所指向的是一个整体阶层，它的客观（以及主观）地位是一种异化，这种异化是由市民社会的正常运作所产生的。

这反过来又会提出另一个问题，即我们在一开始考察黑格尔的和解方案（在第一章）时所提到的问题。事情似乎很清楚，一方面，社会世界就是家，另一方面，社会世界的正常运作又会产生一个异化的阶层。黑格尔认为这两者是相容的，但如果确实如此的话，黑格尔的方案所提供的和解为什么没有变成一种顺从？连如此深刻而又严重的缺陷都可以接受，它不是顺从又会是什么呢？

首先，我们要回想一下，黑格尔并不认为贫穷问题是不可解决的。他也并不认为努力消除贫穷本身就是错误的。因此，对黑格尔来说，与现代社会世界取得和解，同时努力寻找解决贫穷问题的方法，二者是相容的。现代社会世界是一个产生贫穷的地方，但与现代社会世界取得和解，并不意味人们应当坐以待毙。

而且，人们想要取得和解的世界本身就是一个包含着贫穷的世界。黑格尔并没有说，只有贫穷问题得到了克服，现代社会世界才会是家。黑格尔的观点较为激进、令人惊讶，他认为，尽管现代社会世界产生了贫穷，但它仍然是家。这反映了黑格尔的一个基本观点，我们在第一章和第三章已经讨论过了，即和解方案的目的是要让人们与此时此地的现代社会世界取得和解。① 所以，我们的问题可以继续这样问：与这样一种世界取得和解，这不是顺从又会是什么？

　　黑格尔对这一问题的一个基本回应可能是这样的，尽管贫穷代表了一种极为严重的缺陷，但是，现代社会世界的基本特征（例如，主要的社会制度）还是好的。他会认为，这些结构尽管不完善，但它们确实有可能对大多数人——男人与女人、地主与农民、工人与雇主、更不用说普遍等级的成员——来说，生活在现代社会中也就是在家中。我们有必要记住，黑格尔心中所想的社会并不是大多数人都生活在贫穷状态的社会。相反，在他所设想的社会中，大多数人都生活富裕，贫穷只是少数人的状态。尽管黑格尔认为贫穷问题非常严重，但他并不认为，它的严重程度已经损害到现代社会世界成为家。

　　黑格尔还认为，现代社会世界确实产生了异化，因此我们就对这些异化采取一种顺从的态度，那么这只能说明我们犯了错误，我们过度看重了世界的缺点。黑格尔认为：

> 　　只看到所有事物坏的一面，而忽视它积极的、有价值的一面，是极为肤浅的。一般来讲，年长者都持有一种相对温和的观点，而年轻人通常对此大为不满；这是因为，年长者总是会有成熟的判断，这不是说他们随着年岁增长，对一切了然无趣，所以能够容忍坏的方面，而是他们学会了从严酷的生活中去寻找真实的东西、具有永恒价值的东西。（VG，77/66）

　　我们必须强调，黑格尔并不是说，一个人只应当看到现代社会世界光明的一面，而忽视它有缺陷的一面。他并不否认贫穷或异化是一种真实的恶，也不提倡一种自我陶醉。相反，他只是说，即使一个人清楚地认识到

---

　　① 参见第一章第一节，第四节的第 1 点的（1）和（2）；第三章，第二节。

了现代社会世界的每一个真实的不足，他依然可以接受和肯定它。事实上，正如我们在第三章看到的，黑格尔心中所想的这种肯定也要求人们完全理解这些不足。黑格尔坚持认为，所谓真正意义上的和解，就是人们要与具有真实面貌的现代社会世界取得和解。(PR，¶14)。

然而，黑格尔对贫穷问题的处理，有一个方面非常类似于顺从。现代社会世界产生了像贫穷这样的严重问题，我们如何对待这一情况呢？为了回应这一问题，黑格尔提出，在一个有限世界中，缺点与不足是不可避免的。他论证道，尽管贫穷是市民社会的一个固有特征，但是它只是代表了市民社会在"保护成员及维护成员权利"方面会有偶然的失败(PR，§238Z；VPRHO，700)。这种失败之所以是偶然的，是因为从某种意义上讲，尽管到目前为止我们尚未找到解决这一问题的有效方法，但这并不是说，我们根本就不可能找到有效的解决方法。[①] 黑格尔可能会论证这种偶然性是不可避免的。期待我们对所有问题都能找到一个解决方法，也是不合理的。理论上讲，这种问题总是不可解决的，至少是暂时不可解决的。他认为，"哪里有有限性，对立与矛盾总是会重新发生"(VA，1：136/1：99)。[②]

因此，在黑格尔看来，我们应当接受一个普遍的事实，即缺陷与不完善是社会世界不可消除的特征，而贫穷的存在就是其中的一个表现。黑格尔认为，接受这一点总会带有一丝忧郁。在黑格尔看来，也确实应该如此。因为，正是由于这一丝忧郁，才使得人们既有可能全面接受现代社会世界，同时对于它的缺陷又保持着清醒的认识。

---

① 我们应当强调，这一论证并不是说，贫穷只是市民社会的一个纯粹偶然的特征——它不是市民社会的一个固有特征。我们既可以承认贫穷是由经济的正常运作所产生的，也可以承认市民社会的基本原则会阻碍对贫穷问题的一些可能的解决方法，这一论证与这两点都是相容的。参见 Allen W. Wood, *Hegel's Ethical Thought*, Cambridge, Cambridge University Press, 1990, p. 249.

② 即使黑格尔把贫穷看成是不可消除的，他也会求助于这一点，即有限的领域不可避免地存在着缺陷与不足，那么整个论证可能是这样的，由于所有有限的制度安排都具有内在的局限性，这就可以解释贫穷构成了市民社会不可消除的固有特征。

结　论

　　我们的整个考察已经完成。现在，我们自然要对黑格尔的和解方案做出一个整体评价。我们可能想问：这一方案成功了吗？我们能与我们的社会世界达成和解吗？提出如上问题，也就是提出现代社会世界是否是家的问题。我们从黑格尔那里知道的一点就是，后一个问题实在是太大了，大到我们根本无法在这里进行全面回答。相比之下，我们可能会认为，关于黑格尔的方案是否取得了成功这一问题的回答要更容易一些。也许吧！但是，询问黑格尔的和解方案是否成功，也就是询问黑格尔的社会哲学从整体上讲是否是成功的，实际上，这一问题也是非常之大的。我撰写本书的目的，并不是要对黑格尔的社会哲学提供全面的解释，相反，我只是想表明，他的社会哲学可以被理解成一种和解方案。如果我们在这里对黑格尔的社会哲学做一个最终的评价，可能是不恰当的。不过，我们还是有必要思考一下，我们达到了一个怎样的目标，我们的立场是什么。我们有必要说一说，我们如何看待这一和解方案。

　　和解方案的导引性问题（guiding question）是：我——或者说我们——能够与社会世界达成和解吗？我们最好还是先回想一下这一问题所具有的

力量。我们之所以问这个问题，是因为我们总是觉得社会世界有可能不是 252
家。我们认识到与社会世界"分离"或异化的可能性。这一问题也使我们意
识到，我们与社会世界的关系中包含了一些很重要的主观评价与主观选择
的要素。对于我们如何与社会世界发生关联，它提出了一些基本的（个人
的、伦理的、政治的）问题，同时，也提出了如下问题，即对于社会世界
提供给我们的社会角色与制度，我们应该采取的是什么态度。我在本书中
力图表明，这些问题有多么重要。黑格尔社会哲学的意义主要就在于，它
为我们提供了一个处理这些问题的一般框架。

　　正如我们所见，和解方案的导引性问题很自然地源于人们对异化的感
受——这种感受在我们的文化中广泛存在。当人们认为，社会制度被安排
外在于、独立于他们的需要，以及对他们的需要漠不关心或敌视时，人们
也就感受到了异化。这种感受可以被描绘成一种与世界的分离感，或与这
个世界不相适合的感受。人们感受到，在社会世界中并非在家中。这种感
受中包含了一种期望：期望在社会世界中就是在家中。这种期望中还包含
了另一个期望：即期望社会世界就是家。和解的观念，以及拥有一个可以
成为家的社会世界的观念，均产生于对异化的感受。黑格尔的解释有一个
优点，它使我们有可能抓住这些问题之间的关联性。

　　当然，社会世界成为家，这个理念看起来只是一个毫无希望的隐喻。
但是，黑格尔的解释所具有的力量就在于，它能够给这个理念注入真实的
内容。对于黑格尔来说，当且仅当社会世界有可能使其成员能够把自己实
现为个体，又能把自己实现为社会成员，那么社会世界就是家。怎样才算
把自己实现为个体，怎样才算把自己实现为社会成员呢，黑格尔也提供了
具体的说明，这些说明非常丰富、有趣并富有吸引力。

　　黑格尔非常合理地指出，人们要把自己实现为个体，也就是要追求自
己的私人利益、实施个体权利，以个体良心为根据采取行动。有意思的
是，他还指出，如果人们要把自己实现为强意义上的个体，那么他们就需

要参与市民社会。更有意思的是，如果人们要把自己实现为更完整意义上
253 的个体，那么他们也需要参与到家庭与国家之中。在他看来，除了私人利益或个体权利之外，成为某个具体家庭的成员以及某个具体国家的公民也是个体性（完整意义上的个体性）的一个部分。这一点也是非常合理的。

黑格尔认为，人们将自己实现为社会成员，在很大程度上也就是要参与到家庭、市民社会与国家之中。从理想的意义上讲，家庭所提供的社会成员身份形式是指，生活在家庭中的人能够发展并满足他们对亲密性与情感承认的需要。同样，从理想的意义上讲，市民社会所提供的社会成员身份是指，生活在市民社会中的人能够追求他们的私人利益，同时也可以自愿组成不同的组织。同样，从理想的意义上讲，现代政治国家所提供的社会成员身份是指，生活在现代政治国家中的人能够不执著于他们在家庭与市民社会中的私人追求，而专注于追求政治共同体的共同善。而且，人们要想把自己全面实现为社会成员，就需要把家庭成员的角色、市民社会的角色和公民角色吸纳到自己的主体性中来。我认为，黑格尔关于社会成员身份的观念是非常清楚的。

黑格尔要求助于家庭、市民社会和国家的结构来解释社会成员身份的观念，这可能看起来有些令人奇怪。因为，他的方案所处理的毕竟是一群认为这些制度都被异化了的人。但是，我在这里要提请大家回想一下，黑格尔认为，他那个时代的（具有反思能力的）人之所以被异化，原因就在于他们不能理解他们所处的社会世界——他们之所以不能理解社会世界，原因恰恰在于，他们不能理解，这些主要的社会制度既能够把他们实现为个体，也能够把他们实现为社会成员。黑格尔解释现代社会世界的目的——正如他在《法哲学原理》中提供的解释——恰恰是要让他所在那个时代的（具有反思能力的）人能够抓住这一事实。如果他们能够抓住这一点，他们处在这些制度安排中也就会是在家中，那么他们也就达成了和解。

值得指出的是，从广义上说，黑格尔为现代社会世界的解释提供了有

关社会世界如何才会是家的观念，我们应当严肃对待这一观念。根据他的解释，一个能够成为家的现代社会世界包含了三个主要制度领域：

其一，与情感化的个人关系有关的家庭领域，在这一领域之中，人们能够表达他们不同的心理特殊性，为彼此提供情感认同。

其二，与契约和市民有关的私人领域，在这一领域中，人们能够追求他们的私人利益，客观地承认别人所具有的天赋、才能与成就，承认每个人在社会中所处的确定位置，承认每个人作为社会成员的地位。

其三，与国家有关的政治领域，在这一领域中，公民能够共同决定与追求他们的共同善，承认大家都是政治组织共同体的成员。

我把这种解释看成是黑格尔广义上的现代社会世界观念。一个社会世界，只有当它与这一观念相符合的时候，像我们一样生活在其中的人们才会认为它就是家。这一观念代表了黑格尔社会哲学中最重要的一点，它能够使我们知道，我们所认为的值得和解的世界应当是个什么样子。

这一观念很明显是非常抽象的。我们可能会说，它太抽象了，以至于难以具有真正的启发性。但是在这里，我们应当回想一下，这一观念是从黑格尔在《法哲学原理》中所提供的，对现代社会世界的解释中抽象出来的，黑格尔所提供的解释确实非常丰富与详细，使我们拥有足够的想象空间来把握这一观念。在详细考察了黑格尔对家庭、市民社会与国家的解释之后，我们现在就能够理解这一广义观念的吸引力了。

我们之所以要从黑格尔关于现代社会世界的解释中抽象出这一观念，主要动机在于，它有可能使我们更好地把握黑格尔对现代社会世界的解释所具有引人注意的特征，从而避免那些并不引人注意的特征。其中一个不引人注意的特征是黑格尔对性别分工所做的传统解释。黑格尔认为，家庭是女人的主要活动领域，而市民社会和国家却是专属男人的领域。在这一观点的背后，其实暗含着对男人和女人的本质的传统理解，对于那些反对这种传统理解的人来说，《法哲学原理》中所描述的世界就是一个异化的世界。他们会认为，社会世界要成为家，其中的一个前提条件就是，家庭结构应当是平等主义的，而不是家长制的，市民社会与国家既对男人开放，也对女人开放。因此，如果我们要形成一个有关社会世界的观念，这个社会世界就是值得和解的，那么我们就需要对黑格尔的性别观念进行抽象。

　　许多人也反对黑格尔对政治所持有的等级主义观念。黑格尔的现代政治国家观念有一个突出特征是，它只赋予普通公民非常小的权力。正如黑格尔所表达的，现代政治国家并不是要让普通公民统治自己。尽管他们确实可以通过他们的同业公会选举代表，这些处于等级会议的下议院中的代表至少在理想意义上代表了他们的观点，但统治权基本还是行政与王权的功能，而不是等级会议的功能。在黑格尔的国家中，真正的权力掌握在专业化的公务员阶层的手中。正是这一点——而非黑格尔的国家是君主制这一点——深刻反映出黑格尔对现代国家的解释具有反共和主义的、令人厌烦的特征。

　　然而，我的意思并不是要表明，黑格尔的政治国家完全是权威主义式的。他认为，行政与王权要与等级会议——政治国家的代议机构——进行协商，共同决定工作。他也认为，下议院的代表也要与同业公会和城镇的成员进行协商，他们本身就是从这些同业公会与城镇中选举出来的。黑格尔的政治国家是一个等级式的协调机制。[①] 正如我们所见，黑格尔认为，普通公民能够参与对政治事件的公开讨论，能够了解政府的运作，是非常重要的。因此，黑格尔所倡导的等级制本质上是公共性的。不过，黑格尔的政治生活观念基本上还是等级制的，许多读者认为应该反对这一特征。

　　黑格尔认为，如果现代社会世界要成为家，那么普通公民就必须有效地参与国家的运作，这一点肯定是正确的。但是，他却错误地认为他在

---

① "协调等级制"这一术语属于 John Rawls, "The Law of Peoples." in *On Human Rights*: *Oxford Amnesty Lectures* 1993, ed. Stephen Shote and Susan Hurley, New York, Basic Books, 1993.

《法哲学原理》中所表达的世界已经满足了这一条件。要想真正有效地参与国家运作，政治参与就必须包括政治权力的实施。如果没有权力，政治参与就只是一种表演秀。因此，如果要形成某种我们能够把社会世界看成是家的观念，就需要我们对黑格尔的等级制观念进行抽象。

256

从黑格尔等级制的政治观念、家长制的性别观念以及其他一些不具有吸引力的特征中，我们抽象出了黑格尔广义上的现代社会生活观念。这可以使我们懂得，我们可以接受黑格尔的家庭观念，把它看成是亲密的私人关系领域，而不需要接受传统家庭所具有的家长制特征；我们也可以接受黑格尔有关市民社会的基本观念，把它看成是个体与组织追求自我利益的领域；我们也可以接受黑格尔把国家看成是一个追求共同善的领域，而不需要接受他的如下看法，即把这个领域看成是专属于男人的领域。

然而，这也并不是说，黑格尔的这种广义观念提供了一种全面的解释，足以说明什么样的社会世界可以被看成是家。这一解释表明了我们想要保留黑格尔的现代社会世界观念的那些有吸引力的特征，否定了我们发现的不具有吸引力的特征，这是一回事；但是，详细解释我们是如何做到这一点的，则完全是另一回事。很明显，黑格尔的这种广义观念并没有提供这种解释。这里为了尝试提供这种解释，就意味着我们要把黑格尔的和解方案变成我们的目标、抱负与自我理解——我们所要做的尝试肯定不只是这些。我在本书中一直希望大家理解黑格尔的方案，明白这一方案的好处与诉求。如果我们发现自己现在正在问，我们的社会世界是否是家，并从黑格尔的社会理论中寻求帮助以处理这一问题；如果我们发现自己现在正在问，黑格尔的解释中哪些特征被我们认为是有吸引力的，哪些特征被我们认为是应当反对的，这些有吸引力的特征如何得以保存，而那些应当反对的特征如何加以拒绝，这也算是达到这本书的一个基本目标了。

我们之所以认为黑格尔能够有助于思考我们所处的社会世界，是因为其中一个最重要的原因就是，这使得我们有可能对社会世界所引起的问题

产生更深刻的理解。事实上，如果我们更详细地考察黑格尔有关现代社会
世界的观念，就会出现一些很有趣的东西。尽管我们有可能想象一个黑格
尔式的世界，女人在这里能够全面参与市民社会，但是黑格尔关于现代社
会世界的基本观念仍然要求婚姻中的一半——无论男人或女人——或多或
少能够全身心地投入到家庭生活中去，而另一半——无论男人或女人——
257　或多或少能够全身心地投入到他（或她）的职业中去。正如黑格尔所认为
的，家庭与市民社会之间的基本分工（例如，家庭领域与工作世界的基本
分工）主要依赖于严格的劳动分工，即主持家务与挣工资之间的角色分工。

　　然而，如果真正的平等社会观念并不是说，这里的个体只能选择或者
主持家务，或者挣工资，相反，如果它指的是这种社会观念，这里的个体
能够同时全面地参与家庭与市民社会，那么我们就必须以一些基本的方式
来重新构思并建构这些领域。如何重新构思并建构，很明显是一个困难的
问题。但是，我们在这里要强调的一点是，这不只是黑格尔对现代社会世
界的解释所存在的问题：这是由现代社会世界本身所引起的问题，如果站
在黑格尔的基本观念的立场上来思考这一点的话，这个问题就会特别
清晰。

　　黑格尔也能够帮助我们更好地理解现代政治生活的一个基本问题，因
为他特别清楚地表达了现代公民的一个基本抱负：期望有一种政治参与形
式，它不仅是真正有效的参与，而且还与追求自己的私人生活相容。我已
经表明，为什么黑格尔对这一问题的解决方法并不令人满意。在这里想要
提出的一点是，有效地政治参与以及过私人生活的可能性如何能够结合在
一起，是一个真正的现代政治生活问题。黑格尔能够帮助我们明白，我们
为什么不满足于生活在如下这种社会世界中，即在这种社会世界中，我们
将所有的能量都投射到公民身份的任务中去，或者我们根本不可能有效地
参与政治。而且，黑格尔把现代政治国家解释成一个大的、复杂的管理单
位，有助于我们解释，为什么黑格尔很难找到一种满意的解决方法；同时

也有助于解释，为什么现代公民的身份倾向于变成一个特别消极的事务。

　　然而，这并不是说，除了上面这些问题之外，在与社会世界发生关联时，我们对所面临的其他问题就有较为清楚的理解。正如我所指出的，黑格尔最重要的一个贡献就在于，他对社会世界就是家这一基本观念的界定。即使我们不能够全面解释，社会世界要如何加以组织才能使我们把它看成是家，我们依然具有成为家的社会世界的基本观念。而且，对于社会世界要如何加以组织才能成为家，我们事实上有一定发言权。黑格尔的广义观念尽管非常抽象，但它并不空洞。我们可以利用它来阐述成为家的社会世界所需具有的一般特征。我们还可以审视黑格尔的解释所具有的一些应当反对的特征，据此来进一步说明成为家的社会世界还需具有哪些特征。最后，我们要清楚地知道，对于黑格尔的现代社会世界观念，有些方面是我们应当反对的，有些方面是我们应当接受的，但这两方面都同样具有指导性意义。无论在哪一种情况下，澄清我们与黑格尔的关系，都为澄清我们与社会世界的关系提供一条路径。

　　在收笔之前，我还要对黑格尔关于贫穷的看法说几句。我们必须强调，黑格尔承认贫穷是现代社会世界的一个缺陷。黑格尔认为，传统的性别分工和等级制的政治国家都是可取代的，但我们在这个问题上与黑格尔的看法是不同的；然而，对于贫穷问题，我们和黑格尔一样都认为它是不可取代的。黑格尔同样会认为，贫穷是一种坏东西——它是一种恶。

　　黑格尔想说，尽管现代社会世界包含着贫穷，尽管它产生一个赤贫阶层，他们客观地异化于社会制度安排，但现代社会世界是家，不过，这里就会有困难。这似乎表明黑格尔持有如下原则，即展现出了这些特征的社会世界也可能是家。我认为，很少有读者乐意接受这一原则，事实上，大多数读者都会认为这一原则令人反感。

　　这反过来又会促进我们进一步梳理对如下问题的理解，即如果社会世界要成为家，它到底需要满足什么样的条件。我们似乎很自然地认为，如果社会世界要成为家，它肯定不能包含一个根本就不能参与主要社会制度安排的阶层。为了表达这一点，我们指出，在评价我们与社会世界的关系时，导引性的问题不应当是：我能与社会世界达成和解吗？而应当是：我们能与社会世界达成和解吗？所以，最后我所推荐的社会世界，就是对我们所有人来说有可能成为家的社会世界。

附录　缩略表

德文原本和标准的英文译本同时引用，在标注的时候，先标德文本页码，再标英文本页码，之间用分隔号(/)隔开。在著作引用过程中，我们以(§)来表示"节"，以"R"表示"附释"，以"Z"(*Zusatz*)表示"补充"。因此，在注释当中，(PR，§261R)指的是第 261 节的附释。在"R"和"Z"的前面加上逗号，例如，(PR，§261，R)指的是第 261 节与第 261 节的"附释"；(PR，§261，Z)指的是第 261 节与第 261 节的"补充"；(PR，§261，R，Z)指的是第 261 节和第 261 节的"附释"与"补充"。

Werke　　Hegel：*Werke Theorie Werkausgabe*. Frankfurt：Suhrkamp Verlag，1970. 按卷数引用(Cited by volume number)。

D　　　*Differenz des Fichteschen und Schellingschen Systems der Philosophie* (1801). *Werke 2*. 按页码引用(Cited by page number)。

　　　The Difference between Fichte's and Schelling's System of Philosophy. Translated by H. S. Harris and Walter Cerf. Albany：SUNY Press，1977. 按页码引用(Cited by page number)。

EG   *Enzyklopädie der philosophischen Wissenschaften*，vol. 3 (1817，rev. 1827，1830). *Werke* 9. 按节引用（Cited by section（§）number）。

              Hegel's Philosophy of Mind. Translated by William A. Wallace and A. V. Miller. Oxford：Oxford University Press，1971. 按节引用（Cited by section（§）number）。

EL   *Enzyklopädie der philosophischen Wissenschaften*，vol. 1 (1817，rev. 1827，1830). *Werke* 8. 按节引用（Cited by section（§）number）。

              Hegel's Logic. Translated by William Wallace. Oxford：Oxford University Press，1975. 按节引用（Cited by section（§）number）。

ER   "Ueber die englische Reformbill" (1831). In*Werke* 11. 按页码引用（Cited by page number）。

              "The English Reform Bill." In*Hegel's Political Writings*. Translated by T. M. Knox. Oxford：Oxford University Press，1964. 按页码引用（Cited by page number）。

PCR   *Die Positivitdt der christlichen Religion*. In *Werke* 1. 按页码引用（Cited by page number）。

              The Positivity of the Christian Religion. In *Early Theological Writings*. Translated by T. M. Knox. Philadelphia：University of Pennsylvania Press，1971. 按页码引用（Cited by page number）。

PhG   *Phänomenologie des Geistes* (1807). *Werke* 3. 按页码引用（Cited by page number）。

              Hegel's Phenomenology of Spirit. Translated by A. V. Miller. Oxford：Oxford University Press，1977. 按页码引用（Cited by page number)。

PR　　　*Grundlinien der Philosophie des Rechts oder Naturrecht und Staatswissenschaft im Grundrisse* (1821). *Werke 7*. 按节引用 (Cited by section (§) number). "导言"部分按段落引用(Preface cited by paragraph (¶) number)。

Hegel：*Elements of the Philosophy of Right*. Translated by H. B. Nisbet，edited by Allen W. Wood. Cambridge：Cambridge University Press，1991. 按节引用(Cited by section (§) number)。"导言"部分按段落引用(Preface cited by paragraph (¶) number)。

Hegel's Philosophy of Right. Translated with notes by T. M. Knox. New York：Oxford University Press，1967. 按节引用 (Cited by section (§) number). "导言"部分按段落引用(Preface cited by paragraph (¶) number)。来自这个译本的引用均会标注"Knox"。

VA　　　*Vorlesungen über die Äesthetik*. 3 vols. *Werke* 13—15. 按卷数和页码引用(Cited by volume and page number)。

Aesthetics：*Lectures on Fine Arts*. 2 vols. Translated by T. M. Knox. Oxford：Oxford University Press，1988. 按卷数和页码引用(Cited by volume and page number)。

VD　　　"Die Verfassung Deutschlands" (1801—1802). In *Werke 1*. 按页码引用(Cited by page number)。

"The German Constitution. " In *Hegel's Political Writings*. Translated by T. M. Knox. Oxford：Oxford University Press，1964. 按页码引用(Cited by page number)。

VG　　　*Die Vernunft in der Geschichte*. Edited by J. Hoffmeister.

Hamburg：Felix Meiner Verlag，1955. 按页码引用（Cited by page number）。

Lectures on the Philosophy of World History. "Introduction." Translated by H. B. Nisbet. Cambridge：Cambridge Uni-versi-ty Press，1975. 按页码引用（Cited by page number）。

VGP　*Vorlesungen über die Geschichte der Philosophie*. 3 vols. *Werke* 18—20. 按卷数和页码引用（Cited by volume and page number）。 *Hegel's Lectures on the History of Philosophy*. 3 vols. Transla-ted by Elizabeth Haldane. New York：Humanities Press，1968. 按卷数和页码引用（Cited by volume and page number）。

VPG　*Vorlesungen über die Philosophie der Geschichte*. *Werke* 12. 按页码引用（Cited by page number）。 *The Philosophy of History*. Translated by J. Sibree. New York：Dover，1956. 按页码引用（Cited by page number）。

VPRG　*Vorlesungen über Rechtsphilosophie*，vol. 4. Edited by K. -H. Ilting. Transcription of the 1824—1825 lectures by K. G. von Griesheim. Stuttgart：Fromman Verlag，1974. 按页码引用（Ci-ted by page number）。

VPRHN　*Philosophie des Rechts*：*Die Vorlesung von* 1819/1820. Edited by Dieter Henrich. Frankfurt：Suhrkamp Verlag，1983. 按页码引用（Cited by page number）。

VPRHO　*Vorlesungen über Rechtsphilosophie*，vol. 3. Edited by K. -H. Ilting. Transcription of the 1822 — 1823 lectures by H. G. Hotho. Stuttgart：Fromman Verlag，1974. 按页码引用（Cited by page number）。

VPRJ　*Vorlesungen über die Philosophie der Religion*. *Ausgewählte*

Nachschriften und Manuscripte. 5 vols. Edited by Walter Jaeschke. Hamburg: Felix Meiner Verlag, 1983. 按卷数和页码引用(Cited by volume and page number)。

Lectures on the Philosophy of Religion. 4 vols. Edited by Peter C. Hodgson, translated by R. F. Brown, P. C. Hodgson, J. M. Stewart, with the assistance of J. P. Fitzer and H. S. Harris. Berkeley and Los Angeles: University of California Press, 1984. 按卷数和页码引用(Cited by volume and page number)。

VPRW   *Die Philosophie des Rechts: Die Mitschriften Wannenmann (Heidelberg 1817/1818) und Homeyer (Berlin 1818/1819)*. Edited by K. -H. Ilting. Transcriptions of the 1817—1818 lectures by P. Wannenmann and of the 1818—1819 lectures by C. G. Homeyer. Stuttgart: Klett-Cotta Verlag, 1983. 按页码引用(Cited by page number)。

W   "Verhandlungen in der Versammlung in der Landstände des Königsreichs Württemberg im Jahre 1815 und 1816" (1817). *Werke* 4. 按页码引用(Cited by page number)。

"Proceedings of the Estates Assembly in theKingdom of Wurtemberg, 1815—1816." In *Hegel's Political Writings*. Translated by T. M. Knox. Oxford: Oxford University Press, 1964. 按页码引用(Cited by page number)。

WL   *Wissenschaft der Logik* (1812—1816). *Werke* 5—6. 按页码引用(Cited by volume and page number)。

Hegel's Science of Logic. Translated by A. V. Miller. London: George Allen & Unwin, 1969. 按页码引用(Cited by page number)。

参考文献

Aristotle. *Nicomachean Ethics* (EN).

　Politics (Pol.).

Auletta, Ken. 1982. *The Underclass*. New York: Random House.

Avineri, Shlomo. 1972. *Hegel's Theory of the Modern State*. Cambridge: Cambridge University Press.

Beauvoir, Simone de. 1949. *Le deuxième sexe II: L'Expérience Vécue*. Paris: Editions Gallimard.

　1989. *The Second Sex*. Translated and edited by H. M. Parshley. New York: Vintage Books.

Bellah, Robert N., Richard Madsen, William M. Sullivan, Ann Swidler, and Steven M. Tipton. 1985. *Habits of the Heart: Individualism and Com-mitment in American Life*. New York: Harper & Row.

　1992. *The Good Society*. New York: Vintage Books.

Berlin, Isaiah. 1969. *Four Essays on Liberty*. Oxford: Oxford University Press.

Camus, Albert. (1942) 1955. *The Myth of Sisyphus and Other Essays*. Trans-lated by Justin O'Brien. New York: Vintage Books.

Carnap, Rudolf. 1932. "Ueberwindung der Metaphysic durch logische Analyse der Sprache." *Erkenntnis* 2: 218—241.

　1959. "The Elimination of Metaphysics through Logical Analysis of Language." Translated by Arthur Pap. *In Logical Positivism*, edited by A. J. Ayer. Glencoe: Free Press.

Cohen, G. A. 1978. *Karl Marx's Theory of History: A Defense*. Princeton: Princeton University Press.

Cohen, Jean L., and Andrew Arato. 1992. *Civil Society and Political Theory*. Cambridge,

Mass. : MIT Press.

Cohen, Joshua. 1988. "Lectures on Hegel." Unpublished lecture notes. Massachusetts Institute of Technology.

Cohen, Joshua, and Joel Rogers. 1992. "Secondary Associations and Demo-cratic Governance." *Politics and Society* 20, no. 4: 393—472.

Constant, Benjamin. (1814) 1989. *Political Writings*. Translated and edited by Biancamaria Fontana. Cambridge: Cambridge University Press.

Crites, Stephen D. 1967. "Hegelianism." in *The Encyclopedia of Philosophy*, edited by Paul Edwards. New York: Macmillan.

Elster, Jon. 1983. *Sour Grapes : Studies in the Subversion of Rationality*. Cambridge: Cambridge University Press.

Fackenheim, Emil L. 1969—1970. "On the Actuality of the Rational and the Rationality of the Actual." *Review of Metaphysics* 23, no. 4: 690—698.

Frankfurt, Harry G. 1988. "The Importance of What We Care About." In *The Importance of What We Care About : Philosophical Essays*. Cambridge: Cambridge University Press.

Freud, Sigmund. 1930. *Civilization and Its Discontents*. London: Hogarth Press.

Fulda, Hans Friedrich. 1981. "Georg Wilhelm Friedrich Hegel." In *Klassiker der Philosophie II : Von Immanuel Kant bis Jean-Paul Sartre*. Edited by Otfried Höffe. Munich: C. H. Beck.

Gans, Eduard. (1832 — 1833) 1981. *Naturrecht und Universalrechtsgeschichte*. Edited by Manfred Riedel. Stuttgart: Klett-Cotta.

Geuss, Raymond. 1981. *The Idea of a Critical Theory : Habermas and the Frankfurt School*. New York: Cambridge University Press.

Habermas, Jürgen. 1971. *Theorie und Praxis : Sozialphilosophische Studien*. Rev. ed. Frankfurt: Suhrkamp Verlag.

1973a. *Legitimations probleme im Spätkapitalismus*. Frankfurt: Suhrkamp Verlag.

1973b. *Theory and Practice*. Translated by John Viertel. Boston: Beacon Press.

1975. *Legitimation Crisis*. Translated by Thomas McCarthy. Boston: Beacon Press.

Haym, Rudolf. 1857. *Hegel und seine Zeit*. Berlin: Rudolf Gaertner.

Heidegger, Martin. (1927)1962. *Being and Time*. Translated by J. Macquarrie and E. Robinson. New York: Harper & Row.

(1947) 1977. "Letter on Humanism." In *Basic Writings*, edited by D. F. Krell. New
York: Harper & Row.

Heiman, G. 1971. "The Sources and Significance of Hegel's Corporate Doctrine." In *Hegel's
Political Philosophy: Problems and Perspectives*, edited by Z. A. Pelczynksi. Cam-
bridge: Cambridge University Press.

Henrich, Dieter. 1983. "Einleitung des Herausgebers: Vernunft in Verwirklichung." In *He-
gel: Philosophie des Rechts: Die Vorlesung von* 1819—1820 *in einer Nachschrift*, edi-
ted by Dieter Henrich. Frankfurt: Suhrkamp Verlag.

Hösle, Vittori. 1986. "Eine unsittliche Sittlichkeit: Hegels Kritik an der indischen Kultur."
In *Moralität und Sittlichkeit: Das Problem Hegels und die Diskursethik*, edited by
Wolfgang Kuhlmann. Frankfurt: Suhrkamp Verlag.

Humboldt, Alexander von. (1862) 1969. *The Limits of State Action*. Edited by J. W. Bur-
row. Cambridge: Cambridge University Press.

Ilting, Karl-Heinz. 1973. "Einleitung: Die Rechtsphilosophie von 1820 und Hegels
Vorlesungenüber Rechtsphilosophie." In *Vorlesungen über Rechtsphilosophie*, 1818-
1831, vol. 1, edited by K. H. Ilting. Stuttgart: Klett-Cotta Verlag.

Inwood, Michael J. 1983. *Hegel*. London: Routledge & Kegan Paul.

———. 1984. "Hegel, Plato and Greek 'Sittlichkeit'." In *The State and Civil Society: Studies in
Hegel's Political Philosophy*, edited by Z. A. Pelczynski. Cambridge: Cambridge U-
niversity Press.

Kant, Immanuel. (1786) 1968. "Was heißt: Sich im Denken orientieren?" In *Schriften zur
Metaphysik und Logik* 1, *Immanuel Kant Werkausgabe*, vol. 5, edited by Wilhelem
Weischedel. Frankfurt: Suhrkamp Verlag.

———. 1949. "What Is Orientation in Thinking?" In *The Critique of Practical Reason and Other
Writings in Moral Philosophy*, translated and edited by Lewis White Beck. Chicago:
University of Chicago Press.

Knox, T. M. 1952. "Translator's Notes." In *Hegel's Philosophy of Right*, translated with
notes by T. M. Knox. New York: Oxford University Press.

Kraut, Richard. 1979. "Two Conceptions of Happiness." *Philosophical Re-view* 88:
167—197.

Lacey, W. K. 1968. *The Family in Classical Greece: Aspects of Greek and Roman Life*. Itha-
ca, N.Y.: Cornell University Press.

Lasch, Christopher. 1977. *Haven in a Heartless World : The Family Besieged*. New York : Basic Books.

Lear, Jonathan. 1990. *Love and Its Place in Nature : A Philosophical Interpretation of Freudian Psychoanalysis*. New York : Farrar, Straus, Giroux.

Lewis, Oscar. 1969. "The Culture of Poverty." In *On Understanding Poverty : Perspectives from the Social Sciences*, edited by Daniel P. Moynihan with the assistance of Corinne Saposs Schelling. New York : Basic Books.

Löwith, Karl. 1941. Rev. ed. 1978. *Von Hegel Zu Nietzsche : Der Revolution im Denken des 19. Jahrhunderte*. Hamburg : Felix Meiner Verlag.

　1964. *From Hegel to Nietzsche : The Revolution in Nineteenth Century Thought*. Translated by David E. Green. Garden City, N. Y. : Anchor Books, Doubleday.

MacIntyre, Alasdair. 1981. *After Virtue : A Study in Moral Theory*. Notre Dame : University of Notre Dame Press.

Marx, Karl. (1843 — 1844) 1956. "Zur Kritik der Hegelschen Rechtsphilosophie : Einleitung." In *Marx Engels Werke*, vol. 1. Berlin : Dietz Verlag.

　(1844) 1956. *Oekonomisch-philosophische Manuscripte aus dem Jahrn* 1844. In *Marx Engels Werke*, Ergänzungsband : Schriften bis, 1844 Erster Teil. Berlin : Dietz Verlag.

　(1845) 1956. "Thesenüber Feuerbach." In *Marx Engels Werke*, vol. 1. Berlin : Dietz Verlag.

　1978a. "Contribution to the Critique of Hegel's Philosophy of Right : Introduction." In *The Marx-Engels Reader*, 2d ed., edited by Robert C. Tucker. New York : W. W. Norton.

　1978b. "Economic and Philosophical Manuscripts of 1844." In *The Marx-Engels Reader*, 2d ed., edited by Robert C. Tucker. New York : W. W. Norton.

　1978c. "Theses on Feucrbach." In *The Marx-Engels Reader*, 2d. ed., edited by Robert C. Tucker. New York : W. W. Norton.

Mill, John Stuart. (1859) 1978. *On Liberty*. Edited by Elizabeth Rapaport. Indianapolis : Hackett.

Nagel, Thomas. 1979. *Mortal Questions*. Cambridge : Cambridge University Press.

　1991. *Equality and Partiality*. New York : Oxford University Press.

Neuhouser, Frederick. 1993. "Fichte and theRelationship between Right and Morality." In *Fichte : Historical Context and Contemporary Controversies*, edited by David Breazeale and Tom Rockmore. Atlantic Highlands, N. J. : Humanities Press.

Nietzsche, Friedrich. (1883 — 1885) 1980. *Also Sprach Zarathustra : Ein Buch für Alle und Keinen*. Vol. 4 of *Friedrich Nietzsche : Sämtliche Werke , Kritische Studienausgabe* , edited by Giorgio Colli and Mazzino Montinari. Berlin : Deutscher Taschenbuch Verlag.

(1886) 1980. *Jenseits von Gut und Böse : Vorspiel einer Philosophie der Zukunft*. Vol. 5 of *Friedrich Nietzsche : Sämtliche Werke , Kritische Studienausgabe* , edited by Giorgio Colli and Mazzino Montinari. Berlin : Deutscher Taschenbuch Verlag.

1966a. *Thus Spoke Zarathustra : A Book for All and None*. Translated by Walter Kaufmann. New York : Viking Press.

1966b. *Beyond Good and Evil : Prelude to a Philosophy of the Future*. Translated by Walter Kaufmann. New York : Vintage Books.

Nussbaum, Martha C. 1986. *The Fragility of Goodness*. Cambridge : Cambridge University Press.

Okin, Susan Moller. 1989. *Justice , Gender , and the Family*. New York : Basic Books.

Pelczynski, Z. A. 1971. "The Hegelian Conception of the State. " In *Hegel's Political Philosophy : Problems and Perspectives* , edited by Z. A. Pelczynski.

Cambridge : Cambridge University Press.

1984a. "Introduction. " In *The State and Civil Society : Studies in Hegel's Political Philosophy* , edited by Z. A. Pelczynski. Cambridge : Cambridge University Press.

1984b. "Nation, Civil Society, State : Hegelian Sources of the Marxian Non-theory of Nationality. " In *The State and Civil Society : Studies in Hegel's Political Philosophy* , edited by Z. A. Pelczynski. Cambridge : Cambridge University Press.

1984c. "Political Community and Individual Freedom. " In *The State and Civil Society : Studies in Hegel's Political Philosophy* , edited by Z. A. Pelczynski. Cambridge : Cambridge University Press.

Peperzack, Adriaan T. 1987. *Philosophy and Politics : A Commentary on the Preface to Hegel's Philosophy of Right*. Dordrecht : Martinus Nijhoff Publishers.

Pippin, Robert. 1981. "Hegel's Political Argument and the Problem of Verwirklichung. " *Political Theory* 9, no. 4, November, pp. 509 — 532.

Plamenatz, John Petrov. 1963. *Man and Society : A Critical Examination of Some Important Social and Political Theories from Machiavelli to Marx* , vol. 2. London : Longman.

Plant, Raymond. 1973. *Hegel*. Bloomington: Indiana University Press.

Popper, Karl R. 1966. *The Open Society and Its Enemies*, vol. 2. Rev. Ed. Princeton: Princeton University Press.

Rawls, John. 1971. *A Theory of Justice*. Cambridge, Mass.: Harvard University Press, Belknap Press.

———. 1985. "Justice as Fairness: Political Not Metaphysical." *Philosophy and Pub-lic Affairs* 14, no. 3: 223—251.

———. 1987. "Lecture Notes for Philosophy 171." Unpublished lecture notes. Harvard University.

———. 1989. "The Domain of the Political and Overlapping Consensus." *New York University Law Review* 64: 233—255.

———. 1993. "The Law of Peoples." In *On Human Rights: Oxford Amnesty Lectures* 1993, edited by Stephen Shote and Susan Hurley. New York: Basic Books.

Riedel, Manfred. 1974. "Hegels Begriff der bürgerlichen Gesellschaft und das Problem seines geschictlichen Ursprungs." In *Materialien zu Hegels Rechtsphilosophie*, edited by Manfred Riedel. Frankfurt: Suhrkamp Verlag.

———. 1984. "'State' and 'Civil Society': Linguistic Context and Historical Origin." In *Between Tradition and Revolution: The Hegelian Transformation of Political Philosophy*, translated by Walter Wright. Cambridge: Cambridge University Press.

Ritter, Joachim. 1965. *Hegel und die französische Revolution*. Frankfurt: Suhrkamp Verlag.

———. 1982. *Hegel and the French Revolution*. Cambridge, Mass.: MIT Press.

Rosenzweig, Franz. (1920) 1982. *Hegel und der Staat*. Reprint (2 vols. in 1). Aalen: Scientia Verlag.

Rousseau, Jean-Jacques. (1762) 1974. *The Social Contract, or Principles of Political Right*. Translated and edited by Charles M. Sherover. New York: Meridian Books.

Sandel, M. J. 1982. *Liberalism and the Limits of Justice*. Cambridge: Cambridge University Press.

Sartre, Jean Paul. (1943) 1966. *Being and Nothingness*. Translated by Hazel E. Barnes. New York: Washington Square Press.

Schacht, Richard. 1971. *Alienation*. Garden City, N. Y.: Anchor Books.

Schiller, Friedrich. (1801) 1967. *On the Aesthetic Education of Man*. Translated and edited by Elizabeth M. Wilkinson and L. A. Willoughby. New York: Oxford University

Press.

Shklar, Judith M. 1971. "Hegel's Phenomenology: An Elegy forHellas." In *Hegel's Political Philosophy: Problems and Perspectives*, edited by Z. A. Pelczynski. Cambridge: Cambridge University Press.

Siep, Ludwig. 1979. *Anerkennung als Prinzip der praktische Philosophie: Zu Hegel's Jenaer Philosophie des Geistes*. Munich: Alber.

Stone, Lawrence. 1979. *The Family, Sex, and Marriage in England*, 1500 — 1800. New York: Harper & Row.

Strawson, Peter. (1959) 1964. *Individuals, an Essay in Descriptive Metaphysics*. Reprint. London: University Paperbacks, Methuen.

Taylor, Charles. 1975. *Hegel*. Cambridge: Cambridge University Press.

    1985a. "Atomism." In *Philosophy and the Human Sciences: Philosophical Papers*, vol. 2. Cambridge: Cambridge University Press.

    1985b. "Self-interpreting Animals." In *Human Language and Agency: Philosophical Papers*, vol. 1. Cambridge: Cambridge University Press.

    1989. *Sources of the Self: The Making of Modern Identity*. Cambridge, Mass.: Harvard University Press.

Theunissen, Michael. 1970. "Die Verwirklichung der Vernunft: Zur Theorie-Praxis-Diskussion in Anschluß an Hegel." *Philosophische Rundschau*, Beiheft 6.

Thomson, Judith Jarvis. 1990. *The Realm of Rights*. Cambridge, Mass.: Harvard University Press.

Toews, J. E. 1980. *Hegelianism: The Path Toward Dialectical Humanism*, 1805-1841. Cambridge: Cambridge University Press.

Trilling, Lionel. 1972. *Sincerity and Authenticity*. Cambridge, Mass.: Harvard University Press.

Walsh, W. H. 1969. *Hegelian Ethics*. London: Macmillan.

Walzer, Michael. 1991. "The Idea of Civil Society: A Path to Social Reconstruction." *Dissent*, Spring, pp. 293—304.

Weil, Eric. 1950. *Hegel et l'état*. Paris: College Philosophique.

Westphal, Merold. 1984. "Hegel's Radical Idealism: Family and State as Ethical Communities." In *The State and Civil Society: Studies in Hegel's Political Philosophy*, edited by Z. A. Pelczynski. Cambridge: Cambridge University Press.

White, Stephen K. 1991. *Political Theory and Postmodernism*. Cambridge: Cambridge University Press.

Williams, Bernard. 1981. "Conflicts of Values." *In Moral Luck*. Cambridge: Cambridge University Press.

1985. *Ethics and the Limits of Philosophy*. Cambridge, Mass.: Harvard University Press.

Wilson, William Julius. 1987. *The Truly Disadvantaged: The Inner City, the Underclass, and Public Policy*. Chicago: University of Chicago Press.

Wood, Allen W. 1990. *Hegel's Ethical Thought*. Cambridge: Cambridge University Press.

图书在版编目(CIP)数据

黑格尔的社会哲学:和解方案/(美)米歇尔·哈德蒙著;陈江进译.—北京:北京师范大学出版社,2020.4
(现代社会政治理论译丛)
ISBN 978-7-303-25753-9

I.①黑… II.①米… ②陈… III.①黑格尔(Hegel,Georg Wilhelm Friedrich 1770-1831)－社会哲学－研究 IV.①B516.35

中国版本图书馆 CIP 数据核字(2020)第 037023 号

北京市版权局著作权合同登记号:图字 01-2018-9027

营 销 中 心 电 话 010-58805385
北 京 师 范 大 学 出 版 社 http://xueda.bnup.com
主题出版与重大项目策划部

HEIGEER DE SHEHUI ZHEXUE:HEJIE FANGAN

出版发行:北京师范大学出版社 www.bnup.com
　　　　　北京市西城区新街口外大街 12-3 号
　　　　　邮政编码:100088
印　　刷:北京盛通印刷股份有限公司
经　　销:全国新华书店
开　　本:730 mm×980 mm　1/16
印　　张:19
字　　数:270 千字
版　　次:2020 年 4 月第 1 版
印　　次:2020 年 4 月第 1 次印刷
定　　价:98.00 元

策划编辑:祁传华　　　　　　　责任编辑:石雨晨
美术编辑:李向昕　　　　　　　装帧设计:李向昕
责任校对:段立超　陶　涛　　　责任印制:陈　涛

版权登记号: 01-2018-9027